FLORIDA

Karl Teuschl
FLORIDA
Vista Point Verlag

Inhalt

I Sumpf, Sand und Sonne: Florida, der Spielplatz Amerikas 6
II Konquistadoren im goldenen Sand – Streifzüge durch die Geschichte . 10
III Landeschronik 22
IV Hotels in Miami 28

V ZWEI WOCHEN FLORIDA

1. Tag **Miami** erste Berührung mit Metropole und Meer 29
Miami *von Jürgen Koar* 38

2. Tag **Übers Meer:** Von Miami nach Key West 50

3. Tag **Kaleidoskop Key West** 68

4. Tag **Everglades:** Land aus fließendem Gras 84

5. Tag **Radler und Muscheljäger.** Auf den Inseln Sanibel und Captiva 94

6. Tag **Renaissance und Regenbäume:** Von Fort Myers nach St. Petersburg . . . 104

7. Tag **Zigarren und Tsaziki.** Szenen um die Tampa Bay 114
Zusatztag: **Klare Quellen und Dschungelflüsse** –
über Yankeetown und Silver Springs nach Orlando 126

8. Tag **Wasserzirkus.** Von der Küste ins Landesinnere 134

9. Tag **Land des Lächelns der Mäuse:** Magic Kingdom in Disney World 140

10. Tag **Perfekte Zukunftsmusik und Klischees aus Plastik:** Epcot Center 150

11. Tag **Reptilien und Romantik.** Von Orlando nach St. Augustine 154

12. Tag **Kontrastprogramm:** St. Augustine und Daytona Beach 162

13. Tag **Zum Mann im Mond.** Dayton Beach – Cape Canaveral – Miami 174

14. Tag **Zum Abschied ein Cafe Cubano.** Miami und Little Havana 182

VI **Eine andere Welt: der Panhandle.** Abstecher in den Nordwesten Floridas *(3 Zusatztage)* 190
VII **Eine Woche baden gehen** 204
VIII **Grenzgänger. Ernest Hemingway auf Key West** *von Burkhard Riedel* . . 208
IX **Trommeln am Sonntagnachmittag – afrokubanische Religion in Miami** 212

X SERVICETEIL

Reiseplanung 217
Reisedaten 222
Sprachhilfen 229

Register 235
Fotonachweis 236
Danksagung 240

I Sumpf, Sand und Sonne: Florida, der Spielplatz Amerikas

Florida divisa est in partes tres – Sumpf, Sand und Sonne. Selbst die von Wärme und Strand verwöhnten alten Römer hätten sicher begeistert vom großen Landzipfel in der Südostecke Nordamerikas Besitz ergriffen. Dann wären die ersten Rentner in Florida verdiente Senatoren gewesen und Cäsar hätte fern aller römischen Intrigen im Klub seines Altersruhesitzes Golf spielen können.

Da es dem Mittelmeervolk aber am nötigen navigatorischen Rüstzeug fehlte, um Ozeane zu überqueren, blieb die fast 500 Kilometer lange, flache Halbinsel noch rund 1500 Jahre von Europäern unbehelligt. Die Spanier, die im 16. Jahrhundert als erste Weiße Florida betraten, hatten eine gänzlich unpassende Ausrüstung im Gepäck: Schwerter, schwere , sonnenundurchlässige Rüstungen und robuste Schlachtrosse anstelle Sonnenöl, Badehose und Surfbrett. Statt sich dem Rauschen der Wellen, der bräunenden Sonne und dem süßen Nichtstun hinzugeben, machten sie sich – goldgierig, wie sie waren – ins Landesinnere auf, fanden aber nur Sümpfe, Moskitos und »böse Rothäute«.

Den wahren Wert des Landzipfels erkannten erst die Amerikaner, die das Territorium 1819 übernahmen. Mit dem Bau der Eisenbahnen begann um die Wende zum 20. Jahrhundert die Entwicklung des Staates zum Touristenmekka. Zunächst waren es nur die Reichen, die sich luxuriöse Fluchtburgen bauten, um den kalten Winter des Nordens mit Floridas Sonne zu vertauschen. Bald entdeckte aber auch der Mittelstand sein Urlaubsbedürfnis. Senioren erkannten, daß sich das Alter mit ewiger Sonne auf den Falten und mit milder Seeluft in den Lungen viel besser ertragen ließ. Dank dem Automobil (und neuerdings dem Jumbo-Jet) stiegen die Bevölkerungszahlen und die Zuwachsraten im Fremdenverkehr schnell in ungeahnte Dimensionen. Florida ist heute unbestritten das beliebteste Ferienziel der Amerikaner.

Längst steht das junge Sonnenland auch auf dem alten Kontinent hoch im Kurs. Jahr für Jahr erfüllen sich mehr Europäer einen Ferientraum und genießen die idealen Einrichtungen des Sunshine States.

Frische Luft zählt überall zur Selbstverständlichkeit. Fast 13 000 Kilometer Küsten – samt allen Buchten und Inseln –, davon gut 1600 Kilometer saubere Sandstrände, bieten alle nur denkbaren Wassersportmöglichkeiten: Schnorcheln und Tauchen, Surfen und Jet-Skiing, Parasailing und aufregendes Hochseefischen. Wer seine Angelrute in Ruhe auswerfen oder mit dem Kanu übers Wasser gleiten möchte, begibt sich an einen von 30 000 Seen und 166 Flüssen. Auch an Land hat man die Qual der Wahl: Soll man nun den Vormittag mit Tennis, Golf, Wandern, Radfahren oder Sandburgenbauen ausfüllen?

Bei der Rundfahrt durch den Staat will das Staunen und Vergnügen nicht enden, denn auch Attraktionen kann das sonnenverwöhnte Paradies genug vorweisen. Wer hat noch

Urlaubswelt mit gepflegter Exotik – Florida heute ▷

nicht von Disney World gehört oder vom Weltraumbahnhof Cape Canaveral? Wer möchte nicht die einzigartige Natur der Everglades kennenlernen oder einmal selbst überprüfen, was am legendären Ruf von Miami Beach, den Keys oder Palm Beach dran ist? Vom halbkaribischen Paradiesvogel Key West bis zu den spanischen Mauern in St. Augustine, von Mickey Mouse bis zu Alligatoren bietet Florida jedem etwas. Und bei weitem nicht alles ist aus Plastik.

Freilich ist nicht alles Gold, was glänzt. Auch das Paradies hat seine Probleme. Baulöwen und Grundstücksspekulanten haben die rasante Entwicklung oft rücksichtslos ausgenutzt und der Natur arge Wunden zugefügt, die Wasserversorgung des Staates steht auf wackligen Beinen, Miami kämpft mit Drogenkriminellen, die vielbesungenen Palmen leiden an einer bösen Viruskrankheit, und gar nicht weit von den Marmorvillen der Superreichen in Palm Beach stehen schäbige Armenviertel. Pro und contra wie in jedem US-Staat also. In einem aber wird Florida immer voraus sein: Es ist ganz einfach sonniger und wärmer als der Rest der USA.

Die Wärme genießen also, baden, es sich gut gehen lassen. Und dazwischen – schon um der Haut im Bräunungsstreß Erholung zu gönnen – bummeln, einkaufen, den Sunshine State kennenlernen. Das ist nicht so einfach, denn immerhin umfaßt er 151 714 km^2 Fläche, fast zwei Drittel der Größe der Bundesrepublik Deutschland. Wo soll man da anfangen, wie planen in einem fremden Land mit viel Neuem und Unbekanntem bei nur zwei bis drei Urlaubswochen, um nichts Wichtiges auszulassen und trotzdem genügend Zeit zur Muße am Strand zu haben?

Sonne für zwei Welten: Miami Beach . . .

... und Downtown Miami

Dieser Reiseführer will dabei helfen, Florida zu einem Erlebnis zu machen. Er stellt die Sehenswürdigkeiten im geruhsamen und interessanten Wechsel mit den schönsten Erholungsplätzen vor und teilt sie in leicht verdauliche »Tageshappen« ein. Tips und Tricks ermöglichen es, zur rechten Zeit am richtigen Ort zu sein. Die Routenvorgabe und Tagesplanung sind so gestaltet, daß sich Landschaften, Attraktionen, Städte und Strände zu einer abgerundeten Erfahrung des Landes zusammenfügen.

Um diesen Vorschlägen eine praktische Form zu geben, die vor Ort leicht umzusetzen ist, erscheinen die für den einzelnen Tag wichtigen Informationen jeweils übersichtlich zusammengefaßt auf den »blauen Seiten« vor dem erzählenden Kapitel. Die detaillierten Kilometer- und Zeitvorgaben sollen nicht reglementieren, sondern für den Leser Anhaltspunkte sein und die eigene Planung der Entfernungen erleichtern. Abstecher und persönliche Entdeckungen lassen sich mühelos einbauen. Wer nicht – wie die meisten europäischen Touristen – in Miami seinen Urlaub beginnt, sondern in Orlando, Fort Lauderdale oder Tampa, kann auch von dort leicht in die Rundtour einsteigen. Wer mehr Wert auf Strandleben als auf Besichtigung legt, pickt sich einfach die Rosinen aus den angebotenen Attraktionen heraus, wenn ihn die Neugierde doch einmal überfällt. Das Register am Ende des Buches erleichtert das Auffinden von Orten, Sehenswürdigkeiten und Personen.

Trotz der vielen Sensationen noch genug Muße zu haben, die Eindrücke zu verarbeiten und sich in die fremde Kultur einzufühlen; Florida weder als kulturlosen Sandstrand noch als endlose Folge von Vergnügungsparks zu begreifen, sondern als buntes und vielfältiges Urlaubsziel – dazu möchte dieses Buch verführen.

II Konquistadoren im goldenen Sand – Streifzüge durch die Geschichte

Schon der erste Weiße, der Floridas Boden betrat, war ein Rentner. Der etwa 53 Jahre alte Ponce De León suchte allerdings keinen Altersruhesitz, sondern eine sagenhafte Quelle, die angeblich ewige Jugend verleihen sollte. Der Konquistador Ponce war ein Veteran aus dem zweiten Expeditionskorps, das Christoph Columbus in die Neue Welt geführt hatte. Der spanische König hatte ihm das neue Land nördlich des eben entdeckten Puerto Rico gegeben. Er brauchte es nur noch zu erobern und zu kolonisieren.

Die Geschichte Floridas reicht natürlich weit in die Zeit vor den weißen Entdeckungen zurück. Vor mehreren hundert Millionen Jahren spuckten Vulkane feurige Lava ins warme Urzeitmeer, sie schufen so die Grundlage des heutigen Landes und vermutlich auch vieler karibischer Inseln. Über die folgenden Jahrmillionen versank die entstandene Bergkette wieder im Wasser; Schicht um Schicht legten sich Meeresablagerungen darauf. Die mächtigen Kalk- und Sandsteinschichten reichen heute bis in eine Tiefe von 4000 Meter, erst dort beginnt das Grundgestein.

Das Land sollte noch lange unter Wasser bleiben. Während sich in der übrigen Welt Dinosaurier tummelten, wogte über Florida noch die See. Erst vor etwa 20 Millionen Jahren tauchte das jüngste Anhängsel Nordamerikas aus den Fluten auf. Pflanzen und Tiere aus den nördlichen Breiten und aus den Tropen siedelten sich langsam auf dem Neuland an; nachfolgende Eiszeiten, die den Wasserstand der Weltmeere senkten, brachten Florida zwar keine Gletscher, doch legten sie neuen Ozeangrund frei, den das schmelzende Eis später wieder überflutete. Erst etwa vor 6000 Jahren, nach dem Ende der letzten Eiszeit, nahm die Halbinsel ihre heutige Form an.

Zu dieser Zeit lebten bereits archaische Indianervölker in den Savannen und Sümpfen der Region. Ihre wanderlustigen Vorfahren waren nach heutigen archäologischen Erkenntnissen auf den Fährten der Mammute über die Beringstraße aus Sibirien gekommen. In mehreren Wellen stießen sie nach Süden vor und besiedelten den Kontinent bis hinab nach Feuerland. Die ersten dieser pleistozänen Jägerstämme erreichten vermutlich um 8000 vor unserer Zeitrechnung das heutige Florida.

Im Lauf der letzten Jahrtausende verbreiteten sich die Indianer über das ganze Landgebiet. Sie spalteten sich in mehrere Volksgruppen, entwickelten Töpferei und Landwirtschaft. Auf großen Feldern in der Nähe ihrer Palisadendörfer bauten sie Mais, Kürbisse, Bohnen und Tabak an. Die Küsten und Flüsse boten ihnen reiche Ausbeute an Fischen und Muscheln, die Wälder Rehe und kleineres Wild. In ihren größeren Siedlungen errichteten sie bis zu 20 Meter hohe Tempel- und Bestattungshügel, deren über-

Im 16. Jahrhundert: Floridas Ureinwohner bei der Alligatorenjagd

wachsene Formen bis heute in vielen Landesteilen zu finden sind. Manche Stämme pflegten den Brauch, ihren Toten vor der Bestattung das Fleisch von den Knochen zu lösen; woraufhin prompt Gerüchte von Kannibalismus unter den ersten weißen Entdekkern die Runde machten.

Ihre Berichte zeigen aber auch, wie beeindruckt sie von der natürlichen und doch ausgeklügelten Lebensweise der heidnischen »Wilden« waren. Dieterich de Bry beschrieb die bronzehäutigen, reich tätowierten Floridianer so:

»Sie haben schwartze Haar biß auff die Hüffte herab hangend, welche sie doch fein artig in einem Knopff zusammen flechten. Sie sind grosse Gleißner und neidisch, aber doch dapffer und streitbar unnd haben keine anderen Waffen dann Pfeil und Bogen. Die Senne am Bogen können sie meisterlich auß Hirschdärmen oder Leder machen, daß es die Frantzosen selbst nicht verbessern können, die sie dann mit mancherley Farben anstreichen: An statt der Spitzen irer Pfeil haben sie Fischzäne und Steine gar geschicklich daran gemacht. Die jungen Gesellen uben sich mit Lauffen, Bogen schiessen und Ballen schlagen ...«

Diese »militärische« Ausbildung konnten die Ureinwohner bald gut gebrauchen, denn die ersten Spanier, die schon kurz nach der Entdeckung Amerikas gekommen waren, führten keine Reiseführer im Gepäck, sondern Kreuz und Schwert. Ponce de León, dem offiziell die Entdeckung Floridas 1513 zugeschrieben wird, stieß in den Tagen nach ten. Die Ureinwohner Floridas waren zwar durch Krankheiten und Kämpfe mittlerweile praktisch ausgerottet, doch hatten sich nun Creek-Indianer, die von Engländern und Amerikanern aus Georgia vertrieben wurden, in die Sümpfe Floridas gerettet und dort festgesetzt. Der Stein des Anstoßes war, daß diese Creek – später meist als Seminolen bezeichnet – entlaufenen Negersklaven aus den Südstaaten Zuflucht gewährten. Ein für die Amerikaner völlig unverständlicher Akt der Gastfreundschaft.

General Andrew Jackson, der wegen seiner militärischen Erfolge schließlich sogar das Weiße Haus eroberte, marschierte mit seinen Truppen wiederholt ins spanische Territorium Florida, um »Indianer zu bestrafen«. Hinter den Feldzügen dieses ersten Seminolenkrieges stand jedoch der immer stärkere Wunsch der Amerikaner, Florida zu annektieren.

Spanien, dessen Weltreich langsam zu bröckeln begann, gab 1819 klein bei und überließ Florida den USA für fünf Millionen Dollar erlassener Schulden – Andrew Jackson kehrte als erster Gouverneur des neuen Territoriums nach Florida zurück. Nicht alle Amerikaner waren jedoch mit dem Landgewinn einverstanden. Noch während der Verhandlungen wetterte der Abgeordnete John Randolph im Kongreß gegen die Übernahme der nutzlosen Halbinsel: »Florida, Sir, ist den Kauf nicht wert. Es ist ein Land von Sümpfen, von Morast, von Fröschen und Alligatoren und Moskitos! Kein Mensch, Sir, würde nach Florida einwandern. Nein, mein Herr! Kein Mensch würde nach Florida einwandern – nicht mal aus der Hölle selbst!«

In den folgenden Jahrzehnten wurde Herr Randolph widerlegt. Neue Farmen und Orangenplantagen schossen im Norden aus dem Boden, auf den von gefährlichen Riffen umgebenen Keys florierte die Bergungsbranche und in Key West ließen sich die ersten Tabakdreher nieder. Die Bevölkerung Floridas vervierfachte sich zwischen 1830 und 1860 auf 140 000 Menschen. Als »Menschen« galten damals allerdings nur Weiße. Indianer oder gar Schwarze wurden in die Gesamtbevölkerung nicht eingerechnet.

Die Indianer wären sowieso nicht zu zählen gewesen. Die Seminolen lebten zurückgezogen in den gewaltigen Sümpfen des Green Swamps nordöstlich der Tampa Bay und in den Everglades. Den verstärkten Ansturm der weißen Pioniere beobachteten sie argwöhnisch. Zu Recht, denn 1830 befand der alte Floridakrieger Andrew Jackson, nunmehr in höherer Position als Präsident in Washington, daß alle Rothäute östlich des Mississippi zu verschwinden hätten. *Removal* – »Entfernung der Indianer« – nannte er das lapidar.

Die Cherokees und Creeks in Georgia wurden umgehend zusammengetrieben und nach Westen abgeschoben, aber die Seminolen fühlten sich sicher in ihren Sümpfen und weigerten sich, nach Oklahoma umzusiedeln. Sie horteten Munition und bereiteten sich auf eine Auseinandersetzung vor, die zum blutigsten Indianerkrieg in der an Grausamkeiten nicht gerade armen Geschichte der USA führen sollte.

Zwar gelang es den Generälen bei Verhandlungen, einige Häuptlinge zum Aufgeben zu überreden, aber der einzige Kommentar eines jungen Kriegsführers namens Osceola war: »Den einzigen Vertrag, den ich je machen werde, ist dies«, und damit rammte er sein Messer durch das Papier auf dem Vertragstisch. Er warnte die Weißen vor seinem Zorn: »Wenn meine Entscheidung fällt, werde ich handeln. Was ich sage, werde ich tun. Wenn der Hagel prasselt, laßt die Blumen zerdrückt werden. Die Eiche im Wald wird dem Himmel und Sturm die Stirn bieten, stolz und unbeschadet.«

Szene aus den Seminolenkriegen

So begann der Zweite Seminolenkrieg, in dem die Indianer einen perfekten Guerillakampf führten. Im Schutz der Nacht überfielen sie Militärlager und kleine Siedlungen und ehe die Soldaten sich sammeln konnten, waren die Krieger schon wieder in die undurchdringlichen Sümpfe verschwunden. Häuptling Osceola führte die Seminolen drei Jahre, ehe er – hintergangen von General Thomas Jesup – bei vorgetäuschten Waffenstillstandsverhandlungen gefangengenommen wurde. Er starb wenig später im Gefängnis.

Dennoch kämpften die Seminolen weiter. Erst als die Soldaten Felder und Wälder verbrannten, um sie auszuhungern, und tief in die Everglades vordrangen, gaben die Krieger 1842 auf. Rund 3000 Indianer wurden nach Oklahoma verbracht. Einige Hundert versteckten sich jedoch in den Everglades, wo sie 1855 den Dritten und letzten Seminolenkrieg ausfochten. Nur drei Jahre konnte Häuptling Billy Bowlegs und seine wenigen Krieger allerdings gegen die Übermacht der Truppen durchhalten, dann wurden auch sie nach Oklahoma gebracht. Die Nachkommen der letzten 300, die sich in den Sümpfen verbargen, leben noch heute dort – unbesiegt und immer noch ohne Friedensvertrag.

Nachdem Florida erst 1845 Bundesstaat der USA geworden war, erklärte es schon 16 Jahre später als einer der ersten Südstaaten wieder seinen Austritt aus der Union. Der Bürgerkrieg von 1861 bis 1865 sah zwar Floridianer an der Front, aber nur eine größere Schlacht auf dem Boden des Staates. Doch der Krieg und die nachfolgende Militärregierung hemmten die Entwicklung für einige Jahrzehnte.

Mit Dampf durch die Südfrüchte: die ersten Touristen kommen

Langsam wurde die Landwirtschaft wieder aufgebaut, und nun kamen auch die ersten Touristen, die mit Schiffen, Eisenbahnen auf Holzschienen und Pferdekarren den Norden bereisten – alles sehr gemächlich, kurzweilig und angenehm:

»Die Reise auf dieser primitiven Eisenbahn führte durch flaches oder nur leicht welliges Land, bewachsen mit Kiefern, Palmetto (Anm.: Kleine Palmenart) und Eichen. Die Fahrt wurde belebt dadurch, daß der Waggon zwei- oder dreimal aus den Gleisen sprang, da die alten Holzschienen brachen. Dann halfen die männlichen Passagiere fröhlich dem sehr gutmütigen Schaffner, den Waggon wieder gerade zu setzen und eine neue Schiene zu finden und zu verlegen. Alle waren wohlgelaunt und schienen dies als Teil der Zugfahrt zu sehen – eine Art zusätzliche Unterhaltung.« So in *G. M. Barbour, Florida for Tourists, Invalids and Settlers – Abenteuerurlaub anno 1882.*

Die 80er Jahre des letzten Jahrhunderts brachten die erste große Welle der Entwicklung für Florida. Systematisch wurden Sümpfe trockengelegt und riesige Orangenplantagen gepflanzt, in Tampa siedelten sich die Zigarrenhersteller an und in Tarpon Springs die Schwammtaucher. Erste Immobilienhändler spekulierten beim Landkauf. Die wichtigste Neuerung ging jedoch von zwei schwerreichen Kapitalisten aus. Henry M. Flagler und Henry B. Plant erkannten das touristische Potential des Staates und bauten Eisenbahnlinien und Hotels, um wärmesuchende, reiche Winterurlauber anzulocken. Plant erschloß die Westküste, Flagler die Atlantikküste: zuerst St. Augustine, dann Palm Beach und Miami, und er hörte nicht auf zu bauen, bis er 1913 Key West erreichte.

Bald bevölkerten Scharen von Touristen die neuen Transportmittel. Zunächst nur die Millionäre, die die Winterstürme New Yorks und Chicagos mit den Orangenbäumen und rauschenden Festen in den Luxushotels vertauschten. Doch bald entdeckten auch die wohlhabenderen Mittelstandsfamilien, daß sie einen Urlaub am Sandstrand verdient

Henry M. Flagler

hätten. Danach kamen die ersten Autotouristen, und reiche ältere Amerikaner begannen sich für ihren Lebensabend in Florida niederzulassen.

Der Erste Weltkrieg konnte den Boom Floridas nur kurz bremsen. In den glorreichen 20er Jahren geriet die Grundstücksspekulation gänzlich außer Rand und Band. Der junge Walter Fuller in St. Petersburg zum Beispiel kaufte kurz nach dem Krieg 40 Morgen Land für $ 45.27. Vier Jahre später verkaufte er es, ohne es je gesehen zu haben, an einen Anwalt aus Philadelphia für $ 40000. Der Anwalt wiederum erlöste nur neun Monate später $ 60000. Die Spekulationsspirale beschleunigte sich. Ein englischer Reporter beschrieb die fieberhaft bauende und spekulierende Szene etwas weiter südlich: »Jeder in Miami war Grundstücks-verrückt. In den hohen Bürotürmen, fast ausschließlich von Maklern gemietet, spielten sich unbeschreibliche Szenen von Enthusiasmus und Verwirrung ab. Überall wurden Hände geschüttelt, Schultern geklopft und allgemein Reklame gemacht. Jeder, den ich sah, schien Hände zu schütteln, Zigarren anzubieten, seltsam aussehende Diagramme von ausgezeichnet gelegenen Wohngebieten zu studieren.«

Millionen Dollars wurden umgesetzt, neue Inseln schon verkauft, ehe sie aus dem Meer gebaggert waren. Immer niedrigere Anzahlungen wurden verlangt und immer mehr Grundstücke wechselten pro Tag den Besitzer – auf dem Papier.

Doch im Winter 1926 wendete sich das Blatt. Am 7. Dezember begann es in St. Petersburg zu regnen, kalt und ungemütlich. Am selben Tag begann dort der Kongreß der Investment-Bankiervereinigung

Posen der frühen Jahre

Die Key-West-Brücke, Henry Flaglers Stolz vor . . .

Amerikas. Am nächsten Tag regnete es noch mehr und am übernächsten schüttete es richtig. Die Bankiers reisten ab und verkündeten ihren Freunden im ganzen Land, was sie vom sonnigen Florida hielten. Als in den folgenden Monaten noch eine Kältewelle die Orangen erfrieren ließ, reisten viele Wintertouristen ab – die Grundstückspreise sanken rapide, die Bankmanager trafen sich bei Krisensitzungen. Den letzten Gnadenstoß gab nach einem brütend heißen Sommer der Hurrikan vom September 1926.

Die Spekulanten waren ruiniert, die Hoteliers in Miami standen vor einem Trümmerhaufen. Wirbelstürme hatten schon früher Florida heimgesucht, aber noch nie mit solcher Auswirkung auf die Wirtschaft des Staates. Es sollte bis weit in die 30er Jahre dauern, ehe sich Florida von der Rezession erholte.

Ein weiterer Hurrikan fiel 1935 über die Keys her und zerstörte Henry Flaglers Eisenbahn, deren Brücken danach für die neue Staatsstraße verwendet wurden. Ernest Hemingway, der an den Aufräumungsarbeiten nach diesem katastrophalen Hurrikan beteiligt war, beschrieb die Folgen sehr anschaulich: »Als wir Lower Matecumbe erreichten, trieben Leichen im Dock der Fähre. Das Gebüsch war alles braun, als sei der Herbst gekommen zu diesen Inseln, die keinen Herbst haben, sondern nur einen noch gefährlicheren Sommer. Aber das war, weil die Blätter alle fortgeweht waren. Zwei Fuß Sand lagen auf dem höchsten Teil der Insel. Die See hatte ihn hingetragen. All die schweren Fahrzeuge für den Brückenbau waren umgekippt. Wo die See darübergefegt war, sah die Insel wie das verlassene Bett eines Flusses aus. Der Eisenbahndamm war verschwunden und die Männer, die dahinter gekauert hatten und sich schließlich, als das Wasser kam, an den Schienen festhielten, waren ebenfalls verschwunden. Man konnte sie, Gesicht nach unten oder Gesicht nach oben, in den Mangroven finden. Die meisten Toten waren in den zerrupften, immergrünen, aber jetzt braunen Mangroven hinter den Tankwagen und den Wassertürmen. Dort hingen sie, geschützt, bis sie der Wind und das steigende Wasser davontrugen...

Im Camp Fünf überlebten acht von 187, aber wir finden nur 67 von ihnen und noch zwei am Damm. Aber alle anderen sind in den Mangroven. Man braucht keinen Jagdhund, um sie zu finden. Andererseits sind keine Bussarde in Sicht. Absolut keine Bussarde. Wieso? Kaum zu glauben! Der Wind tötete all die Bussarde und all die großen Vögel wie Pelikane ebenso.«

Doch während das übrige Amerika noch unter den Folgen der Depression und des Börsenkrachs von 1929 ächzte, begann die Rekonvaleszenz des Sunshine State. Sand, Sonne und die milde Luft lockten wieder Urlauber und Rentner. Erst der Zweite Weltkrieg forderte einschneidende Veränderungen: Florida wurde zum Truppenübungsplatz. Über den weiten, flachen Sümpfen übten die Pilotenschüler, und im Morast bereiteten sich die Pioniere auf den Dschungelkrieg in Fernost vor.

Sogar aktuelle Kämpfe konnten Floridianer und Badegäste an der Atlantikküste beobachten: Deutsche U-Boote griffen im Winter 1942 die amerikanischen Frachter auf den Schiffahrtsstraßen vor Florida an. Anfangs weigerten sich die Strandorte, die Verdunklungsorder zu befolgen – aus Furcht, das Nachtleben der Urlauber zu beeinträchtigen. So konnten die U-Boot-Kapitäne vor der Lichterkette am Strand die dunklen Silhouetten

... und nach dem Hurrikan von 1935

Luxus auf Schienen: im »Havana Special« in den 20er Jahren

der Tanker und Versorgungsschiffe deutlich erkennen. Allein im Mai 1942 wurden 86 Schiffe versenkt. Die amerikanische Abwehr war hoffnungslos überfordert und die Überlebenden beobachteten von ihren Rettungsbooten hilflos, wie »junge, sonnenverbrannte« Deutsche Schnappschüsse von untergehenden Schiffen machten.

Seit dem Zweiten Weltkrieg hat sich Florida in großen Sätzen zur wirtschaftlichen (und natürlich touristischen) Elite der US-Staaten hochgekämpft. Der wichtigste technische Fortschritt war die Einrichtung des Raketenzentrums Cape Canaveral 1947. Nach dem Sputnik-Schock baute die amerikanische Raumfahrtbehörde NASA die Abschußrampen zum Weltraumbahnhof aus, inszenierte 1969 die erste Mondlandung und in den 80er Jahren das Raumfährenprogramm. Computer- und Rüstungsfirmen siedelten sich um Cape Canaveral an; den Wissenschaftlern und Technikern tut es gar nicht leid, deshalb im sonnigen Florida leben zu müssen.

Aber noch viele andere wollten sich hier ansiedeln: Senioren aus den USA und Kanada, darunter viele New Yorker Juden, strömten für ihren Lebensabend ins milde Klima von Miami Beach. Der Wirtschaftsboom der 50er Jahre brachte Hunderttausende Touristen. Die ehemaligen Soldaten des Zweiten Weltkriegs kehrten mit ihren Familien zum Urlaub an die Strände zurück, die sie zuvor nur im Kampfanzug kennengelernt hatten.

Grünbraune Tarnanzüge waren allerdings Anfang der 60er Jahre noch einmal im Stadtbild von Miami zu sehen. Eine halbe Million Kubaner wanderte in den Jahren nach Fidel Castros Revolution nach Florida, den traditionellen Hafen der Flüchtlinge, aus – mit der Unterstützung Kennedys und der CIA versuchten sie den Kommunismus aus Kuba zu vertreiben. Doch nach dem Debakel in der Schweinebucht 1961 mußten sie ihre Hoffnungen begraben und begannen, sich eine neue Existenz in Miami aufzubauen: ein weiterer Stein im ethnischen Mosaik der heute mehr als elf Millionen Einwohner Floridas.

Tourismus und neue Siedler: es wurde wieder gebaut, der Grundstücksboom ließ nicht nach. Manche Strände wurden regelrecht zubetoniert. Doch verzeichneten diese Jahre auch die ersten Schritte zum Naturschutz. Mit der Schaffung des Everglades National Park 1947 rettete der Kongreß in Washington das noch unberührte Feuchtgebiet an der Südspitze der Halbinsel vor der Trockenlegung und bewahrte dadurch die einzige subtropische Wildnis der USA. Mehrere Vogelarten, die seltenen Seekühe und die wegen ihres Leders nahezu ausgerotteten Alligatoren wurden unter strikten Schutz gestellt – mit teilweise sehr gutem Erfolg. Heute gibt es wieder rund eine Million Alligatoren in Florida.

Mittlerweile haben Politiker ebenso wie Geschäftsleute erkannt, daß eine intakte Natur auch für den so wichtigen Fremdenverkehr Pluspunkte bringt. Sogar die Manager von Mickey Mouse, die 1971 Disney World bei Orlando eröffneten, haben 2900 Hektar ihres Geländes zum Naturschutzgebiet erklärt.

Weltraumbahnhof Cape Canaveral

1565 Als sich im Frühjahr erste französische Kolonisten an der Küste Nordfloridas niederlassen, wacht Spanien auf. Pedro Menendez de Avilés gründet St. Augustine, die älteste dauerhafte Siedlung in Nordamerika. Von diesem Stützpunkt aus vernichtet er die französische Kolonie. Seinerseits wird St. Augustine 1586 vom englischen Freibeuter Sir Francis Drake geplündert und niedergebrannt. Spanische Jesuiten- und Franziskanermönche beginnen mit der Missionierung der Ureinwohner, deren Zahl durch europäische Krankheiten und Kriege bereits auf ein Viertel geschrumpft ist. Im folgenden Jahrhundert entstehen weitere spanische Siedlungen und Missionsstationen, die jedoch während des Spanischen Erbfolgekrieges 1702–1706 fast alle von britischen Angreifern zerstört werden.

St. Augustine

1763 Als Frankreich nach sieben Jahren Krieg in Nordamerika und Europa im Frieden von Paris seine gesamten nordamerikanischen Besitzungen an England abtritt, tauscht auch Spanien seine Kolonie Florida gegen das zuvor von England eroberte Kuba ein. Unbeeindruckt von den englischen Versuchen, die noch fast unerschlossene und menschenleere Halbinsel systematisch zu besiedeln, zieht ein anderer Indianerstamm von Georgia und Alabama nach Florida: die Creek oder Seminolen.

1776 Im amerikanischen Unabhängigkeitskrieg bleibt die Kolonie treu auf der Seite der Briten. Zahlreiche loyalistische Siedler fliehen aus den rebellierenden 13 Kolonien nach Florida: der Anfang einer langen Tradition des Landes als Zufluchtsort für Heimatlose und Entrechtete. Im zweiten Frieden von Paris erhält Spanien Florida von den Engländern im Tausch gegen die Bahamas wieder zurück. Doch wird in den nächsten Jahrzehnten der Druck seitens der expansionslüsternen Amerikaner immer stärker. Indianeraufstände und flüchtige Sklaven werden von den US-Truppen immer wieder als Vorwand zu Strafexpeditionen nach Florida benutzt.

1819 Florida wechselt das letzte Mal seinen Besitzer. Das Sternenbanner geht über dem Territorium hoch, dafür erlassen die USA den Spaniern fünf Millionen Dollar Schulden. Etwa zur selben Zeit legen frühe Siedler nahe dem heutigen St. Petersburg die ersten Orangenplantagen an.

1823 Tallahassee wird zur neuen Hauptstadt Floridas erklärt. Eine weitere Welle weißer Siedler strömt ins Land – unbeeindruckt von den Besitzansprüchen der Seminolen, für die ein langer Leidensweg beginnt.

1835 Die Weigerung von Häuptling Osceola, der Zwangsumsiedlung seines Stammes ins heutige Oklahoma zuzustimmen, löst die Seminolenkriege aus (1835–1842, 1855–1858). Nach langem Guerillakrieg und vielen Grausamkeiten auf beiden Seiten werden die Indianer schließlich deportiert. Nur etwa 300 können sich in den undurchdringlichen Sümpfen der Everglades verstecken.

1861 Nachdem Florida erst 16 Jahre zuvor als 27. Staat in die Union aufgenommen wurde, erklärt es nun als einer der ersten Südstaaten seinen Austritt. Im Sezessionskrieg kämpfen 16000 Floridianer in der Armee der Konföderierten.

1884/1885 Eine neue Siedlungswelle hat innerhalb von 20 Jahren die Bevölkerung auf 270000 verdoppelt und die Erschließung Südfloridas eingeleitet. Zwei Eisenbahnmagnaten gehen nun daran, auch den Tourismus zur Sonne Floridas ernsthaft anzukurbeln. Das erste Dampfroß von Henry B. Plants *Atlantic Coast Line* erreicht Tampa von Richmond, Virginia, kommend. Die neue Nord-Süd-Verbindung erleichtert vielen Siedlern und Industriellen den Sprung in den Süden. Noch größeren Einfluß auf das Wachstum des Staates hat die *Florida East Coast Railway* von Henry M. Flagler. Dieser hatte die Schienen ursprünglich nur als eine Art Zubringerdienst zu seinen Luxushotels in St. Augustine geplant. Aber er baut immer neue Hotels weiter südlich und treibt so auch seine Eisenbahn weiter vor, bis die Linie schließlich 1912 in Key West ihren endgültigen Abschluß findet.

1898 Im Hafen von Havanna wird das US-Kriegsschiff »Maine« unter mysteriösen Umständen in die Luft gesprengt. Daraufhin bricht der Spanisch-Amerikanische Krieg aus. Die Halbinsel wird zur Brücke ins Kriegsgeschehen. Die siegreichen US-Soldaten erzählen bei ihrer Heimkehr in den Mittelwesten und Nordosten begeistert von einem Sonnenparadies namens Florida. Bei den sonnenhungrigen

1960 schlug der Hurrikan »Donna« auf den Keys zu

Touristen und den Rentnern, die ein warmes Winterquartier suchen, finden sie offene Ohren. Dieses Interesse und die zunehmende Verkehrserschließung lassen den Tourismus in den nächsten Jahrzehnten stetig zunehmen.

1920 Der große Grundstücksboom beginnt. Eben erst aus dem Meer gebaggerter Sand wird – noch feucht – in kürzester Zeit zum vierfachen Preis gehandelt. Neue Städte wie St. Petersburg oder Sarasota werden förmlich aus dem Boden gestampft. 1925 entstehen allein in Miami 481 neue Hotels und Appartementhäuser. Ein kalter Winter und schwere Hurrikane kühlen das Interesse merklich ab, der Börsenkrach bringt die Boom-Millionäre 1929 endgültig an den Bettelstab.

1941 Eintritt der USA in den Zweiten Weltkrieg. Florida dient als militärisches Trainingscamp vor allem für Piloten und für den Dschungelkampf im Pazifikraum. Hunderttausende von Soldaten kehren bald nach dem Krieg als Touristen an die Strände Floridas zurück.

Beschwingt nach Süden: Flaglers Zug nach Key West in den 20er Jahren

Neckisches in den 30er Jahren

1947 Nach jahrelanger Trockenlegung der Sümpfe Südfloridas und unkontrollierter Jagd auf Alligatoren, Seekühe und Wasservögel, wird ein erster Schritt zur Erhaltung der ursprünglichen Natur des Landes getan: die Gründung des Everglades National Parks.

50er Jahre Die Fremdenverkehrsindustrie wächst zum wichtigsten Wirtschaftszweig Floridas heran. Orte wie Palm Beach und Miami Beach werden zu den beliebtesten Wintererholungsplätzen der USA. Tausende von Rentnern siedeln sich im warmen Klima des Südens an – die Klimaanlage macht das Leben in Südflorida auch im Sommer erträglich.

1961 Die ersten Touristenattraktionen florieren schon seit einigen Jahren, aber ganz andere, spektakulärere »Sightseeing-Touren« starten nun vom neuen Weltraumbahnhof Cape Canaveral. 1969 gelingt die erste Mondlandung. 1981 beginnen die Flüge mit wiederverwendbaren Raumfähren, doch das Weltraumprogramm der USA wird 1986 durch die Explosion der Shuttle *Challenger* gestoppt.

1971 Ein weltberühmtes Nagetier – auch schon nahe dem Rentenalter – wählt seinen neuen Wohnsitz bei Orlando. Seitdem hat Florida ein weiteres Symbol: die Mickymaus, und Jahr für Jahr mehr Feriengäste.

Seit 1980 Floridas Bevölkerung steigt ständig weiter; im letzten Jahrzehnt verzeichnet der Staat einen Zuwachs von 41 Prozent. Ein Viertel aller Amerikaner, die im Alter über 65 Jahren noch einmal umziehen, kommen nach Florida. Aber nicht alle Zuwanderer sind US-Bürger. Als Castro 1980 für einige Zeit die Grenzen öffnet, strömen rund 140000 Kubaner ins Land, vorwiegend nach Miami, das heute bereits zu 55 Prozent spanischsprachig ist. Ein neuer Grundstücks- und Bauboom erschließt vor allem die Südwestküste.

IV Hotels in Miami

Sheraton Bal Harbour
9701 Collins Ave.
Bal Harbour, FL 33154
Tel. (305) 865–7511 oder (800) 325–3535
Luxuriöse Ferienanlage mit eigenem Strand, großem Pool in tropischer Gartenlandschaft und mehreren Restaurants; gegenüber sind die Luxusshops des Bal Harbour Shopping Centers. $$$–$$$$

Fontainebleau Hilton
4441 Collins Ave.
Miami Beach, FL 33140
Tel. (305) 538–2000
Das restaurierte Flaggschiff der Grand Hotels in Miami Beach; herrliche Gartenanlagen, Pool und Restaurants. $$$–$$$$

Doral Ocean Beach Resort
4833 Collins Ave.
Miami Beach, FL 33140
Tel. (305) 532–3600
Elegantes Grandhotel am Nordrand der Stadt. $$$–$$$$

Ritz Plaza Hotel
1701 Collins Ave.
Miami Beach, FL 33139
Tel. (305) 534–3500 oder (800) 522–6400
Traditionsreiches Strandhotel aus der Blütezeit von Miami Beach. Große Zimmer mit Blick über den Strand; neurestaurierte Lobby. Pools, schöner Strand, Restaurants. Auch in Europa zu buchen. $$$

Quality Inn at Convention Center
435 21st St.
Miami Beach, FL 33139
Tel. (305) 532–2100 oder (800) 542–0444
Renoviertes Art Deco Hotel, fünf Minuten vom Strand; schöne Gartenanlagen und stilvolle Lobby und Restaurant. $$

Art Deco Hotels
1300 Ocean Dr.
Miami Beach, FL 33139
Tel. (305) 534–2135
Verbund mehrerer restaurierter Art Deco Hotels (Carlyle, Cavalier, Cardozo und Leslie Hotel) – alle direkt am Strand mit nostalgischen Lobbys und gemütlichem Ambiente auf der Veranda. $$ (Winter), $$$ (Sommer)

Colony Hotel
736 Ocean Dr.
Miami Beach, FL 33139
Tel. (305) 673–0088
Stilvoll renoviertes Art Deco Hotel am Südende des Ocean Drive gegenüber dem Strand. Im Winter einige Monate vorab reservieren. $$–$$$

Adrian Hotels
1060 Ocean Dr.
Miami Beach, FL 33139
Tel. (305) 538–0007
Verbund von drei kleinen Art Deco Hotels am Strand, kleine saubere Zimmer, manche mit Küche; auch in Europa zu buchen. $–$$

Miami North KOA
14075 Biscayne Blvd.
Miami, FL 33181
Tel. (305) 940–4141
Nächster Campingplatz zum Strand, rund 20 Min. von Miami Beach entfernt; sauber und groß, aber im Industrieviertel.

Informationen über Miami und Miami Beach, über Hotels und Veranstaltungen erhält man vorab vom:

Greater Miami Convention and Visitors Bureau
701 Brickell Ave., Suite 2700
Miami, FL 33131
Tel. (305) 539–3000

1. Tag – Route: Miami Beach und Seaquarium (ca. 65 km)

Zeit	***Route***
Vormittag	Bummel durch den **Art Deco District** von Miami Beach
Mittag	Pause in einem der Cafés am **Ocean Drive,** dann Fahrt über die Collins Ave. nach Norden
Früher Nachmittag	Kurzer Stop im **Surfside Beach Hotel,** dann, nach einem kurzen Besuch des **Holocaust Memorial,** über 96th St. zum Festland; auf Biscayne Blvd. durch Downtown Miami; Rickenbacker Causeway nach Key Biscayne, auf dem Weg dorthin, auf Virginia Key, Besuch des **Miami Seaquarium** (ca. 3 Std.)
Spätnachmittag	Baden auf **Key Biscayne** (Crandon Park oder Bill Baggs St. Recreation Area); danach Bummel im **Bayside Marketplace** und Rückfahrt nach Miami Beach

1. Tag – Informationen

Wolfie's
Collins Ave./21st St.
Miami Beach
Traditionelles jiddisches Delikatessen-Restaurant; leider recht schmuddelig, aber sehenswert. 24 Stunden geöffnet. $–$$

The Palace Cafe
1200 Ocean Dr.
Miami Beach
Grillbar im New Wave Neon Look; Terrasse mit Blick auf Ocean Drive und Strand. $

Art Deco District
Miami Beach
Historischer Stadtbezirk mit rund 800 denkmalgeschützten Hotels und Appartmenthäusern aus den 20er Jahren; Ocean Dr., Washington Ave., Espanola Way. Nähere Informationen bei der **Miami Design Preservation League** (s. S. 31)

Holocaust Memorial
Meridian Ave./Dade Blvd.
13 m hohe Bronzeskulptur einer zum Himmel ragenden Hand; ringsum Ausstellungen zur Geschichte der jüdischen Verfolgung im Zweiten Weltkrieg.

Surfside Beach Hotel
8701 Collins Ave.
Miami Beach
Der Glanz der 50er Jahre in Lobby und Coffee shop ist kaum zu überbieten. Zwischen Heckflossen und Chromleisten zahlloser Oldies wird ein Milchshake zum Nostalgie-Erlebnis.

Miami Seaquarium
4400 Rickenbacker Cswy.
Miami (Virginia Key)
Tel. (305) 361–5705
Erwachsene $ 14.95, Kinder $ 10.95
Weitläufiges Ozeanarium mit Delphin- und Killerwalshows, Aquarien mit an dieser Küste heimischen Fischen; Seekühe.

Bill Baggs Cape Florida State Recreation Area
Crandon Blvd., Key Biscayne
Tel. (305) 361–5811
360 ha großer Park am Südende der Insel nahe dem malerischen Leuchtturm; sehr schöne Sandstrände.

Bayside Marketplace
Biscayne Blvd./4th St. N. E.
Miami
Elegante Shopping Mall am Hafen mit Restaurants und Boutiquen; bis 22 Uhr geöffnet.

Crawdaddy's
1 Washington Ave.
Miami Beach
Tel. (305) 673–1708
An der Südspitze von Miami Beach speist man mit herrlichem Blick aufs Wasser guten Fisch und Steaks; nostalgisches Dekor der 20er Jahre. $$–$$$

Tropics (im **Edison Hotel**)
960 Ocean Dr.
Miami Beach, Tel. (305) 531–5335
Genießen im Stil der 20er Jahre: ruhig und mit weißen Tischdecken beim Dinieren drinnen, beim Drink in der Freiluftbar oder unter Strandschirmen draußen am Art Deco Pool. $$

Joe's Stone Crab
227 Biscayne St.
Miami Beach, Tel. (305) 673–0365
Legendäres Fischrestaurant am Südende von Miami Beach. Spezialität natürlich die Scheren der Stone Crabs. Daher auch nur von Oktober bis Mai geöffnet, wenn die Krebse frisch vom Boot kommen. Keine Reservierung möglich, aber das lange Anstellen lohnt. Zum Lunch sind die Schlangen kürzer. $$

1. Tag – Informationen

Rusty Pelican
3201 Rickenbacker Cswy.
Miami
Tel. (305) 361–3818
Gepflegtes Fischrestaurant am Nordrand von Key Biscayne mit Blick über den Hafen und die Skyline von Miami. Reservierung empfehlenswert. $$–$$$

Lulu's Restaurant
1053 Washington Ave.
Miami Beach
Einfaches Lokal mit deftiger Südstaaten-Küche; im Obergeschoß regiert verrücktes Dekor in memoriam Elvis Presley. $–$$

The Clevelander
1020 Ocean Dr.
Miami Beach
Beliebte Pool-Bar im Neon-Look, auch abends geöffnet.

Pool-Bar im Clevelander

The Palm Cafe
510 Ocean Dr. (im Bentley Hotel)
Miami Beach
Schöne Bar mit karibischem Flair; im Restaurant gibt's guten Fisch.

News Cafe
800 Ocean Dr.
Miami Beach
Luftiges Café mit Zeitschriftenladen, gute Salate, Cappucchino, Health Food; beliebter Treff der Kunstszene. $–$$

Stuart's at the Cardozo
1300 Ocean Dr.
Miami Beach
Tel. (305) 534–0858
»Sehen und gesehen werden« ist das Motto auf der Terrasse dieses Art Deco Hotels; gute Drinks, Salate und Designer-Pizza. $$

Club Nu
245 22nd St.
Miami Beach
Tel. (305) 672–0068
Beliebter Rockklub der jungen Szene in Miami; Konzerte und Sonderveranstaltungen.

Weitere Informationen (Feste):

Am dritten Januarwochenende feiert Miami Beach das *Art Deco Weekend:* Straßenfest, Kunstausstellungen und Führungen durch den Art Deco District. Detaillierter Führer über Festival und Bezirk:

Miami Design Preservation League
661 Washington Ave.
Miami Beach, FL 33139
Tel. (305) 672—2014
Jeden Sa um 10.30 Uhr Führungen durch den Art Deco District.

1 **Miami** – erste Berührung mit Metropole und Meer

Den ersten Tag auf dem neuen Kontinent sollte man gemächlich angehen lassen – mit viel frischer Luft, Spazieren und Baden. Die Zeitumstellung und das heiße, besonders im Sommer recht feuchte Klima wollen verkraftet werden.

Wasserratten werden schon am Morgen einige muntermachende Schwimmzüge im Atlantik tun. Für die Stärkung danach eignen sich die sonnigen Cafés am Ocean Drive in Miami Beach. Sie servieren ganz unamerikanischen Cappuccino, Obst und Croissants. Ein ganz anderes Frühstückserlebnis bietet Wolfie's, ein jüdisches Delikatessenlokal, das zu den legendären alteingesessenen Restaurants gehört. Seit den 50er Jahren hat sich hier nichts geändert: ein Teller duftender Kuchenstückchen kommt auf den Tisch, die Spiegeleier tropfen fettig; das etwas be-

Zur Begrüßung: Pool und Palme

Alte Kisten und Kästen: Oldies am Ocean Drive

tagte Publikum besteht vorwiegend aus Stammgästen, die wohl schon seit vierzig Jahren hier frühstücken und Miami Beach noch aus seiner Glanzzeit kennen.

In den 30er Jahren begann der kometenhafte Aufstieg der Stadt zum beliebtesten Strandbad Floridas. Die Architekten taten ihr Bestes, um immer schönere, immer einfallsreichere Hotels im damals beliebten Art Deco Stil zu bauen. 1936 öffneten im Durchschnitt zwei neue Hotels pro Woche ihre Türen. Der Boom hielt bis weit in die 50er Jahre an, Hunderttausende kamen im Winter nach Miami Beach – und mehr und mehr Rentner, die hier einen sonnigen Lebensabend verbringen wollten. Noch 1980 war Miami Beach die statistisch »älteste« Stadt in Florida. Seither sinkt das Durchschnittsalter rapide.

Nach einigen Jahrzehnten des Verfalls, als die Touristen und wohlhabenden Pensionäre in neuerschlossene Regionen Floridas wechselten, setzte in den 80er Jahren ein neuer Boom ein. Der Strand wurde neu angelegt. Über 800 der herrlichen alten Hotels und Appartementbauten werden nun restauriert. Restaurants und Bars sprießen zwischen den historischen Wänden. Es lohnt sich, ein paar Stunden mit offenen Augen das Viertel zu durchstreifen und das farbenfrohe Erbe der 30er Jahre auf sich wirken zu lassen.

Ein Bummel durch die gebaute Welt der steinernen Augenlider und Bullaugen, der rosa Stromlinien und geschliffenen Fenster könnte wie folgt aussehen: An der Reihe der historischen Hotels am Ocean Drive vorüber nach Süden, rechts ab in die 9. Straße und dann, eine der Querstraßen (Pennsylvania, Euclid oder Meridian) auswählend, durch das Viertel der Appartementhäuser aus den 30er

Miami Beach in den 30er Jahren ...

Jahren nach Norden. Auf dem Espanola Way, der schmalen, mediterranen Gasse, geht es dann wieder in Richtung Atlantik; auf Washington Avenue kann man noch einige Schritte nach Norden gehen zur Lincoln Road Mall. In den 50er Jahren war dies eine schicke Einkaufsstraße, die dann jedoch zum schmuddeligen Ghetto

... und heute

verfiel. Neuerdings wird das alte Flair der Häuser wieder poliert und aufgepäppelt. Sogar das neue Hamburger-Lokal an der Ecke präsentiert sich im Art Deco Look.

Collins Avenue führt in den nördlichen Teil von Miami Beach. Hier stehen die Grand Hotels der 50er Jahre dichtgedrängt am sandigen Ufer des Atlantik. Ein besonderer Leckerbissen ist das Surfside Beach Hotel. Der Besitzer sammelt leidenschaftlich chromblitzende Schlitten aus der Zeit vor der Ölkrise. Um die Liebhaberstücke nicht in einem Museum verstauben zu lassen, hat er sein Hotel damit möbliert.

Über die Brücke an der 96th Street fährt man dann nach Osten zum Festland und folgt dem breiten Biscayne Boulevard nach Süden durch Downtown. An der Brickell Avenue, dem Zentrum der Finanz in Miami, türmen sich die Bankpaläste, aber dazwischen grünen immer wieder Palmen und anderes tropisches Gewächs, die die nüchterne Glas- und Betonlandschaft freundlicher machen.

Auf der Weiterfahrt wird es ruhiger. Der Rickenbacker Causeway schwingt sich in weiter Kurve hinüber zu den beiden Inseln in der Biscayne Bay, Virginia Key und Key Biscayne, die zu den besten – und teuersten – Wohnlagen der Stadt gehören. Auf Virginia Key wartet die erste Wasserattraktion Floridas, das Miami Seaquarium. Hier kann man gleich am Anfang der Reise Bekanntschaft schließen mit vielen der Meeresbewohner, die man später vielleicht in freier Wildbahn erleben – und dann auch erkennen – wird. In der beliebten Delphin-Show dieses Vergnügungsparks führen die lustigen Flipper ihre Kunststücke vor und springen für den Belohnungsfisch sogar

Lunch mit Heckflossen im Surfside Beach Hotel

Der Feldzug für Bikinis in den 30er Jahren . . .

bis zu fünf Meter hoch – für die zu nahe stehenden Zuschauer ein feuchtes Vergnügen.

Anschließend kann man noch eine Stunde Sonnenpause am schönen Sandstrand von Key Biscayne einlegen – mehr verträgt die europäisch-blasse Haut am

. . . ist längst erfolgreich

ersten Tag ohnehin nicht. Crandon Park oder der Bill Baggs Strandpark an der Südspitze der Insel eignen sich dazu hervorragend: weites, blaues Meer bis zum Horizont, kleine Wäldchen und einsame Dünen. Man glaubt es kaum: auch dies ist Miami, obgleich die Wolkenkratzer von Downtown von diesem friedlichen Plätzchen nur eine Viertelstunde entfernt sind.

Noch ein Tip zum Bade-Outfit in Florida: Hier herrschen keine europäischen Zustände! Ein gewagter Bikini, eine knappe Badehose sind kein Problem. Aber »oben ohne« oder gar ganz ohne sind strikt verpönt. Allerdings wurden neuerdings am Strand von Miami Beach (und an einigen wenigen anderen Stränden mit vorwiegend europäischen Badenixen) schon manchmal weibliche Formen *topless* gesichtet. Aber das ist die große Ausnahme. Florida ist trotz der Nähe zur Karibik in

Schönheitswettbewerb in Miami Beach

dieser Hinsicht sehr US-puritanisch. Wer die nahtlose Bräune im Sinn hat, sei gewarnt, denn meist ist prompt die Polizei da und ordnet die Bedeckung an.

Nach der ersten Begegnung mit der Sonne und der gar nicht so unsympathischen Großstadt Miami kann man am späten Nachmittag noch einen Bummel im Bayside Marketplace unternehmen. Auf mehreren Ebenen reihen sich Boutiquen, Souvenirläden und kleine Restaurants in den luftigen Wandelhallen.

Auf der Wasserseite der Mall ragen kleine Piers in die Biscayne Bay hinaus, der Jachthafen Miamarina, wo die Filmjacht von Don Johnson zu Hause ist. Ein weiterer Filmstar dümpelt gleich nebenan, das Segelschiff »Bounty«. Es wurde nach originalgetreuen Vorlagen der britischen Admiralität für den berühmten Film »Die Meuterei auf der Bounty« gebaut. Heute liegt es in der Miamarina vor Anker, wenn sie nicht gerade irgendwo auf der Welt bei einer Nostalgieparade alter Segler mitschwimmt.

MIAMI

von Jürgen Koar

Nur eines hat sich nicht verändert an Miami: das Wetter. Sonne gibt es reichlich. Die Tagesdurchschnittstemperatur wird übers Jahr mit 27 Grad Celsius angegeben. Von Juli bis September klettert die Quecksilbersäule über 30 Grad. Da bringt dann fast jeder Tag seinen kurzen Regenschauer. Dezember, Januar und Februar, wenn oben im Norden Frostgefahr droht, hat Miami Hauptsaison, denn es bietet dann immer noch Tagestemperaturen bis 20 Grad und manchmal leicht darüber. Miami liegt schließlich, wenn man dem 26. Breitengrad in östlicher Richtung folgt, noch unterhalb der kanarischen Inseln.

Die Entwicklung vom moskitoverseuchten Mangrovensumpf im Gebiet der Seminolen-Indianer zu subtropischer Gepflegtheit war nur der erste Schritt Miamis. Wo der Fluß gleichen Namens in die Biscayne Bay mündet, hatte sich der Stamm der Tequesta-Indianer niedergelassen. »Miami« nannten sie ihre Siedlung – was in ihrer Sprache Süßwasser hieß. So wird es überliefert. Ein Handelsposten entstand, wo heute eine Doppelreihe nationaler und internationaler Banken mit spiegelnden Glasfassaden unten an der Bay gegenüber dem Hafen für Kreuzfahrtschiffe die Brickell Avenue, Miamis »Wall Street«, säumt.

Miami ist jung, aber es war ein langer Weg zu Vitalität und Dynamik, die diese Stadt heute auszeichnen und sie attraktiv machen für Investoren, Touristen und Rentner, für Ärzte und Anwälte, Wissenschaftler und Studenten, Künstler und Sportler. Erst kam das Land in spanischen, dann in britischen Besitz. Als die Amerikaner es schließlich übernahmen, wußten sie zunächst nichts damit anzufangen. Julia Tuttle, Ende des 19. Jahrhunderts eine der wenigen Bewohnerinnen dieses Landstrichs, hatte die Idee, die Eisenbahnstrecke über Palm Beach hinauszuführen und so den vernachlässigten Süden Floridas an den Rest des Staates anzubinden. Der Eisenbahn-Magnat Henry Flagler begann sich aber für die »Wildnis« erst zu interessieren, als 1895 die Orangenernte im Norden durch Frost vernichtet wurde und Julia Tuttle eine frostfreie Orangenblüte mit einem Gruß aus Südflorida schickte. Flagler beschloß, nicht nur die Bahnlinie in Richtung Süden fortzuführen, sondern überdies dort unten eine Stadt zu bauen. Sein Name lebt fort.

Flagler Street teilt die Stadt in Nord und Süd, Miami Avenue teilt sie in Ost und West. So ergeben sich vier Standortbestimmungen, die zur Orientierung wichtig sind: Northeast, Northwest, Southeast und Southwest. Alle Straßennummern fangen an der Flagler Street und der Miami Avenue an zu zählen. Avenues und Courts verlaufen nach Norden oder Süden, alle Streets und Terraces in östlicher oder westlicher Richtung. Das Wasser der Biscayne Bay bildet den Abschluß nach Osten.

»Surrounded Islands« – Insel-Kunst des Verpackungskünstlers Christo in der Biscayne Bay 1983 ▷

Modernes Miami . . .

. . . und nostalgisches Miami Beach

Wer nur ein paar Tage zur Verfügung hat, um Miami kennenzulernen, muß sich im klaren sein, daß er nur flüchtige Bekanntschaft macht mit einer Stadt, die mehr zu bieten hat. Sie ist ein Drehkreuz für Touristen, das Tor zur Karibik und nach Lateinamerika. Vielleicht sind Sie ja auf dem International Airport gelandet. Dann zählen Sie zu jenen Fluggästen, auf die man hier stolz ist: Weit über 20 Millionen Passagiere im Jahr machen den Flughafen zu einem der 13 größten der Welt. Einen Landesrekord stellen die internationalen Verbindungen dar. Miami profitiert von seiner Nähe zu den Badeinseln der Karibik und den Geschäftsinteressen in Südamerika. Vielleicht sind Sie aber auch von einem der Kreuzfahrtschiffe an Land gegangen – oder stechen mit einem in See, dann gehören Sie zu den zweieinhalb Millionen Touristen im Jahr, die Miamis Kreuzfahrtindustrie zum Ausbau des Hafens ermutigt haben. Ende des Jahrtausends will man für den Ansturm von vier Millionen Passagieren und das Verladen von 16 Millionen Tonnen Fracht jährlich gerüstet sein. Dann sollen 14 Kreuzfahrtschiffe gleichzeitig anlegen können. Die Fernsehserie *Love Boat* hat sich als Werbeschlager für Miami erwiesen.

Und wo wir gerade bei erfolgreichen Fernsehserien sind: Auch *Miami Vice*, die Krimireihe, hat auf die Stadt aufmerksam gemacht – allerdings auf eine Weise, die nicht nur willkommen war. Die Leute sollten ja endlich begreifen, daß in Miami etwas los ist; sie sollten aber nicht zu dem Schluß kommen, daß ihnen das Fernsehen ein Dokumentarspiel zeigt und Miami Hauptstadt des Verbrechens ist. Tatsächlich ist es in dieser Metropole nicht gefährlicher als in anderen. Der Brückenkopf nach Südamerika erfüllt allerdings eine unerwünschte Funktion in umgekehrter Richtung: Der Drogenhandel blüht, und mancher der Glaspaläste an der Brickell Avenue beherbergt nicht nur eine Bank, sondern – so wird allgemein vermutet – auch die Millionenerträge aus illegalen Geschäften, die in der größten internationalen Bankengemeinde außerhalb von New York deponiert und »reingewaschen« werden. Miami gilt als günstig gelegener Umschlagplatz für Kokain aus Kolumbien, und dieser Handel hat Verbrechen im Gefolge. Die Stadt versucht, mit wöchentlichen Razzien die Lage in den Griff zu bekommen und meldet erste Erfolge. Der Tourist kann jedenfalls die Schauergeschichten, die er vielleicht gehört hat, vergessen und sich unbesorgt umsehen.

Dazu sollte er sich erst einmal einen Überblick verschaffen. Die Möglichkeit gibt es zum Billigtarif: Der Metromover, im Volksmund auch Peoplemover genannt, ist eine Hochbahn, die den Downtown-Bereich umkreist. Für wenige Cents kauft man sich eine Stadtrundfahrt mit Aussicht von oben. Die Strecke auf Stelzen ist rund drei Kilometer lang. Es gibt neun Stationen; die Fahrt dauert zehn Minuten. Man kann durchaus auch zwei Runden drehen, um sich erst einmal zu orientieren und zu entscheiden, wo man mit der Besichtigungstour beginnen will. Die Station des Government Center bietet sich als Ausgangspunkt an, zu dem man zurückkehrt, um mit der Metrorail-Schnellbahn (die keine U-Bahn wurde, weil Korallenfelsen dies nicht zuließen) oder mit einem der Metrobusse weiterzufahren. Überdacht und klimatisiert gibt es hier außerdem eine Riesen-Cafeteria mit Ständen, die Imbiß und Erfrischungen für die unterschiedlichsten Geschmacksrichtungen anbieten. Und nur ein paar Schritte weiter wartet eine der neueren Attraktionen Miamis, das Metro-Dade Cultural Center mit einer hübsch angelegten Plaza in mediterranem Stil. Es beherbergt das Center for the Fine Arts, das Historical Museum of Southern Florida und eine Bücherei. Die Gebäude im spanischen Stil mit ihren Rundbögen, schmiedeeisernen Verzierungen und roten Dachziegeln sind von den

Gut behütet: Mitglied einer Survival-Gruppe

Zigarrendreher in der Calle Ocho

die Hälfte von ihnen werden als *Latinos* oder *Hispanics* bezeichnet. Die meisten unter ihnen sind Kubaner, aber sie stammen auch aus Puerto Rico, Nicaragua und El Salvador, aus Kolumbien, Honduras und Mexiko. 20 Prozent der Einwohner sind Schwarze und 30 Prozent weiße Anglos oder *Non-Hispanics.* 1960 hatte deren Anteil an der Bevölkerung von Miami noch 80 Prozent ausgemacht. Kein Wunder also, daß die Stadt zweisprachig geworden ist!

Der Einfluß der Kubaner reicht von der Küche bis ins Rathaus. Er ist an der Zahl der Spezialitätenrestaurants abzulesen und an der Person des Bürgermeisters kubanischer Herkunft. Die eigentliche Erfolgsstory ist das hohe Maß an politischem Einfluß und ihr Anteil an der Neugestaltung einer vernachlässigten, leicht heruntergekommenen Stadt in eine lebendige, dynamische Metropole mit aufgeschlossenem Weltstadtcharakter.

Das Ergebnis begegnet dem Besucher auf Schritt und Tritt. Wo alles seinen Anfang nahm, kann man sich ansehen: Fahren Sie nach Little Havana, und Sie werden denken, Sie haben Miami verlassen! Das Herzstück dieser kubanischen »Insel« ist die 8th Street Southwest, die allerdings hier niemand so nennt. Vielmehr heißt sie *Calle Ocho.* Selbst die amerikanischen *hotdogs,* die heißen Würstchen, werden zu *perros calientes,* denn hier ist Englisch eine Fremdsprache. Man trifft sich zum Würfelspiel bei einem *Cafe Cubano,* der an manchen Ständen in fingerhutgroßen Pappbechern ausgeschenkt wird, so daß Sie eine Kostprobe wagen können, ohne einkehren zu müssen. Nicht-Kubaner nennen das starke Gebräu augenzwinkernd das »einzige legal ohne Rezept erhältliche Aufputschmittel« (*legal drugs*).

Orientieren wir uns weiter südlich und machen einen Abstecher in die Vergangenheit. Dabei passieren wir die Ausfahrt zu den nördlichsten in der Kette der Keys, jener Inseln, die der Küste vorgelagert sind und sich nach Süden aneinanderreihen, bis Key West den Schlußpunkt bildet. Key Biscayne und Virginia Key sind über den Rickenbacker Causeway zu erreichen und bieten Strand, Luxushotels, das Seaquarium, einen öffentlichen Golfplatz, ein internationales Tenniszentrum und eine Superwohngegend.

Hier hatte Richard Nixon als Präsident eines seiner Quartiere aufgeschlagen. Doch uns führt der Weg an der Abzweigung zu dieser Oase vorbei zu einer anderen ganz eigener Art: Vizcaya Museum and Garden, oder auch kurz Vizcaya genannt, ist von der gleichnamigen Schnellbahn (Metrorail)-Station leicht zu Fuß zu erreichen: ein Stück Europa unter Miamis Sonne, ein Renaissance-Palast am Rande der Biscayne Bay, abgeschirmt durch dichte suptropische Urvegetation, ein bezaubernder Anachronismus. James Deering, ein amerikanischer Großindustrieller, hatte sich 1916 diesen Winterwohnsitz geschaffen, ihn nach europäischem Vorbild gestaltet und mit Schätzen aller Stilrichtungen vollgestopft, so daß das Schlößchen von Anfang an so aussah, als hätte es dort schon seit 400 Jahren gestanden. »Vizcaya« ist baskisch und bedeutet »erhöhter Platz«. Früher war das auch einmal ein luftiger Platz, doch heute sind die Fensteröffnungen zum Schutz der wertvollen Einrichtung vor dem Wetter verglast. Die 34 Räume der Villa präsentieren sich wie zu Mr. Deerings Lebzeiten, die Gartenanlagen kombinieren exotische Pflanzen, wie sie in Südflorida zu Hause sind, mit Teichen, Brunnen und Skulpturen, wie man sie aus Frankreich oder Italien kennt. Es gibt sogar einen Garten für die Blinden mit stark duftenden Kräutern und Blumen und Statuen zum Anfassen. Von Mitte Februar bis Anfang April findet hier das Shakespeare Festival statt, am dritten Märzwochenende das italienische Renaissance Festival. Vizcaya wird für besondere Anlässe auch schon einmal vermietet. Ronald

Royal-Poinciana-Bäume in Blüte

Mediterraner Prunk: die Villa Vizcaya

Reagan traf sich als Präsident in diesem Palazzo 1987 mit dem Papst. Eine Stunde brauchen Sie für die Reise ins 16. Jahrhundert mindestens.

Miamis ältere Architektur verrät den spanischen Einfluß, manches Neue ist dem nachempfunden – mit modernem karibischem Einschlag. Coconut Grove und Coral Gables im Südwesten Miamis weisen diese lässige Mischung vor und schaffen damit eine eigene Atmosphäre. Coconut Grove wird – wenn auch vielleicht nicht ganz zu Recht – mit New Yorks berühmtem Künstlerviertel Greenwich Village verglichen. Auf den ersten Blick wirkt diese Boheme- und Künstlerkolonie zu manikürt und zu schick. Aber hier stehen einige der ältesten Häuser, zum Teil aus den Resten von Schiffswracks gebaut, hier ist die älteste schwarze Gemeinde zu finden, hier gibt es elegante und teure Läden im modernen Mayfair Shopping Center neben Straßencafés mit Aussteigern, Genies und Einzelgängern. Das Künstlerviertel ist zwar leicht kommerzialisiert, hat sich aber durchaus seine eigene Duftnote erhalten und bietet zum Beispiel auch ein kleines Theater, das Coconut Grove Playhouse. Das Leben der frühen Siedler kann man nachempfinden, wenn man sich in das Haus des Kommodore Munroe begibt. Es steht seit 1880 an dieser Stelle. Munroe machte sich einen Namen mit dem Entwerfen von Schiffsrümpfen, die sich für die Navigation in flachen Gewässern eigneten.

Coral Gables zeigt als Stadtviertel Klasse und erklärt damit seine Anziehungskraft. Hier, wo es sich gut leben ließ – und läßt, schufen sich wohlhabende Amerikaner mit dem Mittelmeer vor dem geistigen Auge in den 20er Jahren ihr Winterquartier. In Coral Gables stehen die Universität von Miami, das historische Biltmore Hotel und der riesige venetianische Swimmingpool, den Stadtentwickler George Merrik in den 20er Jahren aus dem Korallenfelsengrund schnitzen ließ – mit Springbrunnen, Höhlen, Brücken, Burgmauern und Balkonen. Hier finden Sie europäische und orientalische Architektur, stille Ecken, Prunkvillen, gute Geschäfte und ausgezeichnete Restaurants.

Sie haben jetzt Eindrücke von einer amerikanischen Großstadt gesammelt, die sich Mühe gegeben hat, eine zu werden. Lange Zeit galt Miami als Umsteigebahnhof zu lohnenderen Zielen und als warmer Vor-Himmel für Rentner. Miami bot Sonne, Palmen und Hotels samt *entertainment,* aber die amerikanische Riviera machte einen heruntergekommenen Eindruck: Eine Stadt mit architektonischem Wildwuchs und Hotelsilos am handtuchbreiten Strand, ohne Gesicht und Kultur, schlimmer noch – ohne Perspektive. Ende der 70er, Anfang der 80er Jahre setzte ein Wandel ein. Kapital strömte nach Miami, und mit ihm wirtschaftlicher Optimismus und Elan. Es begann der Aufbau einer internationalen Metropole mit Zukunft, einer aus vielen Einwandererströmen entstandenen Welt, die ihre Probleme hat mit Verbrechen und mit Spannungen zwischen den Rassen, sich aber doch als Modell für ein Zusammenwirken unterschiedlicher Kulturen anbietet. Miami hat ein südliches Ambiente, ohne verschlafen zu wirken. Es hat sich mit mutiger eigenwilliger Architektur ein eigenes Gesicht geschaffen und präsentiert sich lebendig, ohne in die stressige Hetze von New York zu verfallen. Das verhindert schon das Klima. Dazu gehört Miami Beach, das an die Anfänge der Region als Erholungsgebiet erinnert.

Der Durchschnittstourist unterscheidet nicht zwischem Miami und Miami Beach. Für ihn sind die Begriffe austauschbar und eine Einheit. Nichts liegt der Wahrheit ferner. Miami Beach ist dem Festland vorgelagert, eine Ferieninsel, ein Rentnerparadies, aus dem diese allerdings allmählich vertrieben werden, weil es auch in Miami Beach wirtschaftlich aufwärts geht und damit die Preise steigen.

Miami Beach ist eine eigene Stadt mit eigenem Strand, eigenen Hotels, die mit einem *facelifting* runderneuert wurden, und eigener Geschichte. Bis 1870 waren die einzigen Küstenbewohner, die sich zu diesem Landstrich vorwagten, die Tequesta-Indianer. Das änderte sich, als es Henry Lum und seinen Sohn Charles in die Gegend verschlug. Die waren beeindruckt von den Kokosnußpalmen am Meeresstrand und träumten von einer Kokosnußplantage. Mit einer Gruppe von Geschäftsleuten, unter ihnen ein gewisser John Collins, kauften sie der Bundesregierung Land zu Spottpreisen ab und investierten in diesen Traum. Doch der zerrann wie Strandsand zwischen den Fingern. Die Küste eignete sich nicht zum gewinnbringenden Anbau von Palmen. 1907 zahlte Collins seine Partner aus und wurde Alleinbesitzer eines acht Kilometer langen Streifens Land zwischen Atlantik und Biscayne Bay (das ist der heutige Bereich zwischen 14th und 67th Street). Collins versuchte sich nun im Anbau von Avocados, Mangos und Bananen. Sein Schwiegersohn, Thomas Pancoast, sah 1911 im Auftrage der Familie nach dem Rechten und stellte fest, daß es hier mehr zu ernten gab: Ein Fährdienst war eingerichtet worden, der Sonnenhungrige und Badelustige vom Festland zum Ozean brachte. Am Strand entstanden die ersten Bade-Casinos. Die Familie Collins gründete ein Unternehmen, das es sich zu Aufgabe machte, einen Kanal durch die Mangrovensümpfe auszuheben, der von der Farm bis an die Biscayne Bay führen sollte. Darüber hinaus sollte ein erster Brückenschlag hinüber zum Festland erfolgen. Das war 1912. Ein Urlauber mit Unternehmungsgeist und Kapital, Carl Graham Fisher, half mit einer Finanzspritze das Projekt zu vollenden. Der Vorgänger des Venetian Causeways, der 1926 entstand, stellte eine Verbindung her, mit der die Zukunft des Tropenparadieses begann. Fisher veranlaßte das Austrocknen des Sumpflandes, ließ Biscayne Bay ausbaggern und schiffbar machen und schuf auf diesem Wege neue Inseln. Der Landverkauf begann. Fisher baute Golf- und Tennisplätze sowie eine Tribüne für die ersten Motorbootrennen. Es entstanden Bürgersteige und feste Straßen. Ocean Beach, wie es damals hieß, erhielt seinen Atlantic Boulevard. Doch das war ein Provisorium. 1915 wurde die neue Stadt Miami Beach gegründet, und seine Collins Avenue sollte noch berühmt werden. Zunächst kam allerdings ein Rückschlag, von dem sich Miami Beach wirtschaftlich lange nicht erholen sollte: 1926 tobte einer der schwersten Hurrikane über Südflorida hinweg und zog die junge Oase schwer in Mitleidenschaft. Richtig bergauf ging es erst, als die Fluglinien Miami Beach anzusteuern begannen und die Einführung der Klimaanlage auch den Sommer erträglich werden ließ.

Seitdem ist die Strandstadt das ganze Jahr über Konferenzort. 1915 lebten kaum mehr als 100 Menschen ständig hier am Rande des Atlantiks, 1920 waren es erst gut 600, 1940 schon 28000, 1980 aber bereits über 96000. Die Zahl derer, die hier Urlaub machen oder gar überwintern, ist jedoch bis zu dreimal so groß. Ein Viertel von Floridas Hotelzimmern ist, so sagt die Statistik des Bundesstaates, in Miami Beach zu finden. Das alles auf dem schmalen Stück Land zwischen Atlantik und Biscayne Bay? Ein Alptraum, möchte man meinen. Die Stadtväter sind jedoch nicht nur stolz auf ihre Erfolgsstory, in der ein unzugänglicher Mangrovensumpf, wo sich nur Schlangen und Moskitos hielten, in weniger als 70 Jahren zu einer glitzernden extravaganten Hotelgemeinde mit einem Kongreßzentrum wurde, das immerzu vergrößert werden muß, – sie sind auch bemüht, die Patina zu pflegen und der Nostalgie ihren Raum zu lassen.

Zwischen 21st und 46th Street wurde Mitte der 80er Jahre eine Uferpromenade errichtet, die gemütliches Schlendern am Meer ermöglicht. Für über 60 Millionen Dollar wurde Sand herangekarrt, um auf einer Länge von fast 17 Kilometern den Strand zu erneuern, so daß er die Bezeichnung wieder verdient. Von der 87th Terrace bis zum südlichen Ende von Miami Beach wurde er um fünfzig bis sechzig Meter verbreitert. Dieser Teil von Miami Beach wird auch kurz *SoBe* – für: South Beach – genannt. Hier finden Sie das Nebeneinander von Neuentwicklung und Altbewahrung. Eine besondere Attraktion ist der *Art Deco District,* der seinen Namen von dem Baustil der 30er Jahre hat. Er steht seit 1979 unter Denkmalschutz – der einzige mit Bauten des 20. Jahrhunderts, der in den USA bislang für erhaltenswert erklärt wurde. Das ist der Bereich Ocean Drive/Collins Avenue zwischen 5th und 16th Street. Ein zweiter – aber mit einer anderen Stilrichtung – ist Espanola Way.

Art Deco war der zukunftsbezogene zeitgenössische Stil der 30er und 40er Jahre. Er wurde 1925 in Paris aus der Taufe gehoben, erreichte die Gestade von Miami Beach aber erst mit dem Wirtschaftsboom 1935. Der Baustil reflektiert die Faszination von der Technologie und glatten, strengen, schnellen Formen. Das Bauen mit Stahlbeton machte eigenwillige Formgebungen möglich. Neon, indirektes Licht, Aluminium, Chrom und Plastik hielten Einzug. Stuck-Reliefs und schattenspendende Überhänge an den Fenstern, gerade Linien und Flachdächer sind Erkennungszeichen der Art Deco. Diese Hotels aus den 30er Jahren sind in Miami wieder zu pastellfarbenem Leben erweckt worden. Noch bevölkern alte Stammgäste aus New York so manche Lobby, und in einigen Eingangshallen stehen noch die Stuhlreihen und der siebenarmige Leuchter für die Andacht. Doch die Kosten für die Restaurierung, wenn auch durch Steuernachlaß ermäßigt, haben die Hotelzimmer teurer gemacht. Der Auszug der Rentner aus Miami Beach hat begonnen. Eines der imposantesten Architekturbeispiele ist das Breakwater Hotel. Seine Front gleicht dem aufragenden Bug eines Schiffes, mit strengen vertikalen und horizontalen Linien, Rohrgeländer auf dem Dach und »Augenbrauen« über den Fenstern.

Der andere, in der Nachbarschaft anzutreffende Baustil wird von den Amerikanern *Mediterranean Revival,* also Mittelmeer-Renaissance, genannt. Beispiele dafür sind das alte Rathaus (Old City Hall), das Edison Hotel und der Amsterdam Palace am Ocean Drive. Espanola Way, zwischen Washington und Drexel, ist die Reproduktion einer kleinen spanischen Stadt mit engen Sträßchen und Gassen. Dieser Baustil war in den 20er Jahren sehr populär. Man schuf sich damals aus dem Wohlstand heraus das Abbild eines europäischen Seebades am Mittelmeer: Die Häuser haben rote Dachziegel, Fenster- und Torbögen, Säulen und Arkaden, schmiedeeiserne Balkone.

Wer sich noch einmal einen abschließenden Überblick verschaffen und dies auch mit einem Essen verbinden will, kann sich zum Doral Hotel begeben und den Fahrstuhl zum Starlight Room nehmen. Das Doral-On-The-Ocean gilt als eines der luxuriösesten Hotels in Miami Beach. Der Besitzer hat an der Kaimauer auf der anderen Straßenseite seine Jacht Doral IV festgemacht. Die Mannschaft steht auf Abruf bereit, besonders bedeutende Gäste über die Biscayne Bay – und auch weiter – zu schippern. Mr. Doral selber läßt sich Anfang des Sommers jeweils über den Intracoastal Waterway in die kühleren Gefilde von Connecticut im Nordosten der USA bringen.

Art-Deco-Pracht am Ocean Drive . . .

. . . und an der Michigan Avenue

2. Tag – Route: Miami – Pennekamp Park – Key West (281 km)

km/M	Zeit	Route
0	9.00 Uhr	Abreise von Miami Beach über den MacArthur Causeway (US 41/SR A1A) nach Miami, dann über US 1, SR 878 und SR 874 zu Floridas Turnpike Süd, bei Florida City wieder auf die US 1
113/70	11.00 Uhr	**John Pennekamp Coral Reef State Park** auf Key Largo; ein kurzer Sprung ins Wasser oder ein Bummel auf den Naturpfaden, danach um 12 Uhr Fahrt mit dem Glasbodenboot oder Schnorcheltour; um 13.30 Uhr Tauchfahrt.
	15.30 Uhr	Abfahrt von Key Largo auf US 1
281/175	18.00 Uhr	Ankunft in **Key West**, zum Sonnenuntergang: **Mallory Square**

Abstecher:

Die Keys bieten besonders Sportbegeisterten einiges: Tauchen im Pennekamp Park oder, noch schöner, im *Looe Key National Marine Sanctuary* (von Big Pine Key und Ramrod Key aus mit organisierten Tauchfahrten zu erreichen); Hochseeangeln nach Segelfisch und Tarpon von Islamorada oder Marathon aus; Naturerlebnisse auf den abgeschiedenen Inseln Lignumvitae Key oder Indian Key. Auskunft jeweils direkt vor Ort; kurzfristige Buchung fast immer möglich.

Overseas Highway

2. Tag – Informationen

John Pennekamp Coral Reef State Park
Key Largo
Tel. (305) 451-1202
39 km langer, 15 km breiter Unterwasserpark vor der Südostküste von Key Largo, dessen größte Attraktion die der Mangrovenküste vorgelagerten Korallenriffe sind. Museum und Besucherzentrum auf dem kleinen Landteil des Parks; Bademöglichkeit, Kanu- und Windsurfer-Vermietung.

Coral Reef Park Company
P.O. Box 1560
Key Largo, FL 33037
Tel. (305) 451-1621
Täglich dreistündige Touren mit Glasbodenbooten ($ 14) zum Korallenriff im John Pennekamp State Park um 9, 12 und 15 Uhr, zu denselben Abfahrtszeiten auch dreistündige Schnorcheltouren ($ 19), Tauchfahrten um 9.30 und 13.30 Uhr ($ 30). Einen Tag zuvor reservieren.

Mallory Square
Der kleine Platz an der Nordwestspitze der Insel ist allabendlich in der Stunde vor dem Sonnenuntergang der Sammelplatz der Sonnenanbeter, Jongleure, Feuerschlucker, Grashutflechter – kurz, der ganzen skurrilen Szene von Key West.

Sloppy Joe's Bar
201 Duval St.
Key West
Die berühmte Kneipe Hemingways – und dementsprechend wird sie auch vermarktet. Sie ist zwar allemal einen Drink wert, doch sollten sich ernsthafte Bargänger in den umliegenden Kneipen bei weniger Rummel festsetzen. Am Ende der Duval Street am Hafen etwa oder in

The Bull
Duval St.
(ein Block südl. von Sloppy Joe's)
Etwas rauhe Bar mit *folk music*, jungem Publikum und Überresten der 60er Jahre.

Delmonico's
Duval St.
(ein halber Block südl. von Sloppy Joe's)
Ruhige Bar mit gemütlicher Theke und kleinen Happen zum Essen.

Captain Tony's Saloon
Greene St.
Dunkel und rauchig, mit riesiger Visitenkartensammlung an den Wänden. Diese Kneipe war zu Hemingways Zeiten die ursprüngliche Sloppy Joe's Bar, hier lernte »Papa« Martha Gellhorn kennen, seine spätere (dritte) Frau.

Pier House Restaurant
1 Duval St.
Key West
Tel. (305) 294-9541
Gepflegte Atmosphäre mit tollem Blick auf Hafen und Meer; Bar und Café auf der Veranda im ersten Stock. Spezialität: Frischer Fisch in allen Variationen. $$-$$$

Louie's Backyard
Vernon/Waddell St.
Key West
Tel. (305) 294-1061
Romantisches Ambiente in einem alten Keys-Haus, wunderschöne Blicke über das Meer und ausgezeichnete Fischgerichte. Reservierung nötig. $$-$$$

The Rooftop Cafe
310 Front St.
Key West
Tel. (305) 294-2042
Luftiges Restaurant in der Nähe des Mallory Square mit leckeren Fischspezialitäten und Desserts. $$

Savannah
915 Duval St.
Key West
Tel. (305) 296–6700
Verfeinerte Südstaatenküche auf der lauschigen Veranda. Do. geschl. $$

The Reach
Simonton St. (am Ozean)
Key West, FL 33040
Tel. (305) 296–5000 oder (800) 874–4118
Attraktives Resorthotel im Kolonialstil. Zimmer mit Balkon und Einbauküche; Pool und eigener Strand mit Windsurfer-Vermietung; auch in Europa zu buchen; einige Wochen zuvor reservieren; an Feiertagswochenenden teurer und voll. $$$, im Winter $$$$

Eden House
1015 Fleming St.
Key West, FL 33040
Tel. (305) 296–6868
Schönes Gästehaus mit viel Grün, Pool und eigenem Restaurant. $$$–$$$$

Heron House
512 Simonton St.
Key West, FL 33040
Tel. (305) 294–9227
Komfortables Gästehaus mit Pool und tropischem Garten, in der Altstadt. Einige Wochen zuvor reservieren. $$, im Winter $$$

Best Western Hibiscus Motel
1313 Simonton St.
Key West, FL 33040
Tel. (305) 296–6711
Motel am Südende der Altstadt mit tropischem Garten, Pool. $$, im Winter $$$

The Artist House
534 Eaton St.
Key West, FL 33040
Tel. (305) 296–3977
Restauriertes viktorianisches Haus in der Altstadt; kleine, gemütliche Zimmer. $$–$$$

Days Inn
3852 N. Roosevelt Blvd.
Key West, FL 33040
Tel. (305) 294–3742
Kleineres Hotel am Ostrand der Insel mit Pool. 10 Min. Fahrt zur Altstadt. Preiswert von Europa zu buchen. $$

Sugerloaf Key KOA
P.O. Box 469
Summerland Key, FL 33042
Tel. (305) 745–3549
Großer Privatcampingplatz mit eigenem Strand; Bootsvermietung.

Bahia Honda State Recreation Area
Rt. 1, Box 782
Big Pine Key, FL 33043
Tel. (305) 872–2353
Sehr schöner staatlicher Campingplatz mit Sandstrand; Boots- und Surfervermietung, kleiner Laden.

Weitere Informationen (Feste):

Abgesehen vom Sonnenuntergang am Mallory Square gibt es in Key West noch mehr zu begucken. Im Februar beginnen die zwei Monate währenden **Old Island Days** (Führungen durch die alten Privathäuser), am dem 21. Juli nächsten Wochenende wird **Hemingways Geburtstag** gefeiert (großer Hemingway-Ähnlichkeitswettbewerb und Wettfischen) und Ende Oktober geht ein Karneval (**Fantasy Fest**) über die Bühne. Sportsfreunde können Mitte April am Lauf über die 7-Mile-Bridge teilnehmen. Weitere Informationen gibt die

Key West Chamber of Commerce
Wall St./Tift's Alley
Key West, FL 33041
Tel. (305) 294–2587

2 **Übers Meer:** Von Miami nach Key West

Genug der luxuriösen Strandhotels, des polierten oder verlotterten Art Deco: Florida hat mehr zu bieten. Die Werbeblättchen auf Glanzpapier versprechen unverblümt idyllische Natur, glitzernde Strände und tropische Vegetation. Also auf zu den Keys, den sagenhaften Inseln im blauen Golfstrom, den Inseln Hemingways und der Schatzsucher.

Doch zunächst noch städtische Durststrecke. Über den MacArthur Causeway geht es hinüber nach Miami. Die kleinen Inseln in der Biscayne Bay, großteils durch das Ausbaggern des Hafens aufgeschüttet, sind beliebte Villenwohnsitze. Die Bewohner der zweiten kleinen Insel, die man passiert, wissen allerdings nicht so genau, ob sie auf ihren ehemaligen Nachbarn stolz sein sollen: Palm Island war um 1930 der Wohnsitz von Alphonse Capone, besser bekannt als das »Narbengesicht Al Capone, Staatsfeind Nr. 1«.

Capone kam 1927 nach Miami. Er benötigte dringend Urlaub vom heißen Boden in Chicago und kaufte eine Villa auf der Insel. Sein Ziel war es, das Glücksspiel und den illegalen Alkoholhandel in Miami unter seine Kontrolle zu bringen. Durch Bestechung und rauschende Parties hatte er bald Polizei und Politiker auf seiner Seite. Doch bevor sich sein Plan richtig entfalten konnte, wurde er in Chicago wegen Steuerhinterziehung verurteilt und mußte 11 Jahre in Alcatraz absitzen. Danach kehrte er als gebrochener Mann in seine Villa nach Miami zurück und wohnte dort bis zu seinem Tod 1947. Sein Sohn Al lebte später noch viele Jahre in Miami, doch das einzige, was er sich je zuschulden kommen ließ, war ein Ladendiebstahl 1965. Im Supermarkt klaute er Aspirin und Batterien im Wert von $ 3.50.

Am Festland in Miami angelangt, grüßen die Glastürme von Downtown; dann eine kleine Brücke über den Miami River, die besonders zur Hauptverkehrszeit gerne hochgezogen wird, um langsam gleitende Segelboote durchzulassen. Freizeit ist wichtig in Florida. Und der Nachbar im spiegelnden Mercedes meldet schon mal ganz gelassen über sein Autotelefon, daß er zum nächsten Geschäftstermin etwas später kommt.

An der Brikell Avenue weitere Zeugen des Wohlstands: tropisch umgrünte Appartementhäuser in bester Wohnlage. Architektonisch hat man sich etwas einfallen lassen: im Wohnkasten linker Hand wurde ein Fenster freigelassen und eine riesige Palme im 10. Stock gepflanzt. Das grenzt an Kunst.

Nach der schnellen Autobahnfahrt auf Floridas Turnpike wird das Tempo hinter Florida City abrupt langsamer. 25 Kilometer führt die US 1 schnurgerade durch den Sumpf. Irgendwo zockelt immer ein Lastwagen gemütlich vorneweg. Nicht überholen! Nicht drängeln! Hier herrschen an-

Kunst am Bau: Brickell Avenue

dere Zeitdimensionen. Runterschalten, denn das hektische Miami liegt weit zurück. »Abwarten« mahnen die Schildchen, »in drei Minuten kommt eine Überholspur«.

Es ist richtig erholsam, wenn keine Werbeschilder den Straßenrand verunstalten. Der Everglades National Park rückt näher, die letzte große Wildnis Südfloridas. Schon glitzern die ersten Wasserflächen der Sümpfe rechts und links der Straße. Große weiße Reiher sitzen unbeeindruckt vom Verkehrslärm in den Mangroven oder staksen auf der Suche nach dem zweiten Frühstück durchs Schilfgras. Der Horizont scheint sich zu weiten; riesige weiße Wolken plustern sich über der grünen Weite. Durch das geöffnete Fenster dringt das vereinzelte Quaken der Frösche.

Dann endlich kommt ein Knick in der Straße und die Brücke: Key Largo, die erste und gleich auch die größte Insel der Keys. Ponce de León entdeckte die gut 280 Kilometer lange Inselkette an der Südspitze Floridas auf seiner Expedition 1513 und benannte sie *Los Martires,* die Gemarterten. Die sich scharfkantig aufbäumenden Korallenriffe und das Gewirr aus verkrümmten Mangroven erinnerten ihn wohl an die Inquisition in Spanien.

Der erste Teil Key Largos sieht auch heute noch etwas gequält aus. Wie eine offene Wunde klafft die breite Schneise des vierspurigen Highways zwischen dem Grün der Wäldchen. Die Straße flankieren eine Collage verbleichter Werbeschilder und schiefer Holzhütten, zusammengewürfelter Shopping Plazas und angestaubter Palmen. Aber das ist das Innere, der »zivilisierte« Teil der langgestreckten Insel. Das Meer ist von der Straße aus nirgendwo in Sicht. Doch die Keys muß man vom Wasser aus erleben, nur dann wird ihre wahre Natur deutlich. Die Hütten und der Kommerz an Land sind nur das zugehörige Übel. Daß vieles etwas verlottert aussieht, hat wohl mit der entmutigenden Kraft der Hurrikane zu tun, die in periodischen Abständen alles wegfegen.

Der erste unverfälschte Eindruck von den Keys läßt aber nicht lange auf sich warten. Nach wenigen Kilometern heißt es schon: John Pennekamp Coral Reef State Park, links einordnen. Einige hundert grüne Meter durch den tropischen Wald – und man ist am Eingang des ersten Unterwasserparks der USA, rund 580 km^2 Atlantik vor der Südküste von Key Largo. Das Mangrovendickicht am sumpfigen Ufer, der Lebensraum seltener Wasservögel, und vor allem ein Teil des einzigen Korallenriffs in den Vereinigten Staaten sollen hier vor dem menschlichen Zugriff geschützt werden.

Das ist in der Tat nötig. Mit Dynamit und großen Baggern rückten vor 50 Jahren die Geschäftemacher dem Riff auf den kalkigen Leib, um die Souvenirläden mit bunten Korallen auszustaffieren. Große Teile wurden zerstört und verödeten. Erst nach einer langwierigen Kampagne der Naturschützer unter der Führung des Zeitungsredakteurs Pennekamp aus Miami ließ den Staat Florida die einzigartige Unterwasserwelt auf einer Länge von 38 Kilometern für tabu erklären. Die US-Regierung half nach und schuf 1975 um das Korallenriff ein National Marine Sanctuary mit strikten Umweltschutzauflagen.

Vor dem Ausflug zum Riff vielleicht noch eine kurze Abkühlung am kleinen Sandstrand, dann ein Besuch des Visitor Center. In den Ausstellungen und Aquarien dort werden die komplexen Entstehungsmechanismen des Korallenriffs erläutert: daß die Tierchen, winzige Polypen, die das Riff bauen, nur im Lauf von Jahrtausenden ihr Werk tun und absolut sauberes, mindestens 20 °C warmes Wasser, viel Sonnenlicht und ein intaktes Ökosystem dazu brauchen.

Hinter dem Visitor Center legen die Ausflugsboote ab. Wer auch nur die Grundzüge des Schwimmens beherrscht oder gar Tauchen kann, sollte bei der *snorkeling* oder *scuba tour* mitmachen. Da ist man dann ganz hautnah dabei, gleitet schwerelos im bis zu 28 °C warmen Wasser zwischen den bunten, wogenden Fächerkorallen und kleinen Fischschwärmen. Im Glasbodenboot kann jeder mitfahren.

Kaum wird der Einlaß freigegeben, stürzt alles an Bord, um einen Sonnenplatz an der Reling zu ergattern. Zunächst gleitet das Boot gemächlich durch die dunklen Kanäle der Mangrovensümpfe. Der mitreisende Naturkundler erläutert derweilen in einem Atemzug, daß die Spucktüten an Bord – ganz handlich – gleich neben der Kombüse zu finden seien und daß die im Salzwasser wachsenden Bäume mit ihren zahllosen Luftwurzeln lebensnotwendig sind für die Keys, sozusagen als ein wellenbrechender Schutzwall.

Die eigentlichen Wellenbrecher vor der Küste sind aber die fünf bis acht Kilometer im Atlantik vorgelagerten Riffe, auf die das Schiff nun Kurs nimmt. Sie vermindern die Kraft der Wellen und ermöglichen so den Mangroven erst das Wachstum. Die bis zu fünf Meter unter der Wasseroberfläche lauernden Riffe sind aber andererseits auch daran schuld, daß es die Keys selten zu Sandstränden gebracht haben. Keine Brandung, kein Sand – so einfach ist das.

Zahllose Schiffe sind an der fast 200 Kilometer langen Barriere vor den Keys schon zerschellt. Allein die Spanier verloren in den 300 Jahren Kolonialzeit etwa

Segnungen der Tiefe: Kinorequisite im Pennekamp Unterwasserpark

2000 Galeonen. Aber auch jüngere Wracks sind zu finden, z. B. der Frachter »Benwood«, der im Zweiten Weltkrieg von einem deutschen U-Boot zur heutigen Tauchattraktion gemacht wurde. Die Riffe sind oft nach den Wracks und ihrer Ladung benannt. Da gibt es das »Carysfort Reef«, benannt nach einer 1770 untergegangenen britischen Fregatte. Das »Molasses Reef« erhielt seinen Namen von einem Frachter mit einer Ladung Zuckersirup. Und das »Pickles Reef« bewacht eine Ladung Essiggurken.

Nach einer knappen Stunde Fahrt ist das Riff erreicht, was man unter anderem daran erkennt, daß viele Nasen an den Unterwasserfenstern plattgedrückt werden. Wer zum erstenmal ein Korallenriff sieht, wird sich insgeheim nach Zäunen oder Aquariumwänden umsehen. Ist das hier wirklich? Oder ist Disney World schon bis hierher vorgedrungen? Nein, die vielgestaltigen, zum Greifen nahen Korallenköpfe, die bunten flitzenden Fische sind von Mutter Natur so grandios arrangiert. Ein wohliges, friedliches Gefühl überkommt den Betrachter in dieser lautlosen unwirklichen Landschaft. Gar nicht sattsehen kann man sich an dieser Wunderwelt der Hirschhorn- und Hirnkorallen, der gestreiften und gepunkteten tropischen Fische. Fast 400 verschiedene Fischarten leben im Riff. Und ein krönender Höhepunkt ist es immer, wenn unter den ehrfurchtsvollen Betrachtern im abgedunkelten Bauch des Schiffs jemand eine Seeschildkröte, einen Barracuda oder gar einen Hai entdeckt.

Kapitän Todd fährt schon seit fünf Jahren Besucher hinaus aufs Riff und freut sich jedesmal wieder über die glücklichen, staunenden Gesichter. Aber er fürchtet auch um das Riff und spricht von den 250000 Menschen, die alljährlich hierher kommen: »Für Taucher und Schnorchler ist es verboten, sich auf die Korallen zu stellen oder sie auch nur zu berühren. Abbrechen und mitnehmen darf man sowieso nichts. Die Korallen, die hier in den Läden verkauft werden, stammen alle von den Philippinen. Dort betreiben sie mit Dynamit richtiggehenden Kahlschlag in ihren Riffen. Auch wenn das hier verboten ist, sind trotzdem bei der Anzahl Menschen immer wieder Schäden feststellbar. Ich hoffe, unser Riff überlebt.«

Später, beim Ausgang des Parks, stößt man auf die erwähnten Muschel- und Korallenläden. THE SHELL MAN heißt es in großen Lettern. Hier gibt es die bunten Korallen von den Philippinen und Muscheln aus aller Welt – doch kaum etwas aus Florida.

Von Key Largo geht es weiter auf dem *Overseas Highway,* der Straße über dem Meer: links der Atlantik, rechts die Florida Bay, also der Golf von Mexiko. Verirren ist ausgeschlossen, denn es gibt nur die US 1, die über 42 Brücken von Insel zu Insel hüpft und über die glitzernden Wasserflächen hinweg das Festland mit dem 170 Kilometer entfernten Key West verbindet. Die ab und zu vorbeiwischenden Meilensteine zählen die Entfernung ab Key West und werden von den *locals* bis heute oft als Ortsangabe verwendet.

Der Name »Keys« stammt, wie so vieles in Florida, von den Spaniern. *Cayos* nannten sie die kleinen Inseln, was dann amerikanisiert zu *keys* wurde. Außer verschwenderisch Namen zu verstreuen, ta-

Key West um 1920

Von Key zu Key übers Meer: Bahia Honda Key

ten die Spanier hier jedoch nicht viel. An Land gingen sie nur selten. Keine Schätze, kein Gold war hier zu finden. Nicht einmal Süßwasser gab es für die Schiffbrüchigen. Nur Milliarden von Moskitos und anderes übles Geschmeiß. Nach den spanischen Entdeckungsfahrten blieb es daher noch lange ruhig auf den Keys.

Erst Anfang des 19. Jahrhunderts entstand ein kleiner Ort auf Key West, und erst vor gut 100 Jahren ließen sich die ersten Siedler auf anderen Inseln nieder. Hart arbeitende, von Moskitos geplagte Methodisten waren es, die nun Kokoshaine, Melonenfelder und Ananasplantagen anlegten. Der dürftige Kalkboden war steinig und nährstoffarm. Es gab keine Tiefseehäfen, die Menschen waren von der Außenwelt fast völlig abgeschnitten. Das einzige Süßwasser kam aus Zisternen, mit denen sie das Regenwasser auffingen. (Noch heute werden die Keys bis hinunter nach Key West per Pipeline von Miami aus versorgt.) Schwefelstäbe im Wasser sollten damals Bakterien und krabbelnde glitschige Tierchen fernhalten. Manchmal warfen sie sogar noch rostige Nägel mit hinein, um das Trinkwasser »nahrhafter« zu machen. Einige dieser auf Stelzen gebauten Bottiche aus Zypressenholz stehen noch heute in den Hinterhöfen der alten Häuser.

Die moderne Zivilisation suchte die Keys erst in diesem Jahrhundert heim. Henry Flagler, auf den die Erschließung fast des gesamten Florida mit oft ermüdender Regelmäßigkeit zurückgeführt wird, war auch daran beteiligt. Und wie! Mit greisen 75 Jahren entschloß er sich 1905, seine Eisenbahnlinie von Miami bis Key West weiterzubauen. Kein Zeitgenosse hielt das für möglich. Aber Flagler ließ bauen. Tausende Männer kämpften gegen tropische Hitze und Feuchtigkeit, gegen Moskitos und Hurrikane – und am 22. Januar 1912 fuhr Flagler mit dem *Extension Special* (später *Havana Special*) nach fünfstündiger Fahrt in Key West ein.

Als sich ein Jahr zuvor die Bahnlinie dem Ort genähert hatte, stellten die Ingenieure etwas verspätet fest, daß kein Land für einen Bahnhof vorhanden war. Flagler ungerührt: »Dann schafft Land!« Die Wasser teilten sich und es ward Land – mittels Baggern, versteht sich. Direkt am Bahnsteig, der ins Wasser hinaus gebaut wurde, konnte man auf die Dampfschiffe nach Kuba umsteigen. Nichts war Flagler unmöglich, alles gelang. Doch konnte er seinen Ruhm nur kurz genießen, denn schon vier Monate nach der Eröffnung der Key West Extension verstarb er.

Zunächst blühte der Verkehr auf der neuen Route; Obst aus Mittel- und Südamerika wurde über Flaglers Eisenbahn importiert, Touristen konnten von New York bis Key West fahren, ohne umzusteigen. Doch langsam versiegte das Geschäft, weniger und weniger Touristen kamen. Während der Depression der 30er Jahre wollte erst recht niemand einen Ausflug nach Key West unternehmen. Und dann kam das berüchtigte Jahr 1935.

Windige Verhältnisse

Ein Hurrikan – damals waren sie noch namenlos – fegte am 2. September 1935 geradewegs über den Mittelteil der Keys. Unglücklicherweise waren dort zu der Zeit Hunderte von Weltkriegsveteranen bei Arbeitsprojekten der Roosevelt-Regierung beschäftigt. Zu spät wurde ein Evakuierungszug für sie aus Miami losgeschickt. Winde mit über 300 Stundenkilometern und eine sechs Meter hohe Flutwelle brachen über die Matecumbe Keys im Zentrum des Hurrikans herein. Vom Zug blieb nur die 106 Tonnen schwere Lokomotive auf den Gleisen, die elf Waggons wurden von den Schienen gepustet, die Arbeiter ertranken. Insgesamt forderte der Hurrikan etwa 800 Menschenleben.

Nach der Katastrophe gab die Eisenbahngesellschaft auf. Die Brücken waren zwar alle stehengeblieben (gebaut aus deutschem Zement), aber fast die gesamte Gleisstrecke war unterspült und die Aufräumarbeiten hätten die Gesellschaft in den Ruin gestürzt. Schließlich übernahm der Staat die Strecke und baute sie zum *Overseas Highway* aus. Mittlerweile sind alle Brücken mit Millionenaufwand und moderner Technik erneuert worden (die alten hat die Keys-Bevölkerung flugs zu herrlich langen Angelpiers erklärt). Doch die fast römisch anmutenden Aquäduktbögen der großen Brücken Flaglers lassen sich auch heute noch bewundern.

Nach Key Largo und den Matecumbe Keys beginnt jener Teil der Route, auf der schon von der Straße aus ein wenig Sightseeing möglich ist. Zwischen den niederen Wäldchen schimmern immer wieder kleine tiefblaue Buchten, an den malerischen Piers liegen bis an die Mastspitzen mit Angelhaken bewaffnete Charterboote.

Immer hübsch hintereinander kommen die kleinen, langgezogenen Straßendörfer der Keys: Islamorada, das sich ganz

Seven Mile Bridge

dem Fischfang verschrieben hat, das schrecklich verbaute ehemalige Eisenbahnercamp Marathon und zahllose Winzlingshäfen, jeweils mit kleinem Laden und Motel oder Ferienanlage. Die Bewohner leben vom Fischfang oder Tourismus und manche auch vom Schmuggel. Allerdings ist heute kein vergleichsweise harmloser Rum mehr gefragt, sondern Drogen aus Mittelamerika. Sie werden im Schutz der Anonymität der vielen Ferien- und Fischerboote illegal an Land gebracht. Jeder Kapitän kann davon erzählen, wie er mit seinem Kutter schon häufiger durch zahllose Ballen Marihuana gepflügt ist, die Schmuggler auf der Flucht in panischer Angst vor der Küstenwache über Bord geworfen hatten.

Brücke auf Brücke, Insel auf Insel. Allemal ein Foto wert ist die berühmte Seven Mile Bridge, die längste auf der ganzen Route und seinerzeit als achtes Weltwunder gefeiert. Zwar ist sie nicht ganz sieben Meilen (11,2 km) lang, aber ihr Name steht so fest wie die 546 Zementpfeiler, die sie vom Knight Key zum Pidgeon Key und weiter zum Little Duck Key trugen. Trugen, weil sie 1982 durch eine neue, breitere Brücke ersetzt wurde.

Die Lower Keys sind wieder etwas größer, weniger dicht besiedelt und die Hitze hier im Sommer noch drückender. Big Pine Key besitzt noch wenig erschlossene Waldgebiete und ist Refugium für die zierlichen Rehe der Keys. Ein ideales Fleckchen für einen Abstecher auf der Rückfahrt. Mehr dazu morgen, denn heute ruft Key West.

Boca Chica, die letzte Insel vor Key West, ist fest in der Hand der Navy, die dort ihre Aufklärungsflugzeuge, Kampfflieger und geheimes Seekriegsgerät stationiert. Unüberhörbar donnert auch gleich eine Formation stählerner Moskitos über die mangrovengesäumte Bucht.

Eine letzte, enttäuschend kurze Brükke: Key West, die Insel Hemingways. Man biegt rechts in den Roosevelt Boulevard ein und folgt der US 1 in die Stadt. Der Anfang ernüchtert: Kettenmotels, stinknormale Tankstellen und ein Allerwelts-Straßenpanorama. Interessanter wird es aber schon an der emsig-quirligen Garrison Bight Marina. Hier kommen die Charterboote von großer Fahrt zurück. Quietschend scharren die Boote am Dock, die Pelikane warten geduldig auf einen Happen. Bierdosen kreisen, und den staunenden Landratten werden die neuesten Abenteuer vom Kampf mit dem letztlich doch verlorenen Riesenfisch aufgetischt. Der neidische Seitenblick gilt den glücklicheren Petrijüngern, die sich mit stolzgeschwellter Brust neben ihrem oft recht beeindruckenden Fang fotografieren lassen. Die eßbaren Fische werden ausgenommen und filettiert, die wirklich großen Brocken, herrliche zwei- und dreimeterlange Segelfische, an den Präparator weitergereicht.

Hinter Garrison Bight beginnt das alte Key West. Die ersten malerischen Lagerschuppen und kunstvoll geschnitzten Häuserfronten tauchen auf, dahinter üppig blühende Gärten. Der Ort, farbenfroh und tropisch-unamerikanisch, beginnt sich in Szene zu setzen. Die Sonne sinkt und es wird Zeit, sich auf den Weg zum Mallory Square an der Nordwestspitze der Insel machen. Dort wartet ein allabendliches Spektakel, das jeder Besucher erleben muß – zumindest einmal.

Trauben von tiefbrauen und rötlichen Menschen (die tiefbrauen sind die ge-

Der Pier der Bars von Key West

Abend der Musiker und Gaukler (vgl. folgende Seite) am Mallory Square, Key West

Hemingways Lieblingsbar in Key West

schäftstüchtigen Key Westler, die rötlichen frischangekommene Touristen) drängeln sich am Pier, schaffen Jahrmarktrummel im besten Sinne. Jongleure zeigen ihre Künste, Gummimenschen falten sich in kleine Schachteln, Feuerschlucker spucken Benzin und manchmal jagt sogar ein dickwadiger Dudelsackpfeifer schottische Klänge übers Meer. Daneben wird Selbstgebasteltes verhökert, werden Grashüte von mageren – und tiefbraunen – Althippies geflochten und vitaminreiche Säfte verkauft.

Dennoch – soviel Freiraum bleibt – blikken einige vom Tand Unbeeindruckte ergriffen in den Sonnenuntergang, der für einen Hauch von karibischer Romantik sorgt. Wenn die flammenden Wolkenzungen besonders eindrucksvoll strahlen, wird beim letzten Sonnenstrahl sogar ganz amerikanisch Beifall geklatscht. Schließlich muß man den Zuständigen

doch wissen lassen, daß sein Schauspiel gefallen hat.

Nachdem die letzte Rötung am Himmel verblaßt ist, geht man zum Fischessen. Und ebenso zielsicher führen die Schritte anschließend in die etwas rauhen, aber gemütlichen Bars. In der dunklen, immer überfüllten Höhle von Sloppy Joe's Bar wird Hemingways Erbe hochgehalten und mittels T-Shirts und Hemingway-Drinks vermarktet. Gegenüber, im Captain Tony's Saloon, der ursprünglichen Hemingway-Kneipe, ist es noch dusterer und wilder. Und es gibt genügend weitere, jüngere Bars mit kaltem Bier und karibischen Drinks, Plätzchen zum Sitzen und Schauen. Oder man läßt sich unten am Fuß der bis spät abends geschäftigen Duval Street in der ruhigeren Bar am Pier nieder und sieht die Sterne über dem nun dunklen Ozean aufgehen.

3. Tag – Route: Key West – Key Largo (185 km)

km/M	***Zeit***	***Route***
0	9.00 Uhr	Bummel durch die **Altstadt von Key West:** Southernmost Point, Hemingway House, Duval Street, Oldest House (Audubon House, Treasure Museum) und Mittagspause
	13.30 Uhr	Abfahrt von Key West (Abstecher zum Friedhof)
65/35	14.30 Uhr	**Big Pine Key**, Abstecher ins Key Deer Refuge: **Blue Hole** und kleine Wanderung auf dem **Jack Watson Wildlife Trail** (ca. 45 Min.)
72/45	16.00 Uhr	Badepause auf **Bahia Honda Key** oder Besuch des **Dolphin Research Institute** (Grassy Key)
185/115	19.00 Uhr	Ankunft auf **Key Largo**

Abstecher:

Außer einem Zusatztag zum Hochseeangeln, das in Key West sehr beliebt ist, sollte man einen **Flug-Abstecher auf die Dry Tortugas** ins Auge fassen. Die halbtägigen Touren führen per Wasserflugzeug zu der etwa 100 km weiter westlich gelegenen Inselgruppe. Dort kann man das alte Fort Jefferson besichtigen, angeln oder auf einem Korallenriff schnorcheln.

3. Tag – Informationen

Shorty's
215 Duval St.
Key West
Traditioneller, uralter *diner* mit Plastikstühlen an der Theke; große Portionen, besonders beim French Toast. $

Rich's Cafe
1015 Fleming St. (im Eden House)
Key West
Gemütliches Frühstück auf der Gartenterrasse. $

Der **Southernmost Point** (South/Whitehead St.) und das **Hemingway House** sind gut mit dem Fahrzeug erreichbar. Danach sollte man aber am Südende der Innenstadt parken und Besichtigungen zu Fuß machen. An Wochenenden und zur Hauptsaison im Winter ist es wegen der katastrophalen Parkverhältnisse manchmal besser, den Wagen am Hotel oder Stadteingang stehenzulassen und sich einer Führung mit dem **Conch Tour Train** anzuschließen. Eine individuellere Alternative:

Keys Moped & Scooter Rental
523 Truman Ave.
Key West
Tel. (503) 294–0399
Ohne Parkplatzsorgen in Key West herumflitzen ist die Devise: Preiswerte Fahrrad- und Mopedvermietung.

Hemingway House
907 Whitehead St.
Key West
tel. (305) 294–1575
Tägl. 9–17 Uhr Führungen; Eintritt $ 6.
Die berühmte Villa Ernest Hemingways, in der er in den 30er Jahren einige seiner bekanntesten Romane schrieb. Sehr gut erhalten mit hübschem tropischen Garten und zahllosen Katzen.

The Wrecker's Museum
322 Duval St.
Key West
Tel. (305) 294–9502
Tägl. 10–16 Uhr; Eintritt $ 2.
Das Museum im angeblich ältesten Haus (1829) von Key West veranschaulicht den Lebensstil der reichen *wrecker,* die die gestrandeten Schiffe ausplünderten.

Audubon House & Gardens
Whitehead/Greene St.
Key West
Tel. (305) 294–2116
Tägl. 9.30–17 Uhr; Eintritt $ 5.
Das restaurierte Herrenhaus des berühmten Ornithologen und Malers James Audubon zeigt die typische Möblierung während des 19. Jahrhunderts und einige Werke des Meisters. Wunderschöne Gartenanlagen.

Mel Fisher Maritime Heritage Society
Greene/Front St.
Key West
Tel. (305) 294–2633
Kleine Ausstellung der Schätze, die Mel Fisher aus den versunkenen spanischen Galeonen barg; nur für wirklich passionierte Schatzsucher interessant.

Mittagspause in Key West kann man an einem der Straßenstände bei Eiscreme, frostiger Limonade und *conch fritters* einlegen. Oder man geht in eins der kleinen Cafés am Nordende der Duval Street. Bei heißem Wetter bleibt der Magen sowieso meist ruhig.

Key Deer Refuge
Big Pine Key
Im Naturschutzgebiet auf der 13 km langen Insel versuchen die Ranger, den letzten der zierlichen Key-Rehe das Überleben zu ermöglichen. Entlang der Straßen bekommt

3 Kaleidoskop Key West

Kaleidoskop Key West: weißgetünchte, von Veranden umkränzte Häuser der *conchs* und verspiegelte Boutiquen, exotische Sonnenmilchgerüche und tropischer Blütenduft, bittersüßer *Key Lime Pie* und karibischer Rum, streunende Katzen unter Banyan-Bäumen und abgetakelte, sympathisch verschlafene Seitenstraßen. Die Menschen sind ähnlich vielfältig: Abkömmlinge der Einwanderer von den Bahamas (die *conchs*) und aus Neuengland, alt- und neueingesessene Kubaner, elegante und vorwiegend homosexuelle Aussteiger aus New York, Inspiration suchende Künstler und Maler, geschäftstüchtige Festland-Floridianer und ein paar übriggebliebene Blumenkinder der *love generation.*

Key West ist gänzlich unamerikanisch und doch fest in amerikanischer Hand, was besonders die US-Touristen entzückt, die hier zwar auf sicherem heimatlichem Boden spazieren, aber die tropische Exotik kaum fassen können. Ähnlich ergeht es dem Europäer. Das Städtchen ist befremdend und faszinierend, schreiend kommerziell und flippig liebenswert zugleich. Aber man muß sich schon Zeit nehmen, die filigranen Details erspähen und die turbulente Geschichte im Hinterkopf behalten.

Also nur keine Eile. Key West muß man erwandern, ersitzen, erlungern. Nach einem gemütlichen Vormittagsbummel durch die Altstadt entflieht man der sengenden Mittagshitze in einem der kleinen Cafés zur südlichsten Rast der Reise.

Die Geographie erklärt die Temperaturen. Key West liegt rund 70 Kilometer nördlich vom Wendekreis des Krebses, auf derselben nördlichen Breite wie das ägyptische Assuan oder die Sahara-Oase Djanet. Die Stadt, die ganz gefräßig mittlerweile die gesamte gleichnamige Insel umfaßt, bildet den Endpunkt des *Overseas Highway* in den Lower Keys. Zwei weitere Inselgrüppchen, die Marquesas und die Dry Tortugas, liegen noch weiter draußen im Golf von Mexiko – weiter westlich, aber nicht weiter südlich. So rühmt sich die älteste Stadt Südfloridas zu Recht, der südlichste Punkt der kontinentalen USA zu sein. Andere, unbedeutende amerikanische Gebiete, wie zum Beispiel die noch weiter südlich liegenden Hawaii-Inseln, klammern die Key Westler dabei selbstbewußt aus.

Cayo Hueso, Knocheninsel, nannten die Spanier das Eiland. Angeblich fanden sie hier haufenweise Gebeine, weshalb den Calusa-Indianern heute kannibalistische Gelüste nachgesagt werden. Der Name blieb und schliff sich im Amerikanischen zu Key West ab.

Zu einer Besiedelung kam es während der spanischen Ära nicht. 1815 erhielt Ju-

Die älteste Bar am Platz

an Salas aus St. Augustine die Insel von der spanischen Krone überschrieben. Nach der Übergabe Floridas an die USA verkaufte er sie aber 1821 an den Amerikaner John Simonton – für lumpige 2000 Dollar. Der Geschäftsmann aus Alabama teilte sich das Territorium mit einigen Partnern, legte die Straßen der zukünftigen Stadt aus und begann mittels einflußreicher Freunde in Washington, seinen ausgezeichneten Tiefseehafen anzupreisen.

Zuerst jedoch mußte das ärgerliche Problem mit den Piraten gelöst werden, die sich besonders die Gewässer zwischen Kuba und den Keys als profitable Jagdgründe erkoren hatten. Die US-Navy, die schnell den strategischen Wert der Insel erkannte, bereitete ihnen bis 1830 ein unrühmliches Ende. Nun konnten die Siedler kommen und sich auf der Insel eine neue Existenz schaffen. Von den Bahamas und aus Neuengland eilten sie herbei, um in den nun piratensicheren Gewässern der Keys die Wracks der gestrandeten Schiffe zu plündern. *Wrecking* wurde zum äußerst lukrativen Geschäft, das in den nächsten Jahrzehnten den schnellen Aufschwung von Key West sicherte. Brände und Hurrikane hemmten den Boom jeweils nur kurz; Key West wuchs weiter. Die Militärs pumpten weiteres Geld in die Wirtschaft und ließen riesige – und niemals benötigte – Forts anlegen.

Als dann um 1860 die ersten Leuchttürme, deren Bau durch die Regierung die Key Westler heftig bekämpften, die Schiffe von den Korallenriffen wegscheuchten, wurde das Strandgut weniger; man mußte sich neue Wirtschaftszweige einfallen lassen.

Hilfe war nicht weit. Unzufriedene kubanische Immigranten aus der nahen spanischen Kolonie brachten die Zigarrenindustrie mit, und die im flachen Wasser vor der Küste entdeckten Schwämme erwiesen sich als sehr wertvoll. Um 1880 rollten 12000 Hände Tabakblätter zu rund 100 Millionen Zigarren jährlich. 90 Prozent aller in den USA verkauften Schwämme kamen aus Key West. 1888 erreichte die Bevölkerung die rekordbrechende Zahl von 18000 Menschen – Key West war die größte und reichste Stadt Floridas geworden.

Danach jedoch ging es bergab. Die Zigarrendreher zogen bald nach der Jahrhundertwende nach Tampa und die griechischen Taucher von Tarpon Springs an der zentralen Golfküste gaben der Schwammindustrie den Todesstoß. Key West versank für Jahrzehnte in einen Dornröschenschlaf. Nicht einmal Flaglers Eisenbahn küßte es wach. Von der reichsten Stadt wurde Key West zur ärmsten Stadt Floridas – so arm, daß im Sommer 1934 die Arbeitslosigkeit bei 80 Prozent lag und die bankrotten Stadtväter schlicht aufgaben. Die Stadtregierung wurde aufgelöst und alle Verantwortung an den Staat abgeschoben.

Der erste Vorschlag des Gouverneurs war, die Stadt aufzugeben und die Bevölkerung aufs Festland umzusiedeln. Eine Studie der Bundesregierung ergab jedoch, daß dank Klima und Ambiente wohl ein gutes touristisches Potential bestünde. Ein Großreinemachen und die anschließende Werbekampagne taten ihre Wirkung: Die touristische Wintersaison 1934/35 war blendend. Doch der Hurrikan von 1935 verwehte alle Hoffnungen.

Erst nach der Vollendung des *Overseas*

Nach erfolgreichem Fischzug in Garrison Bight

Highways 1938 und dem Ende des Zweiten Weltkriegs strömten die nunmehr motorisierten Touristen wieder herbei. Passionierte Sportangler stapften auf den Macho-Spuren Hemingways, tranken Rum und pafften dicke Zigarren. Ebenfalls nach dem Vorbild des Nobelpreisträgers siedelten weitere Künstler und Schriftsteller auf der Insel, darunter Tennessee Williams und Elizabeth Bishop. Die traditionell liberale Gesinnung zog seit den 50er Jahren zahlreiche Homosexuelle an, denen Key West viele Renovierungen und ein swingendes Nachtleben verdankt.

Hotels und Boutiquen hielten in den letzten Jahrzehnten Einzug, alte Häuser und verträumte Gemütlichkeit mußten weichen. Aber die Überfremdung fand frühzeitig Gegner. Die historische Altstadt wurde saniert, Exzentrisches liebevoll gepflegt. Und allzu kraß Modern-Amerikanisches wird schnell von der tropischen Vegetation überwuchert und von den rebellischen, unorthodoxen *conchs* gebremst.

Nun aber genug der vorbereitenden Frühstückslektüre, der toten Knochen und geschichtlichen Fakten . Was gibt es heute zu sehen und zu erleben? Eine Route, die zumindest einige der wichtigsten Attraktionen einschließt, könnte wie folgt aussehen. (Man scheue sich aber gerade in Key West nicht, das Programm zu kürzen, in Seitenstraßen zu driften und auf eigene Entdeckungstour zu gehen.)

Ein guter und am Morgen noch nicht überlaufener Startpunkt ist der Southernmost Point, Ecke Whitehead/South Streets. Da die Souvenirjäger das frühere kleine Schild mit der berühmten Aufschrift immer wieder abmontierten, hat die Denkmalbehörde es nun durch eine tonnenschwere, für Erinnerungsfotos buntbemalte Boje ersetzt.

Tennessee Williams in Key West

Mit der Aufschrift *90 Miles to Cuba* deutet das Schild, unter dem die Verkäufer ihre Muscheln anpreisen, nach Süden. Havanna liegt tatsächlich Key West näher als das 140 Meilen entfernte Miami. Zum Glück für die gut eingefetteten Lang-

Superboje auf dem Punkt: dem südlichsten der USA

Wohnkultur im Conch-Stil: am Südende der Duval Street

streckenschwimmer, die sich in unregelmäßigen Abständen und meist unbeachtet von der rekordverwöhnten Stadtbevölkerung in die Fluten stürzen. In haisicheren, von Motorbooten gezogenen Drahtkäfigen kraulen sie hinüber nach Kuba. Der Bürgermeister von Key West fuhr sogar vor Jahren auf Wasserskiern in sechseinhalb Stunden nach Kuba.

Ältere Appartementhäuser und vereinzelte Villen im Stil der *conchs* säumen das Südende der Whitehead Street. In den Gärten leuchten manchmal die reifen gelben *key limes*, die nun wild wachsen. Ursprünglich aus der Karibik importiert, sind die kleinen sauren Limonen die wichtigste Zutat in der heißgeliebten Nachspeise *Key Lime Pie*.

Etwas weiter nördlich hinter der Kreuzung mit Truman Avenue ragt links die Spitze des alten Leuchtturms von 1847 aus dem Palmwedelgewirr. Und rechts harrt schon die Nummer 907 Whitehead Street, Key Wests berühmteste Adresse.

Als Ernest Hemingway 1928 aus Europa hier ankam, mußte er sich erst einmal einige seiner Bücher aus New York schikken lassen, um den argwöhnischen Nachbarn zu beweisen, daß er tatsächlich ein Schriftsteller war. Alle hielten ihn anfangs für einen Rum- oder Drogenschmuggler. Bald war er aber etablierter Bürger und zog mit Frau und Kind in die 1851 im spanischen Kolonialstil erbaute, herabgewirtschaftete Villa an der Whitehead Street. 8000 Dollar kostete das einstöckige Haus damals.

Pauline, seine damalige Frau (die nach Hadley und vor Martha), ließ den Garten anlegen und das Gemäuer aus Korrallenstein aufpolieren. Das hübsche und idyllisch gelegene Haus mit den umlaufenden Balkonen aus schwarzem Eisen wurde für sechs Jahre Hemingways Dichterklause und sein Basislager für die zahlreichen Angel- und Kneipentouren, ehe er – mit neuer Frau – wieder nach Europa und schließlich nach Kuba weiterzog.

Mit unglaublichem Wortschwall und für Literaturstudenten sicher wertvoller Liebe zum Detail erläutern die Führer den ehrfürchtigen Pilgern jeden Stuhl, jede Kachel im Haus. Man kann es aber auch selbst – in kürzerer Zeit – durchstöbern und unbehelligt Küche, Badezimmer, Schlafraum und im ersten Stock des Anbaus das Arbeitszimmer des Meisters begutachten. Hier ließe es sich auch heute durchaus gut wohnen. Im üppigen Garten liegt unter weit ausladenden Banyanbäumen der Swimmingpool, den Hemingway noch 1937 für horrende $ 20000 bauen ließ. Und überall lungern und streunen Katzen, angeblich die Nachkommen der Lieblinge des Dichters. Angeblich. Denn böse Zungen behaupten, daß die kleinen Tiger aus Nachbars Garten stammen und daß sogar das komplette Mobiliar erst nachträglich in das Museum geschafft wurde. Trotzdem, zumindest das Haus ist »echt Hemingway«.

Zurück auf der Straße bummelt man weiter nach Norden. Eine Parallelstraße weiter westlich beginnt an der Thomas Street das Schwarzenviertel von Key West, das die Renovierungswelle noch nicht erfaßt hat. Schwarze Einwanderer aus den Bahamas und aus Kuba bauten vor über einhundert Jahren die heute wackeligen Zigarrendreherhütten rechts und links der schmalen, schmuddeligen Gassen.

Die Parallelstraße im Osten ist die von Restaurierungsprojekten und Geschäften blitzende Duval Street, die Hauptachse der Altstadt. Ein Rundgang von Duval zu Southard Street, weiter über William und

Dichterklause mit Komfort: Hemingways Haus

zurück über Eaton Street führt durch das noblere Wohnviertel der einstigen Stadthonoratioren und *wrecker.*

Die Engländer aus den Bahamas brachten den Stil mit und manchmal sogar per Schiff ihre zerlegten Häuser. *Conch* ist allerdings keine eindeutige Stilrichtung, sondern eine Key-West-eigene, kunterbunte Mischung von Stilelementen aus kolonialer, west-indischer, viktorianischer und Neuengland-Architektur. Umlaufende Veranden und kunstvoll gesägte oder gedrechselte Holzornamente im »Pfefferkuchenstil«, sogenannte *gingerbread ornaments,* findet man an den meisten Häusern.

Klima und Lebensweise diktierten den Architekten einige weitere Besonderheiten. Fast alle der über hundertjährigen Häuser stehen auf Stelzen, damit bei Hurrikanen das Meer unter ihnen durchbranden kann, große Zisternen sammeln das kostbare Regenwasser und kleine Dachluken sorgen für bessere Belüftung. Eigenartig sind auch die ursprünglich aus Neuengland kommenden *widows walks* (Southard St.): kleine Türmchen mit Balustraden. Während aber in Neuengland die Ehefrauen der Seeleute – also die potentiellen Witwen – von hoch oben nach ihren auf langer Fahrt befindlichen Männern Ausschau hielten, dienten in Key West die Witwenausgucke nicht den besorgten Frauen, sondern den Interessen der *wrecker.* Sie behielten von dort jedes vorüberziehende Schiff scharf im Auge – vielleicht würde es ja stranden!

Zurück an der Duval Street findet man gleich im nächsten Block das (vermutlich) Oldest House (ca. 1829), dessen Sammlungen sich mit den professionellen Wrackplünderern befassen. Seine Blütezeit erlebte das *wrecking* um 1850, als jährlich rund 50 Schiffe (ein Wrack pro Woche!) auf den Riffs um Key West strandeten und die »Schrotthändler« Fracht und Ausrüstung im Wert zwischen zwölf und 100 Millionen Dollar bargen. Daß die Kapitäne da in komfortablem Wohlstand lebten, zeigt der Rundgang. Im Garten hinter dem Haus steht noch eine der Freiluftküchen, die damals üblich waren, um die an sich schon unerträgliche Hitze im Wohnbereich nicht noch weiter zu steigern und um die Feuergefahr in den Holzhäusern zu mindern.

Das Oldest House liegt bereits im Zentrum der Altstadt, und mit jedem Schritt weiter nach Norden hin zum Golf steigert sich das Durcheinander von Boutiquen und Bars zum Crescendo. *Conch Trains* voll kamerabehangener Touristen gleiten in regelmäßigen Abständen vorüber, rote Mofas flitzen tutend dazwischen, T-Shirt-behangene Türen locken. Und der fröhliche Althippie flicht ungestört seine Grashüte.

An der nächsten Ecke steht Sloppy Joe's Saloon und vermarktet seinen bekanntesten Zecher. Jeder hier versucht sich vom Hemingway-Kuchen ein Stückchen abzuschneiden. Der Hutladen nahe Sloppy Joe's wirbt immerhin originell: »Hemingway hat hier bestimmt keinen Hut gekauft!«

Greene Street, über der ein dicker Werbefisch schwebt, ist nur wenig ruhiger. Etwas weiter prunkt in einem blühenden tropischen Garten das nächste Herrenhaus eines *wreckers,* das restaurierte Audubon House von Kapitän Geiger. Der Ornithologe und Maler John James Audubon verbrachte 1832 einige Wochen in Key West, entdeckte neue Vogelarten und malte sie für sein Monumentalwerk »Die Vögel Amerikas«. In dem zu seinen Ehren benannten Haus gibt es Chippendale Mobiliar aus dem Bergungsgut des Kapitäns und einige der Originalgemälde Audubons zu sehen.

Wer noch ältere Schätze liebt, geht gegenüber in die Treasure Exhibit, die das Lebenswerk des liebenswert-schlitzohrigen Mel Fisher zeigt. Der Schatztaucher ist seit Jahrzehnten auf der Suche nach versunkenen spanischen Galeonen. 1985 wurde er das letztemal fündig: Goldketten und Silbermünzen im Wrack der 1622 gestrandeten »Atocha«, von denen ein kleiner Teil im Museum zu sehen ist. Prozesse von unzufriedenen Investoren in sein Unternehmen und das 1987 erlassene Gesetz, wonach Wracks in US-Gewässern dem Staat gehören, lassen ihn neuerdings in der Karibik vor Barbuda tauchen. Über 1000 Wracks sollen dort liegen. Um nicht wieder mit unzufriedenen Geschäftspartnern prozessieren zu müssen, überlegt er jetzt, wie sich Delphine zur Schatzsuche einsetzen lassen.

Grün behütet: Korbflechter an der Green Street ▶

Sloppy Joe's Saloon in den 30er Jahren

Wenige Schritte weiter auf der Front und Wall Street gelangt man zum Mallory Square am Golfufer. Die allabendliche Sonnenuntergangsshow ist allein schon beeindruckend, aber der Platz ist auch historisch bedeutend. Am 23. April 1982 sagte sich Key West von den USA los und rief einen eigenen Staat aus, die *Conch Republic*. Drei Tage zuvor hatten Grenzpolizisten begonnen, am Anfang vom *Overseas Highway* alle Fahrzeuge nach Drogen zu durchsuchen, und dadurch lange Warteschlangen verursacht. Aus Protest planten daraufhin die Key Westler die »Sezession« (und eine anschließende Party). Pünktlich um 12 Uhr mittags versammelte sich die rebellierende Bevölkerung am Mallory Square. Die neue Muschelfahne der Republik wurde gehißt, den USA der Krieg erklärt und ein symbolischer Schuß abgefeuert. Danach ergab man sich sofort, um schnellstmöglich in den Genuß von Wirtschaftshilfe zu gelangen, da ja alle Besiegten bisher von den USA mit finanzieller Hilfe überschüttet worden waren. Die Dollars kamen zwar nicht, aber die Party war ein voller Erfolg, der nun jeweils zum Jahrestag der »Sezession« wiederholt wird.

Nach der kühlenden Mittagsrast im Café oder – stilecht für Key West – unter einem Baum noch ein letzter Halt am Key West Cemetery, der skurrilen letzten Ruhestätte dieses recht skurrilen Völkchens. Grellweiß leuchten die Grabstätten in der schattenlosen, flimmernden Mittagshitze. Die Gräber sind sämtlich oberirdisch – wegen des hohen Grundwasserspiegels, des harten Korallenfelses und weil die Hurrikane früher die Knochen immer wieder ausgruben. Unter einer Seemannsstatue ruhen die Männer der »Maine«, des Schlachtschiffs, das 1898 unter mysteriösen Umständen im Hafen von Havanna explodierte und damit den amerikanisch-spanischen Krieg auslöste. Engel und Schwäne zieren die Schreine – und so manche sind mit mehr oder weniger nachdenklichen Sprüchen dekoriert: »Zumindest weiß ich, wo er heute Nacht schläft«, ließ eine Witwe ihrem Mann einmeißeln. Auf einem anderen Stein klagt ein Toter: »Und ich hab' immer gesagt, ich bin krank«.

Zurück über die Brücken und die glitzernden Meeresbuchten führt die US 1 über die kleinen und nur dünn besiedelten Lower Keys wieder in Richtung Festland. Reiher und Raubvögel sind häufige Gäste am Wegesrand. Auf den Spitzen der Telegrafenstangen auf der Südseite des Highways balancieren manchmal die großen Nester der Seeadler; ihre Besitzer hocken auf Bäumen oder Telefondrähten nahebei, warten auf die kleinste Bewegung im seichten Meer und stürzen sich dann pfeilschnell ins grünblaue Wasser. Der 13 Kilometer lange und über drei Kilometer breite Big Pine Key ist nach Key Largo die größte Insel der ganzen Kette. An der US 1, die den Südteil durchschneidet, schreien aufdringliche Schilder an Tankstellen und Supermärkten nach Kunden. Aber der Nordteil der Insel birgt Kiefernwälder, unvermutete Süßwasserseen und kaum erschlossene ursprüngliche Natur. Glücklicherweise ist ein 1800 Hektar großes Gebiet heute im Key Deer Refuge vor den Plänen der Appartementbauer geschützt. Fregattvögel und Weißkopfadler nisten hier, für zahlreiche Singvögel des Nordens ist es ein wichtiges Winterquartier.

Stars des Schutzgebiets sind jedoch die zierlichen Key Deers, eine Spielzeugversion der weißschwänzigen Rehe der östlichen USA. Nur etwa so groß wie ein Schäferhund werden die putzigen Tiere, die aber trotzdem den frühen Siedlern einen guten Braten versprachen. Daher verschwanden sie auch fast endgültig in den Kochtöpfen. 1950 gab es nur noch 50 Tiere dieser Spezies, die sich – ein schönes Beispiel für Darwins Evolutionstheorie – durch lange Abgeschiedenheit ganz anders als die Artgenossen am Festland entwickelte. Dank strengem Schutz und harten Strafen für Wilderer hat sich die Reh-Population wieder erhöht, ist aber noch nicht vor der Ausrottung gesichert.

»Autos und Menschen, die die Rehe füttern, sind unsere größte Gefahr,« klagt die Rangerin Deborah Holle. »In den letzten zehn Jahren ist die menschliche Bevölkerung auf Big Pine um 500 Prozent gestiegen – die der Rehe wieder um 25 Prozent gefallen. Bei nur 300 Rehen ist ein jährlicher Verlust von 60 Tieren allein durch Autounfälle sehr bedrohlich. Und bitte nicht füttern, denn das lockt die Rehe noch näher an die Straßen.«

Langsam fahren heißt also die Devise. Die Stichstraße SR 940 zweigt an der Am-

Auf Big Pine Key

Baby-Alligator im Blue Hole auf Big Pine Key

pel auf Big Pine nach Norden ab: urplötzlich ist man nach all dem Trubel von Key West im ruhigen Wald. Die Insel aus altem Korallenkalkstein ragt, ganz ungewöhnlich für die Keys, bis zu fünf Meter über dem Meeresspiegel auf. Und fünf Höhenmeter bedeuten in Südflorida schon sehr viel: die ursprüngliche Vegetation besteht nicht mehr nur aus Mangrovendikkicht, sondern es gibt Pinien- und Palmenwälder mit kleinen, eingestreuten Inseln von Harthölzern, sogenannte *hammocks.*

Der erste Stopp bei unserem Abstecher in das Ökosystem der Keys ist Blue Hole. In dem ausgedienten Steinbruch formte sich ein Süßwassersee, in dessen warmem Wasser nun Schildkröten und pittoreskkleine Alligatoren herumpaddeln – sogar ein großer, alter Alligator läßt sich manchmal träge treibend blicken. Key Deers kommen hierher, um zu trinken. Und im Frühjahr und Sommer turteln die in Nordamerika nur hier vorkommenden Weißscheiteltauben in den Ästen.

Ein kurzes Stück weiter nördlich lädt der Jack C.Watson Wildlife Trail zum Rundgang ein. Da gibt es – anschaulich erläutert – Palmettodickicht und wuchernde Farne, Moskitofische und Karstlöcher zu entdecken. Mit etwas Glück zeigt sich eines der – leider – nicht sehr scheuen *Key Deers* oder ein Weißkopfadler oder Truthahngeier zieht am tiefblauen Himmel seine Kreise. Der Weg führt auch an Watson Hammock vorüber, auf dem einst ein Dorf der Calusa-Indianer lag. 1745 strandete ein spanisches Schiff auf dem nahen Riff, der Kajütenjunge konnte sich an Land retten und verbrachte 17 Jahre in diesem Dorf, ehe er von seinen Landsleuten gefunden wurde.

Nach der doch schweißtreibenden Wanderung ist eine kühle Erfrischung angebracht und verdient. Ideal dafür: Bahia Honda Key, eine Insel weiter in Richtung Festland. Der State Park auf der Atlantikseite besitzt den schönsten Sandstrand der ganzen Inselkette. Wer lieber noch mehr besichtigen möchte, der kann sich auf Grassy Key das Dolphin Research Center ansehen. Dies war vor zwanzig Jahren das Zuhause des allzeit glücklich schnatternden und pfeifenden Film-Flippers, der mittlerweile längst in die ewigen Fischgründe eingegangen ist.

Die großen Wasserbecken dienen heute nicht nur als Trainings- und Forschungsinstitut, sondern werden auch als Pflegeheim für gestreßte Delphine aus den oft zu kleinen Aquarien im Norden benutzt. Diese dürfen dann hier in heimatlichem Klima und Wasser einige Monate kuren. Die geselligen und hochintelligenten Säugetiere freuen sich über den menschlichen Besuch. Glucksend und klickend spielen sie mit zugeworfenen Bällen und als besondere Attraktion darf man sogar (nach Voranmeldung) zu ihnen ins Wasser.

Am Spätnachmittag heißt es dann, sich zu verabschieden – über lange Brücken im Abendlicht und durch manchmal nervenaufreibende Verkehrsstaus.

Von der Brücke zwischen den beiden Matecumbe Keys sieht man rechter Hand hinüber zum unscheinbaren Indian Key: ein Büschel grünes Gestrüpp im flachen Atlantik. Kaum zu glauben, daß die Insel vor 150 Jahren besiedelt und Hauptstadt eines Regierungsbezirks war, der bis zum heutigen Miami reichte. Post, Laden, Agavenplantagen und Hafen florierten, bis am 7. August 1840 die Calusas im Morgengrauen angriffen und die Siedlung bis auf die Grundmauern abbrannten. Seitdem hat die Natur Indian Key wieder zurückerobert, und die ersten Zivilisationsversuche der Weißen auf den Keys sind zumindest hier nur noch kleine Narben im dichten Gestrüpp.

Wenn sich die Sonne im Westen dem Wasser nähert, sucht man sich auf den Keys auf der Golfseite ein Plätzchen. Von der Terrasse eines der Restaurants auf Key Largo läßt sich der Sonnenuntergang genußvoll als Vorspeise erleben. Oder man setzt sich rauh, romantisch und geschichtsbewußt auf die Holzbänke hinter dem Caribbean Club. Denn diese Stelle ist der Schauplatz des Films »Key Largo«, in dem sich Humphrey Bogart und Laureen Bacall mit Gangster Edward G. Robinson und einem Hurrikan anlegten. Allerdings wurden hier – wegen der Moskitoplage und des feuchten Klimas – nur etwa drei Minuten des Films gedreht. Die alte Filmkneipe ist längst abgebrannt. Trotzdem: »Bogey« ist aus Key Largo (das übrigens vor dem Film noch Largo Key hieß) ebensowenig wegzudenken wie Hemingway aus Key West.

Filmszene aus »Key Largo«

4. Tag – Route: Key Largo – Everglades – Fort Myers Beach (315 km)

km/M	*Zeit*	*Route*
0	9.00 Uhr	Abfahrt auf US 1 nach Norden bis Florida City, dann SR 9336 nach Westen
50/31	9.45 Uhr	**Everglades National Park**, Visitor Center; danach Fahrt in den Park, Spaziergänge beim **Royal Palms Visitor Center**; Mittagspicknick
	13.30 Uhr	Rückfahrt vom Park auf SR 9336 (evtl. Rundflug über die Sümpfe), ab Florida City auf SR 997 zum **Tamiami Trail** (US 41) West
138/86	14.30 Uhr	**Bootsfahrt** in den Everglades (ca. 1 Std.)
179/111	16.00 Uhr	**Kirby Storter Park**, kurze Pause im Zypressensumpf, dann Fahrt auf US 41 über Naples nach Norden; Abzweigung bei Bonita Springs auf SR 865 North nach Estero Island
315/196	18.30 Uhr	**Fort Myers Beach**

Spiegelungen: Zypressensumpf

Abstecher:

Hobbybotaniker und Vogelfreunde können im Everglades National Park noch ein Stück weiter in Richtung Flamingo fahren und die Wege zum **Pa-hay-okee Overlook** oder dem **Mahogany Hammock** gehen. Im Winter kann man von Flamingo aus Bootstouren und sehr eindrucksvolle mehrtägige Kanufahrten (Camping auf Holzplattformen im Sumpf) unternehmen.

Ein lohnender Abstecher für Naturfreunde ist die zweistündige **Tram Tour** in **Shark Valley** am Tamiami Trail; noch schöner ist es, mit dem Fahrrad die Busroute nachzufahren (Fahrradvermietung; kein Autoverkehr). Kleine Ausstellungen über das Zypressensumpfland gibt es in der **Big Cypress National Preserve** an der **Oasis Ranger Station.**

4 **Everglades:** Land aus fließendem Gras

Von Key Largo ist es nicht weit bis Florida City, das bereits am Rande der Everglades liegt. In der Umgebung der Stadt bieten die Farmer an den von Plantagen gesäumten Straßen an kleinen Ständen ihre Produkte an: Mangos und sogar selbstgezüchtete Bananen sind darunter. Kanäle ziehen sich durch das Gartenland an der SR 9336, und erst nach einer Weile ist Wald am Horizont zu sehen. Nun enden die Felder und das Gelände wird sumpfig.

Sumpfgebiet? Die Everglades, die die gesamte Südspitze Floridas einnehmen, sind Sumpf und doch wieder nicht. Genaugenommen sind sie ein 80 Kilometer breiter Fluß, der jedoch nur wenige Zentimeter tief ist und sehr langsam fließt. Sein Ursprung liegt im Lake Okeechobee rund 200 km weiter nördlich. Das Gefälle beträgt nur etwa vier Meter auf der gesamten Strecke zur Florida Bay im Süden. Die Indianer nannten die Region treffend *pahay-okee* – »Fluß aus Gras«, denn die ganze Ebene ist mit hohem, scharfkantigem Riedgras, mit Seggen, bewachsen.

Ganz Florida besteht aus mehrere tausend Meter dicken Sedimentschichten, vor allem aus Muschelkalk. Hier im Südteil der großen Halbinsel ist der Kalkstein bretteben und sehr porös. So fließt das Süßwasser vom Lake Okeechobee teils an der Oberfläche teils innerhalb dieses Kalkschwamms. Je weiter man nach Süden geht, desto brackiger wird das Wasser, da es sich durch die Flut mehr und mehr mit Meerwasser mischt.

Die Wildnis der Everglades ist einzigartig auf der Erde. Nirgendwo in diesen Breitengraden ist das Klima so tropisch wie auf der völlig vom Wasser umgebenen Südspitze Floridas. Wasserströmungen, Winde und Hurrikane haben karibische Pflanzensamen und Tierarten nach Florida verschleppt. Das riesige Feuchtgebiet ist außerdem ein wichtiges Überwinterungsquartier für zahllose Zugvögel. Mehr als 300 Vogelarten wurden hier bereits nachgewiesen.

Für die weißen Siedler waren die ursprünglich über 20 000 km^2 großen Everglades fruchtbares Land, das nur trockengelegt werden mußte. So begannen sie bereits Anfang dieses Jahrhunderts, erste Kanäle zu ziehen. Später wurden Dämme am Lake Okeechobee errichtet und weite Flächen trockengelegt. Die Langzeitfolgen waren verheerend. In den 30er Jahren loderten riesige Buschbrände – weite Teile der *Glades* vertrockneten. Die Zahl der Wasservögel ging in wenigen Jahrzehnten um 90 Prozent zurück. Farmer und Stadtbewohner stellten bestürzt fest, daß Brunnen austrockneten oder durch eindringendes Salzwasser unbrauchbar

Miccosukee-Dorf in den Everglades

wurden. 1947 wurde ein Teil der Everglades zum Nationalpark erklärt, um die Tier- und Pflanzenwelt zu schützen. Man wußte aber nicht, daß die Sümpfe ohne den steten Wasserzufluß von Norden her nicht überleben konnten. In den 60er Jahren bemerkte man schließlich, daß sich sogar das Klima zu ändern begann; es regnete weniger – denn die Everglades hatten sich früher ihr eigenes Wetter »gemacht«.

Erst vor wenigen Jahren erkannte man das Ausmaß der Veränderungen. Nun wurde weiteres Sumpfgebiet in der *Big Cypress Reserve* unter Schutz gestellt und man begann, die Dämme am Lake Okeechobee wieder einzureißen. Doch die Zukunft bleibt ungewiß, denn nun drohen die zunehmende Urbanisierung und der enorme Wasserbedarf der Städte. Wenn sich Miami und andere Orte weiterhin in die Everglades hineinfressen, ist das Schicksal der einzigen subtropischen Wildnis in den USA besiegelt.

Nachdem man sich im Visitor Center nahe dem Parkeingang über die Problematik informiert hat, fährt man durch ein Waldstück weiter zum Royal Palm Visitor Center. Der Everglades National Park ist vom Auto aus nur schwer kennenzulernen, eine Fahrt die ganze Strecke nach Flamingo an der Florida Bay würde nur wenige Eindrücke vermitteln. Es ist viel ergiebiger, einige Stunden auf den Trails bei Royal Palm zu verbringen (höchstens noch ein Stück weiter zu einem der anderen Trails zu fahren) und sich in Ruhe den Details der Natur zu widmen: »Der Grand Canyon ist für jeden überwältigend, der ihn nur kurz sieht. Die Everglades dagegen wollen langsam entdeckt werden«, ist die Meinung der Rangerin im Visitor Center. Man muß sich hier schon der Natur aussetzen, um sie zu erfahren.

Im Sommer ist das zugegebenermaßen wegen der Moskitos etwas schwierig. Man hat die Autotür noch nicht richtig zugesperrt, schon ist man von den verflixten Biestern als Opfer ausgemacht worden. Die im Besucherzentrum erhältlichen Mittelchen helfen etwas, können aber die hungrige Schar nicht ganz verscheuchen. Schwacher Trost: Als eine Art lebende Blutkonserve trägt der Besucher zum Erhalt der Tierwelt in den Everglades bei. Nur nach einer kräftigen Mahlzeit können die Moskitoweibchen ihre Eier ablegen; die Eier und Larven dienen den kleinen Fischen und den Vögeln als Nahrung und die wiederum werden von den Alligatoren und den seltenen Florida-Panthern verspeist.

Der Anhinga Trail führt über einen Brettersteig in den hier mehrere Kilometer breiten Taylor Slough, einen der großen Wasserzubringer. Dicht über der dunklen Wasseroberfläche spaziert man in eine weite, von hohen Seggen bewachsene Ebene hinaus. In der trockenen Jahreszeit bietet der Slough eine feuchte Oase. Daher ist besonders im Winter der Tierreichtum beeindruckend – die Zahl der Besucher ebenfalls. Aber ungestört stelzen Seidenreiher und sogar einige majestätische Silberreiher nahe dem Steg umher. Anhingas, die seltsamen Schlangenhalsvögel, schwimmen daneben und tauchen hin und wieder nach Fischen, die sie mit ihrem spitzen Schnabel aufspießen. Ein Ruck: der Fisch wird in die Luft geschleudert und, Kopf voran, gekonnt aufgefangen und verschluckt. Nach seiner Tauchfahrt muß der Anhinga auf den nächsten Ast klettern und die Flügel zum Trocknen aufspannen, weil kein wasserabweisendes Fett seine Federn schützt. Gelegentlich kann man sogar einen der sehr seltenen Apfelschneckenmilane beobachten, die nur hier leben. Ihre einzige Nahrung sind die pflaumengroßen Apfelschnecken, die leider vom Aussterben bedroht sind.

Den Höhepunkt der Tierbeobachtung bildet sicherlich die Entdeckung eines grünlich-schwarzen Alligators. Die Reptilien driften im Wasser oder sonnen sich an den feuchten Ufern. Scheinbar träge dösen sie vor sich hin, doch wehe, wenn ihnen eine unvorsichtige Schildkröte, ein

Everglades National Park

Größe: 5660 km^2
Gründungsjahr: 1947
Lage: an der Südspitze Floridas, ca. 70 km von Miami.
Beste Besuchszeit: in der trockenen Zeit von November bis Mai ist die beste Tierbeobachtung möglich; Regenzeit herrscht von Ende Mai bis Oktober, dann sind die Moskitos besonders schlimm.
Sehenswürdigkeiten: Subtropisch-tropisches Sumpf- und Marschgebiet, das eigentlich ein 80 km breiter und nur 15 cm tiefer Fluß ist, mit zahlreichen tropischen Vogelarten, Alligatoren und Krokodilen; zahlreiche gefährdete Tierarten; Anhinga Trail und Pa-hay-okee Overlook, Shark Valley.
Einrichtungen: Besucherzentren am Haupteingang bei Florida City, in Flamingo und Shark Valley (US 41); Campingplätze; mehrere Spazierwege auf Brettersteigen, Besichtigungsfahrten in Shark Valley; mehrere Kanupfade mit Boots- und Kanuvermietung in Flamingo.
Info-Adresse: Information, Everglades National Park, P.O. Box 279, Homestead, FL 33030, Tel. (305) 247–6211.

Vogel oder Fisch zu nahe kommen, dann schnellen sie vor und schnappen zu. Und die Kraft ihrer Kiefer ist mörderisch. Den Oberschenkel eines Menschen könnten sie glatt durchbeißen. Mehr als 200 Kilogramm Druck pro cm^2 erzeugen die Schließmuskeln ihrer Kinnladen.

Die Alligatoren, das fanden die weißen Siedler Anfang des letzten Jahrhunderts schnell heraus, besitzen ein weiches, gut zu verarbeitendes Bauchleder. Bald entdeckten dies auch die Modemacher und bliesen zur Jagd auf die nichtsahnenden Brieftaschen- und Kofferlieferanten. Zwischen 1880 und 1884 wurden in Florida rund eine Million Alligatorhäute »geerntet«. Noch um die Jahrhundertwende war es kein Problem, 40 bis 50 Alligatoren in einer Nacht zu erlegen. Danach wurden es immer weniger. Doch die geringere Ausbeute trieb die Lederpreise hoch und machte die Jagd nur profitabler. In den 60er Jahren unseres Jahrhunderts waren die urweltlichen Reptilien bereits vom Aussterben bedroht.

Glücklicherweise haben strenge Schutzmaßnahmen die Tierart gerettet. Heute leben wieder rund eine Million Alligatoren in den Sümpfen Floridas. Die Everglades sind übrigens auch das letzte Rückzugsgebiet der nordamerikanischen Krokodile. Doch wird man als Besucher die vorwiegend im Salzwasser ganz an der Südseite des National Parks lebenden Tiere kaum zu sehen bekommen.

Eindrücke aus der Pflanzenwelt vermittelt der Gumbo Limbo Trail, der am Festland neben dem Slough verläuft und die *hammocks* erschließt. Wie in einen Tunnel taucht man in das kühle Dunkel des Dschungels ein. Königspalmen, Lebenseichen und die tropischen Gumbo-Limbo-Bäume vereinen sich zu einem dichten Laubdach. Epiphyten, Luftpflanzen, haben sich in den Astgabeln der größeren Bäume breitgemacht, und sogar einige Orchideenarten sind vertreten. Farne und Lianen ranken sich dazwischen. An den dicken Stämmen kann man gelegentlich die für die Everglades typischen Baumschnecken, die *liguus*, entdecken. Diese von Algen lebenden Weichtiere bleiben manchmal über Generationen auf nur einem Baum – ihren *hammock* verlassen sie nie. So entstand in den Everglades über Jahrtausende eine große Vielfalt von Unterarten: Auf jeder Bauminsel haben die Schneckenhäuser eine andere Zeichnung.

Die unterschiedlichen Biotope der Everglades werden bei der Rückfahrt von Royal Palms deutlich. Den Weg zum Picknickplatz Long Pine Key säumen Pinienwäldchen. Nur ein halber Meter Höhenunterschied – und schon ändern sich Pflanzen- und Tierwelt. Rund vier Meter über dem Meeresspiegel liegen lichte Kiefernwälder, etwas niedriger *hammocks*, die wiederum über den Schilf- und Seggensümpfen aufragen. Nur noch zwei Meter über dem Meer sind Zypressensümpfe anzutreffen, und ganz unten an der Küste wachsen Mangroven, die auch im Salzwasser überleben können und das dahinterliegende Land vor den Wellen schützen.

Am Nachmittag bietet sich die Gelegenheit, die Everglades aus einer weiteren Perspektive kennenzulernen – vom Propellerboot aus. Diese ulkigen, lärmenden Gefährte mit geringem Tiefgang sind im oft nur wenige Zentimeter hohen Wasser der Schilfflächen das einzig mögliche Fortbewegungsmittel.

An der US 41 gibt es mehrere dieser Bootsfirmen, deren laute Flitzer innerhalb des Nationalparks natürlich verboten sind. Die Prozedur ist überall dieselbe: Man erhält Wattestöpsel für die Ohren, steigt ins Boot, der Führer wirft den riesi-

Propeller-Tour durch die Everglades

gen Flugzeugpropeller im Heck des Gefährts an und ab geht die Post: über die gelbgrünen Seggen- und Schilfflächen, durch schmale Kanäle zwischen Bäumen und in rasender Fahrt über weite Sumpfgras-Seen. Die Vogelwelt stiebt vor dem Lärm entsetzt davon, aber die Alligatoren haben sich mittlerweile an die Knatterboote gewöhnt. Von Zeit zu Zeit legen die Führer Fleischstücke aus, um die Tiere zum Bleiben zu ermuntern. Am Ende der Spritztour ist man (trotz Wattepfropfen) halb taub vom Lärm und zerzaust vom Fahrtwind, aber dennoch überwältigt von den riesigen Weiten und dem Rausch der Bewegung.

Ein Stück weiter am Tamiami Trail lockt ein »Kulturzentrum« der Seminolen-Indianer, das allerdings seinen Eintritt kaum wert ist. Ein paar dürftige Cheekee-Hütten stehen da herum, und im Souvenirladen wühlen die amerikanischen Touristen in den Fächern mit Plastik-Tomahawks und Silberschmuck von den Navajo-Indianern des Südwestens. Die Miccosukee-Verkäufer stehen teilnahmslos daneben und freuen sich wohl insgeheim über ihren Nepp und die späte Rache am Weißen Mann.

Die meisten der Miccosukees wollen bis heute möglichst wenig mit den Weißen zu tun haben. Am Kanal entlang der Straße sitzen oft die Frauen mit Schlapphüten, wallenden Kleidern und langen Angelstöcken. Ihre Dörfer am Tamiami Trail liegen hinter hohen Palisadenwänden. Man sollte ihren Wunsch nach Privatsphäre respektieren.

Schnurgerade führt die US 41 nach Westen. Der Tamiami Trail, eine Abkürzung für TAmpa-to-MIAMI, war die erste Straße Südfloridas von der Ost- zur Westküste. Bereits 1915 wurde mit dem Bau von Tampa aus begonnen, doch 1918 blieben die Arbeiter 450 Kilometer östlich von Naples im Morast stecken. Ihr resignierendes Urteil: bodenloser Sumpf. 1923 versuchten einige Abenteurer die Strecke dennoch zu fahren. Sie umwickelten die Reifen ihrer Model-T-Fords mit dicken Seilen, folgten den Indianerpfaden im Sumpf und erreichten elf Tage später tatsächlich Miami.

Erst 1926 wurde die Arbeit am Trail wieder aufgenommen. Die Moskitos, die Schlangen und das Arbeiten im streckenweise hüfttiefen Wasser ließen die Männer oft verzweifeln. Teilweise kamen sie kaum mehr als einen Kilometer pro Monat voran. Aber zumindest hatten sie eine erfolgversprechende Baumethode entdeckt: Mit 1500 Tonnen Dynamit sprengte man einen Graben in den weichen Boden bis hinab zum Kalkfels. Dann füllte man die Grube mit Kies und Stein und hatte nun endlich eine feste Fahrbahn, die in der Regenzeit nicht versank. Im April 1928 war die Straße schließlich fertiggestellt – die ersten Autos fuhren von Tampa nach Miami in zwei Tagen.

Der westliche Teil der Straße durchquert große Zypressensümpfe. Im Kirby Storter Park erlaubt ein kurzer Holzsteg, in diesen prähistorisch anmutenden Urwald vorzudringen. Farne, Teichrosen und andere Wasserpflanzen leuchten in hellem Grün zwischen den mächtigen Stämmen der Sumpfzypressen. Die dunkle Farbe des Wassers rührt vom hohen Gerbsäuregehalt des Bodens.

Bei der Weiterfahrt auf dem Tamiami Trail warnt ein ungewöhnliches Verkehrsschild: PANTHER CROSSING. Die Wildnis Südfloridas ist die letzte Heimat der nordamerikanischen Panther, nur noch etwa 30 Exemplare der scheuen Raubkatze soll es geben. Die großen, graugefärbten Tiere leben von der Jagd auf Rehe, Waschbären und kleine Nager. Aber in der Regel flitzt kein Panther vorbei, sondern nur ein Jaguar – auf dem Weg zum nächsten Deal in Miami.

Die vor uns liegende Südwestküste war lange Zeit das Stiefkind Floridas. Niemand wollte hierhin eine Eisenbahn bauen, keiner ein Hotel für die Touristen. Seit jedoch 1980 die Autobahn von Norden her fertiggestellt wurde, hat sich viel verändert. Das verschlafene Naples wurde von wohlhabenden Pensionären und Spekulanten entdeckt. Seit Anfang der 80er Jahre ist dies die am schnellsten wachsende Region Floridas. Wenigstens hat man aus den Fehlern der Ostküste ein bißchen gelernt; die idyllischen Inseln bei Fort Myers werden es beweisen.

Seminolen-Indianer vor ihren Cheekees, den traditionellen Grashütten

5. Tag – Route: Fort Myers Beach – Sanibel und Captiva Islands – Fort Myers Beach (ca. 80 km)

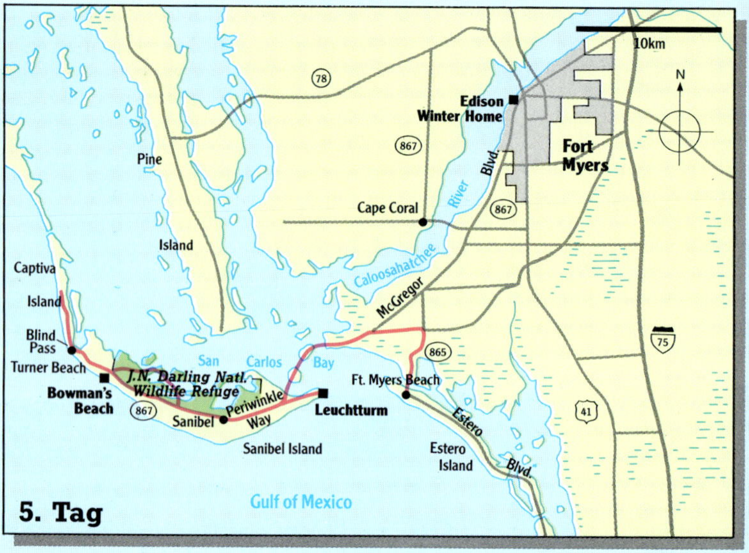

Zeit	*Route*
Vormittag	Baden und Fahrt von Ft. Myers Beach auf SR 865 North, dann SR 867 West nach **Sanibel** und **Captiva** (Brückenzoll $ 3)
Mittag	Picknick am Strand (Turner Beach, Blind Pass oder am Strand an der Südspitze der Insel) oder in einem der Restaurants auf Captiva Island
Nachmittag	Strandspaziergänge und Muschelnsammeln oder Fahrradfahren auf Sanibel Island
ca. 16 Uhr	Fahrt durch das **J. N. »Ding« Darling Wildlife Refuge** (ca. 1½ Std)
Zum Sonnenuntergang	Ein letzter Bummel am Strand von Sanibel oder ein gemütlicher Drink in der Strandbar

Abstecher:

Sportlich oder naturkundlich Interessierte können den Tag natürlich auch anders aufteilen: z. B. in eine ganztägige **Fahrradtour** auf Sanibel, eine **Kanufahrt** (Canoe Adventures, Tel. (813) 472-5218) im Naturschutzgebiet, in **Parasailing** oder **Windsurfen** in der San Carlos Bay (Surfervermietung an der SR 867 zwischen dem Festland und Sanibel Island).

5. Tag – Informationen

Matanzas Seafare Company
416 Crescent St.
Fort Myers Beach
Gemütliches Restaurant am Hafen, von dem aus man beim Frühstück (nur Sa/So) die Boote umherflitzen sieht, gute Omelettes. $

Island Moped
1470 Periwinkle Way
Sanibel Island
Tel. (813) 472–5248
Moped- und Fahrradvermietung für einige Stunden oder für den ganzen Tag. Viele Hotels und Motels vermieten Fahrräder und Mopeds.

Bootsvermieter (Motor- und Segelboote) und Charterboote mit Kapitän für Angel- oder Segeltörns findet man an der Sanibel Marina und an der Tween Waters Marina. **Sightseeing-Bootsfahrten** zu kleineren Inseln im Pine Island Sound werden von diesen Marinas aus ebenfalls veranstaltet (Captiva Cruises, Te. 472-7549).

The Bubble Room
Captiva Island
Tel. (813) 472–5558
Ein vollgestopftes Schatzkästchen amerikanischer Erinnerungsstücke der 30er und 40er Jahre, Plakate, Fotos, Spielzeug; sehr sehenswert; ausgezeichnete Küche mit Riesenportionen und fabelhaften Nachspeisen (abends lange Warteschlangen). $$

J.N. »Ding« Darling National Wildlife Refuge
Sanibel Island
Tel. (813) 472–1100
Tägl. Sonnenaufgang bis –untergang geöffnet, Visitor Center 9–17 Uhr, im Sommer bis 16 Uhr und So geschl.- Großes Naturschutzgebiet an der Ostküste von Sanibel Island, der **Wildlife Drive** führt durch ursprüngliche Vegetation.

The Mucky Duck
Andy Rosse Lane
Captiva Island
Tel. (813) 472–3434
So geschl., bis 21.30 Uhr.- Für ein Glas Wein zum Sonnenuntergang am Golfufer; *Seafood*-Spezialitäten zum Abendessen. $$

Sundial Beach and Tennis Resort
(s. S. 205) Große Lounge mit Blick aufs Meer.

Truffles
Casa Ybel Resort
2255 West Gulf Dr.
Sanibel Island
Tel. (813) 472–9200
Gepflegtes, luftiges Fischrestaurant direkt an der Golfküste; gute Salate und Chowder. $$–$$$

Nachtleben: Die Strandszene trifft sich bei *live* Musik und Drinks am **Time Square** in Ft. Myers Beach. Die beliebtesten Nachtklubs sind derzeit **Pier One** und **Top of the Mart**.

Weitere Informationen und Feste:

Genauere Infos über Sanibel erhält man gleich nach der Brücke rechter Hand im

Sanibel Visitors Center
1159 Causeway Rd. (SR 867)
Tel. (813) 472–1080

Das größte Fest der Region ist **The Edison Festival of Light** im Februar: Den Geburtstag des Herrn Edison begeht man zwei Wochen lang mit kulturellen Veranstaltungen und einer riesigen Lichterparade in der Innenstadt. Anfang März findet auf Sanibel beim **Shell Fair** das große Treffen der Muschelfreunde und in Ft. Myers Beach das **Krabbenfestival** statt.

Lee County Visitor an Convention Bureau
2180 W. First St., Suite 100
Fort Myers, FL 33902
Tel. (813) 335–2631 oder (800) 533–4753

5 **Radler und Muscheljäger.** Auf den Inseln Sanibel und Captiva

»Es gibt nur ein Fort Myers, und 90 Millionen Menschen werden das noch herausfinden,« hatte Thomas Edison, der berühmteste Bürger des Städtchens einst prophezeit. Das war vor hundert Jahren, als noch niemand daran dachte, daß die moskitoverseuchten Sümpfe am Caloosahatchee River und die Mangroveninseln vor der Küste zu irgendetwas gut wären.

Lange Zeit sah es so aus, als hätte sich Edison gewaltig verrechnet. Ein Fischerhafen, ein paar exklusive Kurhotels und eine Kolonie betuchter Winterurlauber – dabei blieb es bis weit in unser Jahrhundert hinein. Erst in den letzten 30 Jahren entdeckten mehr und mehr Menschen die Region Fort Myers. 90 Millionen sind es nicht geworden, aber 300 000 Einwohner leben schon permanent hier und eine gute Million Touristen kommt jährlich dazu.

Die Hochsaison dauert von Februar bis April, dann fallen ähnlich wie in Palm Beach oder Fort Lauderdale die »Schneevögel« ein. *Snowbirds,* so nennen Floridianer ein bißchen spöttisch die wärmesuchenden Winterurlauber aus dem Mittelwesten, Neuengland und Kanada, die sich oft monatelang in Südflorida einmieten, um den Schneemassen zu Hause zu entgehen.

Von Mai bis Weihnachten ist es an der Südwestküste Floridas noch ruhig, die Hotels halbleer und preiswert. Obwohl dann eigentlich für uns sonnen- und hitzesüchtigen Mitteleuropäer ideales Ferienwetter herrscht: Mittagstemperaturen um 30 °C, Wassertemperaturen von über 25 °C und leere Strände an den versteckteren Plätzchen der Inseln.

Am Strand im Zentrum von Fort Myers Beach ist allerdings das ganze Jahr über schon morgens eine Menge los. Neben dem Pier schwingen sich die Drachenflieger in die Lüfte, üben einige Wassernovizen sich im *jetskiing* und braten bereits die ersten Sonnenanbeter im Sand. Man kann sich hier oder vor dem eigenen Hotel gleich dazugesellen und nach den Sumpfstrecken vom Vortag Sand und Sonne tanken. Oder man bummelt am

Traumstrand: Fort Myers Beach

Sport auf Sanibel: zu Wasser . . .

Time Square und sucht nach T-Shirts oder aufblasbaren Alligatoren für künftige Planschfreuden.

Über die Brücke und vorbei an den überdimensionalen Dschungelbestien des Minigolfplatzes fährt man dann am späten Vormittag zum McGregor Boulevard und überquert auf der langen Brücke die blauschimmernde San Carlos Bay. Am anderen Ende warten Sanibel und Captiva, zwei der größeren von rund 100 Inseln vor der Mündung des Caloosahatchee River in den Golf von Mexiko – zwei der schönsten und erholsamsten Inseln an der Westküste.

Junge Eilande sind es; kaum 3000 Jahre ist es her, seit der Golf den Sand angespült hat und die Mangroven ihn festhielten. Die Caloosa-Indianer sammelten schon vor Christi Geburt an den langen Stränden die proteinreichen Muscheln, ihren wichtigsten Lebensunterhalt. Weiße kamen erst viel später. Die Sage berichtet vom blutgierigen spanischen Piraten Jose Gaspar, der um 1800 hier sein Hauptquartier aufschlug. Die Seeleute der geplünderten Schiffe ließ er über die Klinge springen, aber die weibliche Beute hielt er angeblich auf Captiva Island gefangen – daher der Name. Die US-Navy bereitete ihm ein vernichtendes Ende, und so sank Sanibel wieder in Vergessenheit.

Ein paar Farmer gegen Ende des Jahrhunderts, einige verschwiegene Feriencamps seit den 20er Jahren waren alles, was die Inseln hatten – bis 1963. In diesem Jahr wurde die Brücke vom Festland auf die Inseln eröffnet. Spekulation, Bauboom und intensive Erschließung ließen nicht auf sich warten. Aber dies war nicht das Jahr 1950 und nicht Miami Beach. Die Bewohner von Sanibel hatten aus der ungezügelten Bauwut der Ostküste gelernt. 1974 erklärten sie sich zur Stadt, verboten Hochhäuser und erließen strikte Bau- und Naturschutzgesetze.

Der verträumte Charme und das gemächliche Pensionärstempo sind dadurch

. . . und zu Lande

Captiva Island

glücklicherweise ebenso erhalten geblieben wie die sauberen Naturstrände und die eindrucksvolle Vogelwelt. Es gibt keine riesigen Shopping Malls, nur kleine, hinter Bäumen versteckte Lädchen. Die Straßen sind ganz unamerikanisch gewunden – keine schnurgeraden Schneisen, sondern schmale, oft von Ästen überhangene Fahrwege. Ebenfalls ganz ungewöhnlich für das autoverliebte Amerika: 30 Kilometer Fahrradwege laufen kreuz und quer über die Insel.

Hin und wieder hält der Verkehr, weil ein Waschbär auf der Fahrbahn dahintrottet, oder ein Schneereiher über die Straße stakst – die in sein angestammtes Jagdrevier eingedrungenen Autos keines Blickes würdigend, den langen Hals nur auf sein zweites Frühstück, den Frosch am anderen Straßenrand, gerichtet. Eine langsamere Gangart einlegen, stehenbleiben und schauen, das paßt zu Sanibel.

Periwinkle Way, die Hauptstraße, endet an der Südostspitze der Insel nahe dem rostbraunen Leuchtturm, der seit über 100 Jahren den Eingang zur San Carlos Bay weist. Der feinkörnige Sandstrand vor den weißgetünchten Wohngebäuden des früheren Leuchtturmwärters lädt zum Baden und Picknicken ein oder man geht der beliebtesten Ferienfreude auf Sanibel nach, dem Muschelsuchen.

Die Liebhaber dieser »Sportart« – auf Sanibel ist es schon fast eine Sucht – sind leicht zu erkennen. Geneigten Hauptes, gekrümmten Rückens gehen sie langsam mit einem kleinen Eimer und einem Schmetterlingsnetz aus Draht an der Flutlinie entlang oder stehen vornübergebeugt bis an die Hüften im Wasser. *Sanibel Stoop* nennen die *locals* diese Haltung, den »Sanibel Bückling«.

Tatsächlich ist die Insel ideal zum Muschelnsammeln, unter »Muschlern« welt-

Der »Sanibel Stoop« ist die typische Haltung beim Muschelsammeln

bekannt. Die sanfte Brandung bringt auf dem nur ganz langsam ansteigenden Sandgrund die oft herrlich gefärbten Gehäuse heil an Land. Mit jeder Flut werden neue Schalen und auch viele lebende Muscheln aus den vorgelagerten reichen Brutstätten an die Küste getragen. Bei Ebbe kann man sie dann am Ufer und im flachen Wasser finden. Das Niedrigwasser am Morgen (und nach einem Sturm im Herbst oder Winter) ist die beste Zeit, zahlreiche Spezies zu entdecken. Man munkelt, Muschelsüchtige seien mit Bergarbeiterlampen auf der Stirn schon vor Sonnenaufgang gesichtet worden.

Jakobsmuscheln und Sanddollars, stachelige Schneckenmuscheln und große Venusmuscheln, die seltene, braun getupfte Junonia und rund 400 weitere Arten geben sich an den 50 Kilometer langen Stränden von Sanibel und Captiva ein Stelldichein. Kein Wunder, daß man selbst auch bald vom Fieber ergriffen wird und nach kurzer Zeit der Rücken schmerzt.

Ergiebige Fundstätten sind auch Bowman's Beach und Blind Pass, die Meerenge zwischen Sanibel und der kleineren Nordinsel Captiva. Buchstäblich meterhohe Haufen von Muschelschalen türmen sich dort unter der Brücke, und an der Wasserlinie kommt ständig neuer Nachschub. In den Läden der Inseln gibt es Checklisten und Bestimmungsbroschüren, damit man diese Vielfalt auch einordnen kann.

Auf dem dicht bewaldeten Captiva verlockt das originelle Bubble Room Restaurant zum Lunch – und man sollte bei der Planung der Speisenfolge unbedingt noch Platz für eine der fulminanten Nachspeisen lassen. Für etwas Bewegung könnte nach der Völlerei eine Radtour durch Sanibel oder ein Bummel- und Badestopp am Bowman's Beach sorgen. In diesem Schutzgebiet wird weitgehend die natürliche Vegetation erhalten, um in den Sanddünen Reihern und Strandläufern einen sicheren Lebensraum zu geben.

Der tagsüber glühendheiße Sand dient im Sommer den großen Meeresschildkröten als Brutstätte. Die früher in Florida sehr zahlreichen *Loggerheads* und *Leatherback Turtles* wurden durch weltweite Jagd fast ausgerottet. Besonders zu Zeiten der Segelschiffe waren die an Land langsamen und unbeholfenen Riesen beliebt, denn man konnte sie als lebende Fleischkonserven auf monatelange Reisen sehr bequem mitnehmen. Die heutigen Gourmets, die Schildkrötensuppe oder –steak bestellen, können sich auf diesen praktischen Grund nicht mehr berufen.

Knapp 200 der rund drei Zentner schweren Tiere mühen sich pro Jahr in die Dünen von Sanibel und Captiva, um ihre Eier zu vergraben. Während der Brutzeit im Juli und August führen Freiwilligentrupps neuerdings Patrouillengänge durch, um jede Störung der Eiablage zu verhindern. Danach werden die Eier vorsichtig wieder ausgegraben, im Forschungsinstitut unter Infrarotlampen ausgebrütet, die Schildkrötenbabies einige Wochen hochgepäppelt und dann ins Meer entlassen. Ob damit aber das drohende Aussterben der mittlerweile streng geschützten *Loggerheads* verhindert werden kann, bleibt fraglich.

Noch mehr und sehr eindrucksvolle Natur gibt es am späteren Nachmittag zu sehen – im über 2000 Hektar großen

Silberreiher im Darling Wildlife Refuge

»Ding« Darling Wildlife Refuge, das die gesamte Nordosthälfte von Sanibel umfaßt. Am Nachmittag, etwa zwei Stunden vor Sonnenuntergang, sollte man es besuchen, weil dann viele der Tiere aktiver sind und mit größerer Wahrscheinlichkeit beobachtet werden können. Im Visitor Center am Anfang der acht Kilometer langen Staubstraße durch das Schutzgebiet erhält man eine Broschüre, die die wichtigsten Tierarten identifiziert und einige interessante Details verrät.

Allein 100 Vogelarten leben in den ausgedehnten Feuchtgebieten, manche als Zugvögel und rund die Hälfte das ganze Jahr über. Fischadler und Silberreiher, Anhingas und Pelikane, Falken und Sumpfhühner bevölkern die kleinen Brackwasserseen. Manchmal bekommt man im Sommerhalbjahr sogar eine Gruppe der seltenen Rosalöffler auf den Schlickbänken zu sehen. Mit ihrem seltsam geformten Löffelschnabel können sie auch in ganz seichtem Wasser kleine Fische packen.

Am Ufer der Kanäle und Seen suchen Waschbären oft nach Austern und Krabben – und laufen dabei manchmal dem König der Sümpfe in den zähnestarrenden Rachen, dem Alligator. Mehrere hundert dieser urzeitlichen Reptilien leben im Refuge und haben, nachdem sie in den 60er Jahren schon vom Aussterben bedroht waren, mittlerweile wieder eine stabile Bevölkerung erreicht.

Das letzte Stück der Straße führt an einem Wasserlauf entlang, in dem meist einige der gepanzerten Echsen zu beobachten sind. Sie treiben träge im braunen, brackigen Wasser oder sonnen sich auf flachen Sandbänken.

Am Nordende von Sanibel endet der Wildlife Drive wieder an der Hauptstraße. Zeitlich und örtlich genau richtig – zum Sonnenuntergangsspaziergang am Turner Beach. Ein paar Unentwegte laufen dort angestrengten Auges noch immer gebückt über den Sand und hoffen, eine letzte muschelige Kostbarkeit zu entdekken. Viel schöner ist es aber, sich jetzt auf das Farbenspiel am Horizont zu konzentrieren und dem sowieso schon verspannten Rücken eine Pause zu gönnen.

Nasser Spaß auf Sanibel Island

Kleine Gruppen brauner Pelikane ziehen im Formationsflug über das Wasser nach Norden, die Angler auf den großen Felsbrocken an der Nordseite des John's Pass holen die Leinen ein und zählen ihre Beute. Richtig friedlich ist die Szenerie und man freut sich, daß Herr Edison mit seiner Prognose nicht recht behalten hat.

Wer nach dem heißen Tag eine innere Abkühlung sucht, kann sich in der Bar etwas weiter nördlich niederlassen – ehe man mit rotem Rücken den Weg zurück über die Brücke einschlägt, um später im Hotel die Haut oder in den Klubs am Time Square die Geselligkeit zu pflegen.

Keineswegs Schlafmützen: Alligator auf der Lauer im Darling Wildlife Refuge

6. Tag – Route: Ft. Myers Beach – Sarasota – St. Petersburg Beach (240 km)

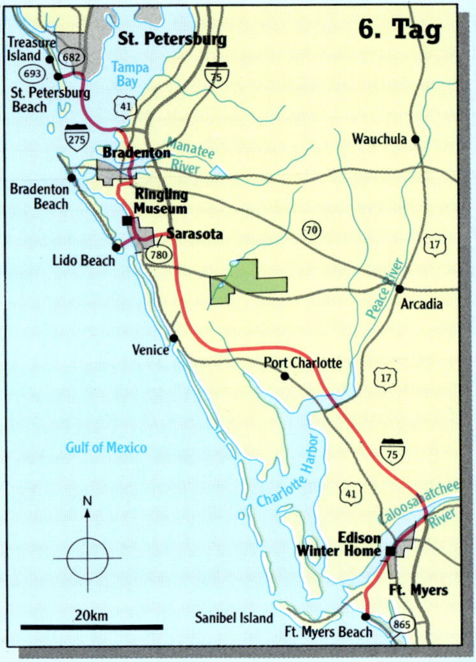

km/M	*Zeit*	*Route*
0	9.00 Uhr	Abfahrt auf SR 867 nach Ft. Myers
29/18	9.30 Uhr	**Edison Winter Home** (ca. 2 Std.), danach Fahrt auf SR 80 East und I–75 North
175/109	12.30 Uhr	**Sarasota**, Mittagspause am **Lido Beach**
188/117	15.00 Uhr	**Ringling Museum of Art** an US 41 am Nordende von Sarasota, Besichtigung des weitläufigen Komplexes (ca. 2½ Std.); danach Fahrt auf US 41, US 19 und I–275 über die 6,5 km lange **Sunshine Skyway Bridge**
240/149	18.30 Uhr	**St. Petersburg Beach**

Alternativen und Abstecher:

Wer an einem Tag nicht gleich zwei Museen besichtigen möchte, muß sich zwischen hochinteressanter Botanik bei Edison und hoher Kunst bei den Ringlings entscheiden. Die andere Hälfte des Tags röstet man entweder am **Lido Beach** oder man unternimmt einen Abstecher in den **Myakka River State Park** östlich der SR 72, ein Seen- und Savannengebiet, das für die zahlreichen Zugvögel bekannt ist, die hier überwintern (Bootstouren, Wanderwege; Information unter Tel. (813) 924–1027 oder (813) 365–0100).

6. Tag – Informationen

Edison Winter Home
2350 Mc Gregor Blvd.
Ft. Myers
Tel. (813) 334–3614
Tägl. 9–16 Uhr, So erst ab 12.30 Uhr. Erwachsene $ 6, Kinder $ 2.
Weitläufiger Wintersitz mit dem 1886 erbauten Haus, das Edison fast 50 Winter lang bewohnte; Schöne Gartenanlagen mit mehr als 400 Pflanzenarten, Museum und originales Forschungslabor des berühmten Erfinders; nur mittels Führungen zu besichtigen. Das nebenan stehende Haus des Automagnaten Henry Ford ist ebenfalls zu besichtigen.

Lido Beach
Zur Mittagspause kann man sich ein Picknick am Strand von Lido Beach genehmigen oder dort in einem der kleinen Restaurants am St. Armands Circle (kurz hinter der Brücke vom Festland) speisen.

Columbia Restaurant
St. Armands Circle, Lido Beach
Sarasota
Tel. (813) 388–3987
Gepflegtes kubanisches Restaurant mit Bar und Innenhof. Sandwiches und Salate, gute Desserts. $–$$

Ringling Museum of Art
5401 Bayshore Rd. (US 41)
Sarasota
Tel. (813) 355–5101
Tägl. 10–18 Uhr, Do bis 22 Uhr. Eintritt $ 8.50.
Großer Museumskomplex mit Kunstausstellungen (Gemälde des 17. und 18. Jh.) Ausstellungen zur Geschichte des Zirkus und ein venezianischer Palast, das ehemalige Wohnhaus der Ringlings an der Bucht.

Captain Kosmakos
9610 Gulf Blvd.
Treasure Island
Tel. (813) 367–3743
Modernes Fischlokal mit nautischem Dekor, frischem Fisch und *Prime Rib; live* Bands mit Tanzmusik in der Bar. $$

ZELDA's
im Don CeSar Hotel
Ein nostalgischer Ausflug in die 20er Jahre: preiswertes Café mit reichlicher Auswahl an Häppchen; in den anderen Restaurants des Hotels kann man exquisit französisch speisen. $–$$

Silas Dent's
5501 Gulf Blvd.
St. Petersburg Beach
Tel. (813) 360–6961
Großes und beliebtes Fischlokal, das auch Alligatorensteaks (von der Farm) serviert; Austernbar, *live* Bands. $$

Harp and Thistle Pub
650 Corey Ave.
St. Petersburg Beach
Irische Kneipe mit Publikum aller Altersklassen, jeden Abend irische Sänger und Bands.

Woody's Waterfront
7308 Sunset Way
St. Petersburg Beach
Bar und Café mit Veranda am Wasser; nachmittags sind Bikinis angesagt und abends *live* Rockmusik oder Jazz.

The Don CeSar,
A Registry Resort
3400 Gulf Blvd
St. Petersburg Beach, FL 33706
Tel. (813) 360–1881
Das erste Haus am Platz. Klassisches Grand Hotel in Pink aus dem Jahr 1928; Strand, Pool, Tennis und Luxus, der die Zeit des »Great Gatsby«, die Welt des Romans von F. Scott Fitzgerald, wiederaufleben läßt. $$$$

6. Tag – Informationen

The Breckenridge Resort Hotel
5700 Gulf Blvd.
St. Petersburg Beach, FL 33706
Tel. (813) 360–1833, in Florida (800) 392–5700
Renommiertes Strandbadhotel am Golf, Poolbar und Restaurants, Segelbootvermietung und Tennisanlagen. $$$

Bilmar Beach Resort
10650 Gulf Blvd.
Treasure Island, FL 33706
Tel. (813) 360–5531
Strandhotel der guten Mittelklasse am Nordende von St. Petersburg Beach; breiter Sandstrand, Pool, Restaurant und Bar. Im März und April $$$, sonst $$.

Keystone Motel
801 Gulf Way
St. Petersburg Beach, FL 33706
Tel. (813) 360–1313
Kleineres Motel im ruhigeren Südteil (Pass-A-Grille) der Insel; herrlicher breiter Strand vor der Tür. $$

Trade Winds Motel
10300 Gulf Blvd.
Treasure Island, FL 33706
Tel. (813) 360–0490
Kleines, familiäres Motel am Strand, sehr sauber, Pool. $–$$

St. Petersburg KOA
5400 95th St.
St. Petersburg, FL 33708
Tel. (813) 392–2233
Großer Privatplatz, etwas im Inland an einer Lagune gelegen, aber der Badestrand ist in 10 (Fahr-)Minuten zu erreichen; Pool.

Weitere Informationen (Feste):

Größtes Spektakel in Sarasota ist der **Suncoast Offshore Grand Prix** am 4. Juli, zu dem die besten Hochgeschwindigkeitsboote der USA antreten. In der Wintersaison bietet Sarasota zahlreiche Kunstausstellungen, Musikaufführungen und im Januar einen lustigen Mittelalterkarneval. Näheres beim

Sarasota Visitors Bureau
655 N. Tamiami Trail
Sarasota, FL 34236
Tel. (813) 957–1877

St. Petersburg Beach richtet zahlreiche kleinere Feste aus; besonders sehenswert sind der Burgenbauwettbewerb des **Don CeSar Sandcastle Contest** Ende Juni und für Auto-Fans der **St. Petersburg Grand Prix** im Oktober. Näheres bei der

St. Pete Beach Chamber of Commerce
6990 Gulf Blvd.
St. Petersburg Beach, FL 33706
Tel. (813) 360–6957

Renaissance und Regenbäume: Von Fort Myers nach St. Petersburg

Ein Museumsbesuch in Florida? Eigentlich ist man ja gekommen, um zu baden, sich zu bräunen, Spaß zu haben, Sensationen zu erleben. Keine Angst, keine Gruft soll heute betreten werden, sondern zwei höchst interessante Museen, deren lebendige Sammlungen größtenteils unter freiem Himmel gezeigt werden: den tropischen Garten, das Labor des genialen Erfinders Thomas A. Edison und das skurrile Lebenswerk des schwerreichen Zirkusdirektors John Ringling.

Zunächst fährt man von Fort Myers Beach nach Norden und dann auf dem McGregor Boulevard in Richtung Fort Myers, das etwa 15 Kilometer landeinwärts am Südufer des Caloosahatchee Rivers liegt. Bald säumen schlanke Königspalmen die Straße – mehr als 20 Kilometer weit. Die ersten dieser Spezies pflanzte Edison um 1900 zur Verschönerung seines Wohnsitzes. An manchen Sommertagen dröhnt über dem Fluß ein Helikopter – die *Mosquito Control* im Einsatz.

Das sumpfige Mangrovenland entlang der Küsten ist ein ideales Brutgebiet für die kleinen Stechfliegen. Auch wenn das Umweltbewußtsein mittlerweile zugenommen hat, ohne gezielte Eingriffe in die Natur wären Sanibel und die anderen Inseln praktisch unbewohnbar. Die Stadtväter von Fort Myers sind stolz auf die größte, älteste und erfahrenste Abteilung für *Mosquito Control* in Florida, die aus einer Sonderabgabe der Hausbesitzer finanziert wird. Ein ganzer Stab von Wissenschaftlern und Piloten stehen Spritzpistole bei Fuß, um mit Hilfe von zehn Hubschraubern und sieben DC-3-Flugzeugen das Blut ihrer Mitbürger zu verteidigen. So heldenhaft schlägt sich die Truppe, daß sie zu besonders schlimmen Moskitozeiten sogar Hilferufe aus Fort Lauderdale erreichen.

Glücklicherweise ist die Forschung schon so weit gediehen, daß nicht mehr ganze Landstriche mit Sprühmittel zugedeckt werden müssen; es bleibt meist bei gezielten Präventivschlägen. Zunächst werden die Wasserflächen im gesamten Regierungsbezirk kontinuierlich auf Moskito-Eier und Larven untersucht. Stellen die Wissenschaftler eine zu hohe

Bestechend: Wahr-, Warn- und Warenzeichen der Mückenbekämpfer

Dichte fest, wird der Angriff sofort generalstabsmäßig geplant und die hochverdünnte Killerlösung gesprüht.

»70 verschiedene Moskitoarten gibt es, bei uns sind hauptsächlich Saltmarsh-Moskitos verbreitet, wegen des vielen Brackwassers«, erzählt Butch Sterling, der seit sieben Jahren im Team der *Lee County Mosquito Control* gegen die Blutsauger kämpft. »Eine weibliche Mücke legt pro Monat 700 Eier. In manchen abgelegenen und unbesprühten Kanälen haben wir schon eine Dichte von 25000 Moskito-Eiern pro m^2 Wasserfläche gemessen, das sind unvorstellbare 250 Millionen Eier pro Hektar. Wenn die alle ausschlüpfen, kann man nur noch im Raumanzug draußen sitzen.«

So wird denn munter gesprüht, damit Bewohner wie Besucher die Strände und Spazierwege unbehelligt genießen können. Wer in Fort Myers ein Gartenfest plant, ruft ein paar Tage zuvor die *Mosquito Control,* damit die Party nicht im Blutbad endet – kaum zu glauben aus mitteleuropäischer Perspektive, aber im wasserreichen Florida, wo kein Frost die Mücken dezimiert, nicht ungewöhnlich. Den Kritikern kann man nur empfehlen, einen Sommer in den Everglades zu verbringen, wo nicht gesprüht wird.

Der Boulevard verläuft nun durch gepflegte Wohnviertel, bis in der Straßenmitte ein gelbes Schild in Form einer Glühbirne das ehemalige Zuhause des »Erfinders« der Elektrizität anzeigt: zum Edison Winter Home rechts abbiegen!

Der Parkplatz wird von einem riesigen Banyanbaum überschattet. Auf 120 Meter Durchmesser hat er es gebracht, seit er als junger Schößling 1925 vom Reifenindustriellen Harvey Firestone den Edisons geschenkt wurde, ein »kleiner« Vorgeschmack auf die botanische Wunderwelt, die der Erfinder hier zusammentrug. Im Empfangshäuschen formiert sich die nächste Besuchergruppe. Der Führer, ein älterer Herr, schultert schon sein Megaphon zum Spaziergang durch die exotischen Gartenanlagen und das hübsche Herrenhaus am Ufer des Caloosahatche River. Gleich wird man mehr erfahren über das Lebenswerk des größten Erfinders Amerikas, wenn nicht der ganzen Welt.

Thomas Alva Edison lebte von 1847 bis 1931 und meldete in diesen 84 Jahren insgesamt 1097 Patente an. Nach seiner Jugend in Ohio zog er 1869 nach New York, wo er unter anderem den Börsenticker und das gewachste Butterbrotpapier, das Mikrophon und den ersten Phonographen erfand. 1879 gelang ihm der große Durchbruch mit der Erfindung der Glüh-

Thomas Edisons Winterquartier in Fort Myers

birne. In den folgenden sieben anstrengenden Jahren meldete er über 300 Patente an – im Durchschnitt eine Erfindung alle acht Tage.

Im Winter 1884 kam er zur Kur nach Florida. Das tropisch grüne Fort Myers gefiel ihm, er kaufte Land und verbrachte von nun an die Winter im milden Klima des Südens. Sein Haus ließ er in Fertigteilen herbeischiffen; gleich zusammen mit einem Gästehaus, denn in jenen Tagen kam das Versorgungsschiff nur einmal im Monat nach Fort Myers. Kurzbesuche gab es nicht. Der unermüdliche Erfinder, der nur vier Stunden Schlaf pro Nacht benötigte, mochte natürlich im Winter nicht untätig bleiben. So entstand im Garten bald ein Labor.

Vom warmen Klima unterstützt, begann Edison, mit Pflanzen aus aller Welt zu experimentieren, um neue Nutzanwendungen zu entdecken. Von reisefreudigen Freunden ließ er sich Samen und Stecklinge von über 6000 Arten besorgen. Rund 400 davon stehen als ausgewachsene Exemplare noch heute auf dem Gelände, z. B. riesige Moretonfeigenbäume aus Australien, ein Regenbaum aus Südamerika, Kaffee- und Teestauden, Mango-Alleen und Zimtbäume. Ein besonders prächtiges Bild bietet sich im März und April, wenn viele der Büsche und Bäume in exotischen Formen und Farben blühen.

Das weitläufige Haus selbst liegt versteckt inmitten dieser idyllischen Pracht: lauschige Veranden, ein vornehmes Eßzimmer, das Arbeitszimmer – und neben jedem Schreibtisch und Stuhl steht ein Spucknapf, denn der (glücklich) verheiratete Edison war begeisterter Tabak-Kauer. Dies war angeblich auch der Grund, warum er seinen Model-T-Ford so liebte, den ihm sein Nachbar Henry Ford 1907 geschenkt hatte. Aus dem offenen Wagen konnte er nach Herzenslust spucken.

Edison in seinem Labor

Während seiner Winteraufenthalte in Fort Myers konnte sich der geniale Mann trotz aller Forschungen (allein für die Entwicklung der Säurebatterie waren 41 000 Experimente nötig) auch erholen, etwa beim »Telefonbuch-Spiel« mit seinen Enkeln. Edison verfügte über ein fotografisches Gedächtnis und konnte ein mehrere hundert Seiten starkes Buch in einer Viertelstunde »lesen«. Wie eine Anekdote erzählt, warf er einen einzigen Blick auf die Seite eines Telefonbuchs und konnte seinen entzückten Enkelkindern im Frage- und Antwortspiel dann die Telefonnummer jeder beliebigen Person auf dieser Seite sagen. Danach ging er mit den Kindern zum Schwimmen, denn selbstverständlich stand der erste Swimmingpool Floridas im Hause Edison. Die Wände des Pools waren aus »Bambusbeton«, aus Zement (müßig den Erfinder zu nennen), in den Bambusstäbe eingegossen waren. Das Becken ist heute noch dicht.

Angesichts von so viel Genialität und so vieler wichtiger Details ist unser rotbejackter Führer nun schon etwas außer Atem. Aber es geht noch weiter: in das von Reagenzgläsern übervolle originale Labor, in dem Edison seine letzten Experimente zur (kriegswichtigen) Herstellung von Gummi aus den Zweigen des Goldrutenbusches durchführte, und schließlich ins Museum.

Hier findet dank Edisons universalem Erfindergeist jeder etwas Interessantes: eine Sammlung der ältesten Glühbirnen und der ersten Grammophone, den ersten Stromzähler und den hübschen Model-T-Ford; Kinder bewundern die erste sprechende Puppe.

Ein letzter Blick auf den riesigen Banyanbaum (angeblich der größte in Nordamerika) – dann geht es weiter durch Fort Myers zur Autobahn. Man überquert den Caloosahatchee River, auf dem man per Boot auf dem Intracoastal Waterway zum Binnenmeer Floridas, dem Lake Okeechobee, und weiter bis zum Atlantik gelangen kann. Die I–75 verläuft in weiten Schwüngen durch eine üppig-grüne Savannenlandschaft nach Norden. Weit genug von der Küste entfernt, begegnet man hier keinen Grundstücksspekulanten und Bauunternehmern mit ihrem Troß. Dafür stolzieren auf dem Mittelstreifen der Autobahn Seidenreiher durchs Gras, ganz ungerührt vom Eindringen des Menschen in ihr Reich. Die Region wimmelt von Wasservögeln, denn ein Stück weiter westlich liegt Charlotte Harbor, die einzige große Meeresbucht an der Westküste Floridas, die noch nicht erschlossen und ringsum von Hoteltürmen und Appartementschachteln umzingelt ist. Nur ein paar kleine Orte, vorwiegend stille Altersruhesitze, liegen draußen an der Küste, während das Hinterland fast unbesiedelt ist. Kaum 60000 Einwohner zählt der Regierungsbezirk, die meisten davon Pensionäre – deshalb ist Charlotte County auch der »älteste« Bezirk ganz Floridas. Bei der Volkszählung von 1980 lag das Durchschnittsalter bei 57,1 Jahren.

Weiter nördlich nähert man sich wieder der Küste; Venice liegt da draußen, der heutige Winterstandort des *Ringling Brothers and Barnum & Bailey Circus.* In den Wintermonaten darf man dort den Artisten beim Training zusehen. Die originalgetreu von Kanälen durchzogene Kleinstadt besitzt sogar die einzige Schule für Clowns in der Welt.

Historisch viel mehr mit dem Zirkus hat jedoch die nächste Stadt zu tun: Sarasota. Die heute über 60000 Einwohner zählende Stadt entstand Ende des letzten Jahrhunderts als schlecht geplante schottische Kolonie. Sir John Gillespie, der Präsident einer Landgesellschaft in Edinburgh, hatte hier einen riesigen Küstenstreifen gekauft. Als jedoch im Dezember 1885 die ersten Siedler an Land gingen, fanden sie keine Häuser, Lebensmittel und Farmgeräte vor, wie ihnen der offenbar sehr sparsame Sir Gillespie versprochen hatte. Die meisten Schotten zogen wieder ab und fast wäre die Kolonie gescheitert. Erst als Gillespies Sohn mit neuen Siedlern (und ausreichend Geld) nachkam, begann das Städtchen zu florieren.

Als Florida in den 20er Jahren im Grundstücksfieber lag, zeigte das Thermometer auch in Sarasota bedenklich hohe Temperaturen. Sogar auf den Inseln vor der Küste wurden Parzellen vermessen und Haupt- und Nebenstraßen abgesteckt. Manche Grundstücke wechselten im Laufe eines einzigen Tages fünfmal den Besitzer – preistreibend.Sarasota sollte ein luxuriöser Winterkurort werden, einige der oberen Zehntausend waren ja bereits eingezogen und hatten sich Paläste an der Bucht gebaut. Auf der Höhe des Booms, im Oktober 1925, wurde in Sarasota Land im Wert von elf Millionen Dollar umgesetzt. Doch dann platzte die ganze Luftblase über Nacht und die Spekulanten blieben auf ihren – natürlich auf Kredit gekauften – Grundstücken sitzen. Erst Jahre später erholte sich die Stadt von der Rezession und blühte zum beliebten Seebad auf.

Eine Bestätigung hierfür bietet der erste Stopp vor Ort, am Lido Beach, auf einer Insel am Westende der von Ringling gebauten Brücke. Die Boutiquen und Restaurants am palmenbestanden St. Armands Circle laden zum Bummeln und zur Mittagspause ein. Nur ein paar Schritte weiter westlich liegt der feinsandige Strand.

Am späteren Nachmittag dann geht der Kunst- und Zirkusinteressierte ins Ringling Museum. Auf 27 Hektar erstrecken sich die mit ausladenden Banyanbäumen und zahllosen Skulpturen übersäten Parkanlagen um den Museumskomplex. Die Gebäude sind vorwiegend vom Stil der italienischen Renaissance inspiriert, die die Ringlings auf ihren Europareisen kennen und lieben gelernt hatten.

John Ringling wurde 1866 in Iowa geboren und baute zusammen mit seinen Brüdern ein Zirkusimperium auf. Zur Jahrhundertwende war er der Direktor des *Ringling Brothers and Barnum & Bailey Circus* und hatte ein sagenhaftes Vermögen angehäuft. Seine Investitionen umfaßten Ölquellen, Eisenbahnen und riesige Ländereien. In Sarasota, das er zum Winterquartier für seinen Zirkus erkoren hatte, wurde er umgehend zum Grundstücksmogul.

Auf der Suche nach neuen Zirkussensationen hatte Ringling mit seiner Frau häufig Europa bereist und dabei alte Kunst gesammelt. In den 20er Jahren begann er

Die fünf Zirkusbrüder

am Ufer der Bucht von Sarasota zu bauen: einen Wohnpalast und eine »florentinische« Villa mit Ausstellungsräumen für die Gemälde und Skulpturen. Sie sollten Ruhesitz und Lebenswerk werden, ein Denkmal seines Reichtums und ein Geschenk an die Bevölkerung Floridas. Doch der Zusammenbruch der Landspekulation und der Schwarze Freitag von 1929 vernichteten sein Vermögen. Trotzdem vollendete er unter größten Anstrengungen die Bauten und bewahrte auch seine Sammlungen. Doch kostete ihn dies seinen geliebten Zirkus, den die Gläubiger übernahmen. Er starb 1936 als finanziell gebrochener Mann, sechs Jahre nach der Eröffnung seines Museums, das heute vom Staat Florida geführt wird.

Gleich beim Eintreten in das Museum grüßt von der gegenüberliegenden Seite des weiten, säulenumrahmten Innenhofs

Innenhof des Ringling Museums

eine überdimensionale Bronzekopie von Michelangelos David – der besondere Liebling Ringlings. Die großen Ausstellungssäle bergen eine ausgezeichnete Sammlung von mehr als 750 Barockgemälden. Vor allem Rubens und Lucas Cranach sind mit großartigen Werken vertreten. Aber auch der modernen Malerei und der Fotografie sind große Räume gewidmet. Die Sammelwut der Ringlings machte sogar vor ganzen Gebäuden nicht halt, wie das wunderschöne Asolo Theater im hinteren Teil des Museums verdeutlicht: Der komplette Innenraum des italienischen Theaters aus dem 18. Jahrhundert wurde Stück für Stück zerlegt und nach Florida verschleppt.

Ca'd'Zan, das Wohnschloß der Ringlings

Der grandiose, mit wertvollem Barockmobilar ausgestattete Wohnpalast an den schimmernden Wassern der Bucht kann ebenfalls besichtigt werden. *Ca'd' Zan,* venezianisch für »Haus des John«, nannte ihn sein Besitzer nicht gerade bescheiden, denn immerhin war das Vorbild der Dogenpalast Venedigs. Daß Ringling zur damaligen Zeit nicht der einzige Amerikaner mit einem Hang zur Exzentrizität war, beweisen etwa die Villa Vizcaya in Miami oder das Schloß San Simeon des Zeitungszaren Hearst in Kalifornien.

Die ehemalige Garage des Anwesens beheimatet eine letzte interessante Ausstellung: die Zirkusgalerien. Restaurierte Zirkuswagen der Jahrhundertwende, alte Plakate und Kostüme zeigen eine ganz andere Seite des Millionärs. Die verspielten Schnörkel an den goldenen Wagen lassen die Liebe des Zirkusdirektors zum Barock verstehen, der jahrzehntelang mit seiner Show durch Amerika gezogen war, ehe er sich die »hohe« Kunst leisten konnte.

Durch die ausgedehnten Parkanlagen kehrt man wieder zurück zur Straße, wo die moderne Realität mit nüchternen Supermärkten und knalligen Werbetafeln wartet. Etwas nördlich an der US 41 liegt am Südufer des Manatee River Bradenton. 1539 ging Hernando de Soto hier an der Mündung des Flusses in die Tampa Bay an Land und begann seine jahrelange Irrfahrt durch Florida. Die De Soto Bridge, die sich hoch über den Manatee schwingt, erinnert an ihn.

Das letzte Stück des heutigen Weges führt – man kennt dies schon von den

Sunshine Skyway Bridge

Keys – über Wasser. 18 Kilometer spannt sich die Sunshine Skyway Bridge über den Eingang zur Tampa Bay. Beim Bau des »Himmelsweges« zu Anfang der 50er Jahre wurden unter Millionenaufwand lange Dämme aus der Bucht gebaggert. Das tiefere Wasser in der Mitte überwand man durch eine sechs Kilometer lange Brücke. Jedoch keine 30 Jahre hat das Jahrhundertwerk gehalten, denn schon 1980 rammte ein Frachter dagegen und ein großes Stück Fahrbahn stürzte ins Meer. Seither ist sie ersetzt worden durch eine neue, noch höhere Brücke, unter der vermutlich auch die größten Ozeanriesen durchpassen.

So breit ist die Mündung der Bucht, daß das andere Ufer im feuchten Meeresdunst anfangs kaum zu sehen ist. Erst wenn man in weitem Bogen die Abfahrtsrampe erreicht, werden die ausgedehnten Wohngebiete erkennbar: St.Petersburg, der berühmte Winterspielplatz von Amerikas Mittelklasse.

7. Tag – Route: St. Petersburg Beach – Ybor City (Tampa) – Tarpon-Springs – St. Petersburg Beach (160 km)

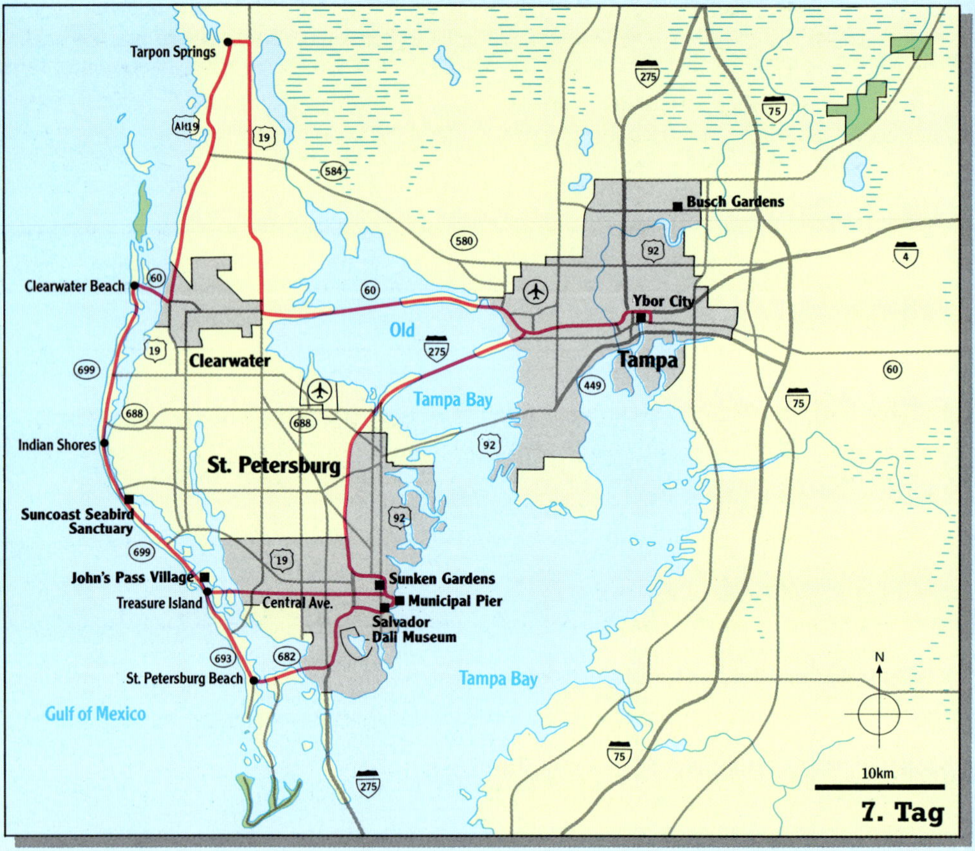

km/M	*Zeit*	*Route*
0	9.30 Uhr	Fahrt über Pinellas Bayway oder Central Ave. ins Zentrum von **St. Petersburg**
11/7	10.00 Uhr	**Salvador Dali Museum**, danach am Beach Drive, 1st St. und 38th Ave. zur I–275
50/31	12.00 Uhr	**Ybor City**, kurzer Bummel und Mittagspause, danach über SR 60 und US 19 nach Norden
100/62	15.00 Uhr	**Tarpon Springs**, Bummel im Hafen, dann Fahrt zurück auf US ALT 19, SR 60 und SR 699
135/84	17.30 Uhr	**Suncoast Seabird Sanctuary**, danach ein Bummel im **John's Pass Village**
160/100		**St. Petersburg Beach**

Abkürzung/Abstecher:

Will man weniger Zeit in St. Petersburg verbringen, so kann man sich am Morgen das Dali Museum ansehen und anschließend weiter zu den Cypress Gardens und nach Orlando fahren – oder den Zusatzabstecher nach Tarpon Springs und Yankeetown wählen (s.S. 126ff.). – Eine weitere Attraktion von Tampa sind die besonders für Kinder interessanten **Busch Gardens**, ein botanischer Garten mit afrikanischem Zoo und Brauereibesichtigung für die Erwachsenen. Zusätzlich empfiehlt sich in St. Petersburg ein Bummel am neurenovierten **städtischen Pier** (mit Aquarium) und ein Besuch der **Sunken Gardens** (1825 N. 4th St.; traditionsreicher und sehr hübscher botanischer Garten).

7. Tag – Informationen

The Salvador Dali Museum
1000 3rd St. South
St. Petersburg
Tel. (813) 823–3767
10–17 Uhr, Mo geschl., So ab 12 Uhr. Eintritt $ 5.
Die umfassendste Dali-Sammlung der Welt zeigt die Entwicklung des Meisters von den frühen Jahren bis in die Gegenwart. Ausgezeichneter Museum-Shop mit Kunstbüchern und Postern.

Great Explorations
1120 4th St. South
St. Petersburg Tel. (813) 821–8992
Tägl. 10–17, So ab 12 Uhr
Nettes kleines Museum für Kinder, viele verblüffende Experimente.

Ybor City
Altes kubanisches Stadtvietel im Nordosten von Tampa, heute etwas schäbig, aber mit interessanter Architektur, die man beim Bummel entlang 14th Street und 7th Avenue bewundern kann. (Vorsicht, dieses Viertel sollte man nur tagsüber besuchen.)

Columbia Restaurant
Ybor City, Tampa
Tel. (813) 248–4961
Das Lokal allein ist die Fahrt nach Ybor City wert. Wunderschöne Kachelfassaden und spanischer Kolonialstil; ausgezeichnete spanisch-kubanische Küche. $$

Columbia Restaurant

7. Tag – Informationen

Tarpon Springs
US 19
Mediterran wirkendes Hafendorf griechischer Schwammtaucher; griechische Restaurants und Bäckereien, kleines Museum.

Suncoast Seabird Sanctuary
18328 Gulf Blvd.
Indian Shores
Tägl. 9 Uhr bis Sonnenuntergang geöffnet.
Tierschutzheim für verletzte Vögel, eine gute Gelegenheit, Reiher –, Pelikanarten und andere Flattertiere genauer kennenzulernen.

John's Pass Village
Madeira Beach
am Nordende der Brücke zu Treasure Island.
Restauriertes Hafenviertel mit Läden, Restaurants und Holzsteigen über dem Bootshafen; ideal für einen Spaziergang am Ende des Tages.

The Friendly Fisherman
John's Pass Village
Madeira Beach
Tel. (813) 391–6025
Rustikales Fischlokal im Hafen; beim bodenständig zubereiteten Fang des Tages kann man das Treiben auf dem Wasser und dem hölzernen Brettersteig beobachten. Auch zum Frühstück zu empfehlen. $$

Busch Gardens, The Dark Continent
3000 Busch Blvd.
Tampa
Tel. (813) 971–8282
Tägl. 9.30–18 Uhr, im Sommer länger. Erwachsene $ 23.95.
Riesiger Vergnügungspark mit botanischem Garten, Löwen und Giraffen (für einen Zusatztag mit Kindern in St. Petersburg); Tour der Anheuser Busch-Brauerei.

Weitere Informationen (Feste):

Im Winter, wenn die *snowbirds* aus dem Norden die Hotels füllen, gibt es in den kleinen Orten an der Küste zahlreiche Kunstgewerbeausstellungen und Musikfestivals. Zahlreiche Bootsrennen, internationale Tennisturniere und Wettbewerbe im Sandburgbauen finden das ganze Jahr über bunt gestreut in St. Petersburg und Umgebung statt. Genauere Informationen erhält man schriftlich vorab oder durch kurzen Anruf, wenn man schon da ist, von:

Pinellas County Tourist Development Council
4625 East Bay Drive, Suite 109
Clearwater, FL 34624
Tel. (813) 530–6452

Tampas größte Veranstaltung ist der alljährliche »Überfall« des Piraten Jose Gaspar, die **Gasparilla Invasion** Anfang Februar. 600000 Besucher säumen bei der Parade die Straßen der Innenstadt und feiern eine Woche lang. Ybor City trägt mit einem kubanischen Festival dazu bei.

Tampa/Hillborough Visitors Association
111 Madison St., Suite 1010
Tampa, FL 33602
Tel. (813) 826–8358

Ybor City Visitor Center
1800 East 9th Ave.
Ybor City
Tel. (813) 248–3712

Zigarren und Tsaziki. Szenen um die Tampa Bay

Der Strand vor der Hoteltür lockt zum morgendlichen Sprung in die wohltemperierten Fluten. Im August weist der Golf stolze 30 °C auf, und sogar im Dezember sind es noch 21 °C. Wer mag sich da schon losreißen?

Doch ein sonniger Rundkurs um die Tampa Bay, die größte Meeresbucht Floridas, ist nicht weniger verführerisch: er bringt viele bunte und neue Eindrücke – von spanischer Kunst und Küche bis zu griechischem Hafenleben und floridianischer Lebensart.

Sonnenschein für den Tag ist praktisch garantiert. St. Petersburg rühmt sich der meisten Sonnentage in Florida: durchschnittlich 361 jedes Jahr. Zwischen Februar 1967 und März 1969 schien die Sonne rekordverdächtige 768 Tage lang. Das Klima in dieser Ecke der Welt ist derart erholsam, daß ein gewisser Dr. W.C. Van Bibber 1885 nach zehnjähriger Forschungsarbeit auf einem Ärztekongreß sogar vorschlug, hier eine »Welt-Gesundheitsstadt« zu errichten.

Mit dem Sonnenschein begann auch die moderne Geschichte von St. Petersburg. Zwar hatten sich bereits im 16. Jahrhundert Pánfilo de Narvaéz und Hernando de Soto hier mit den Indianern angelegt, aber richtig Fuß fassen konnten die Spanier nie. Im 19. Jahrhundert errichtete die US-Army einige Forts als Stützpunkte im Krieg gegen die Seminolen. Ein paar Pflanzer kamen Mitte des Jahrhunderts hinzu und legten erste Orangenplantagen an. Doch richtig in Schwung kam die Erschließung der Region erst mit dem Urteil des Doktors und dem Bau der Eisenbahn. Denn im damaligen Florida konnte nur eine Eisenbahn Siedler und Touristen bringen.

Peter Demens, russischer Exil-Adeliger der Zarenzeit, ließ sich von den Landspekulanten überzeugen und führte seine *Orange Belt Railroad* von der Atlantikküste quer durch den Staat zum Golf. 1888 waren die Schienen fertig und er benannte die neugegründete »Metropole« an der Südspitze der langen Halbinsel, die die Tampa Bay vom Golf trennt, stolz nach seiner russischen Heimatstadt Sankt Petersburg. Der Name klang großartig, aber mit der Stadt haperte es noch, wie der erste und einzige Fahrgast nach der Jungfernfahrt mit der Bahn feststellen mußte. Angesichts der wenigen schäbigen Hütten an der Endstation fragte er, wo denn die Stadt sei. »Keine Ahnung, Sir«, antwortete der Schaffner, »ich bin auch das erstemal hier.«

Doch die Waldlandschaft sollte sich schnell verändern. Breite Straßen wurden abgesteckt, erste Hotels und Wohnhäuser gebaut. Ein stetig wachsender Touristenstrom setzte ein. Auf der Ostseite der Bucht in Tampa, wo Henry B. Plant 1884 eine Eisenbahnlinie hingeführt hatte, zo-

Nach dem Mittelmeer-Abstecher kehrt man auf der Landstraße ALT 19 zurück nach Süden. Der gesamten Pinellas-Halbinsel, an deren Südende St. Petersburg liegt, sind im Westen Inseln vorgelagert, die nicht viel mehr sind als langgestreckte Sandbänke. Doch für die Bewohner ist dieser Sand Gold wert, denn die Strände zwischen Clearwater Beach und St. Pete Beach erfreuen sich bei den Urlaubern wie kein anderer Teil der Golfküste größter Beliebtheit.

Längst sind die vormals kleinen Orte zu einer langen Strandzone zusammengewachsen. So türmt sich am Wasser Hotel neben Hotel, die flacheren Appartementkästen für die Wochen- und Monatsgäste sind vom Strand etwas zurückgesetzt. Kein Fleckchen bleibt da ungenutzt. Und längst sind es nicht mehr nur die Alten, die die Sonne und die milde Luft genießen wollen. Familien und, in den Semesterferien, viele Studenten haben die Westküste als die preiswertere und gemütlichere Seite des Sonnenstaates entdeckt.

Golfturniere und Segelregatten, Kunstmärkte und Musikfeste sollen die Bleichgesichter aus dem Norden bei Laune halten. Aber auch das alltägliche Strandleben kann sich sehen lassen: Auf den breiten Sandflächen wird Volleyball gespielt, im Wasser hüpfen die Jet-Skier von Welle zu Welle, darüber ziehen die farbigen Fallschirme der *parasailors* durchs Blau. Am Wochenende kreuzen die Jungs aus Tampa in ihren auf Hochglanz polierten Schlitten den Golf Boulevard hinab – die Stereoanlagen sind noch zwei Blocks weiter deutlich zu vernehmen.

Wenn die Hitze des Tages auf der Fahrt übermächtig wird, kann man sich am Clearwater Beach ins Wasser retten. Etwa eine Stunde vor Sonnenuntergang macht man sich dann auf den Weg nach Süden. In Indian Shores liegt eine andere Art von

Strandzauber in Clearwater Beach

Refugium: ein »Kurheim« für Vögel, denen auf der von den Menschen besetzten Pinellas-Halbinsel nur wenig Lebensraum bleibt.

Das Suncoast Seabird Sanctuary wurde 1971 vom Vogelfreund Ralph Heath gegründet. In den aus Holz und Draht gebastelten Gehegen pflegen er und seine Helfer rund 500 Vögel. Viele von ihnen können nach durchschnittlich einmonatiger Pflege wieder in die Freiheit entlassen werden. Die anderen, die verkrüppelt bleiben, verleben hier im Sanctuary ihren Lebensabend. »90 Prozent aller Vögel, die wir hier haben, wurden durch menschlichen Ein-

fluß verwundet – durch Haken und Leinen der Fischer, durch Drähte und Fensterscheiben oder Autounfälle«, klagt Mr. Heath. »Am schlimmsten aber ist es, wenn ein Vogel gebracht wird, der von irgendwelchen sadistischen Menschen absichtlich verletzt wurde – durch einen in Brot versteckten Angelhaken zum Beispiel.«

Ralph hat schon Pelikanen einen neuen Plastikschnabel angepaßt und verletzten Kranichen »orthopädische Schuhe« verschrieben. Manche der verkrüppelten Vögel haben im Tierheim Junge aufgezogen, darunter waren rund 180 Küken der braunen Pelikane, einer bedrohten Art. Der Eintritt zum Vogelpflegeheim ist frei, aber bei der Spendenbox sollte man sich großzügig zeigen.

Gleich am Strand hinter den Gehegen mit seltenen Kanada-Kranichen und Kormoranen läßt sich der Sonnenuntergang gut beobachten, ehe man zu einem abendlichen Bummel im kleinen Hafen von John's Pass Village aufbricht. Für diese Reise ist es der letzte Sonnenuntergang über dem Meer: Das Wasser des Golfs liegt wie ein glattes Seidentuch, wenn sich der rote Ball mit einer violetten Farborgie verabschiedet. Die Ostküste kann das nicht mehr bieten.

Zusatztag: St. Petersburg Beach – Tarpon Springs – Yankeetown – Silver Springs – Orlando

km/M	*Zeit*	*Route*
0	Vormittag	Fahrt von St.Petersburg Beach über Clearwater und US 19 nach Norden
60/37	später Vormittag	**Tarpon Springs**, Bummel und Mittagessen, danach Fahrt auf US 19 nach Norden
105/65	Nachmittag	Besichtigung von **Homosassa Springs** oder eine sehr empfehlenswerte Kanu- oder Motorbootfahrt auf dem **Withlacoochee River** im »Dschungel«
		Übernachtung in **Yankeetown**

Zusatztag: St. Petersburg Beach – Tarpon Springs – Yankeetown – Silver Springs – Orlando

Anschlußtag an Tag 8

km/M	***Zeit***	***Route***
0	früher Vormittag	Fahrt über US 40 nach Ocala
80/50		Besichtigung von **Silver Springs**
	früher Nachmittag	Fahrt über US 27 nach Süden (Anschluß an **Tag 8**, s. S. 134)
233/146		**Cypress Gardens**
296/184		Abends Ankunft in **Orlando** (ca. 45 Min. Fahrt)

Abstecher/Alternativen:

Anstelle einer Bootstour kann man in ähnlich tropischer Umgebung das Meernixen-Ballett von **Weeki Wachee** oder die Fischschwärme in den **Homosassa Springs** besuchen und dafür am nächsten Tag die Silver Springs auslassen. Für Taucher lohnt sich ein längerer Stopp in **Crystal River**. Eine gute Aussicht über das Orangenland im Landesinneren bietet der **Citrus Tower**.
Wer noch mehr Zeit im wenig erschlossenen Nordwesten verbringen möchte oder von hier in den Panhandle weiterfährt, sollte einen Abstecher nach **Cedar Key** einplanen, ein altes Hafendörfchen, das seinen Piониercharakter noch gut erhalten hat.

Zusatztag – Informationen

Tarpon Springs
s. Tag 7

Homosassa Springs
US 19/98
Homosassa Springs
Tel. (904) 628–2311

Tägl. 9–17.30 Uhr; Kartenverkauf bis 16 Uhr. Erwachsene $ 6.95, Kinder $ 3.95.
Große Naturquelle, in deren kristallklarem Wasser Tausende von Fischen schwimmen, im Winter leben Seekühe in dem warmen Wasser; Unterwasserobservatorium, Bootsfahrten, kleiner Zoo und Gärten.

Zusatztag – Informationen

Crystal River
US 19
Kleiner Ort am gleichnamigen Fluß, der berühmt ist für seine ausgezeichneten Tauchbedingungen. Im Winterhalbjahr kann man sich beim Tauchen mit den hier lebenden Seekühen anfreunden. Mehrere Dive-Shops, die Ausrüstung und Kurse anbieten; Restaurants, Motels. Indianisches Museum bei der **Crystal River Archeological Site.**

Izaac Walton Lodge
P.O. Box 189
Yankeetown, FL 32698
Tel. (904) 447–2311
Verträumtes altes Hotel am Flußufer, umgeben von Dschungelvegetation; kleine, saubere Zimmer mit Etagenbad. Stilvolles Restaurant mit Blick über den Fluß; Motorbootfahrten und Kanuvermietung.

Lake Rousseau Safari Camp 'N Fish
10811 N. Cove View Terrace
Crystal River, FL 32629
Tel. (904) 795–6336
Schön im Waldland gelegener Platz mit viel spanischem Moos; gutes Angelgebiet.

Wild Bill's Airboat Tours
An der SR 44 nahe dem Anfang des Florida Turnpike
Tel. (904) 726–0811
Airboat-Fahrten im Sumpfgebiet am Oberlauf des Withlacoochee River; Campingplatz »Riverwoods« mit Kanuvermietung nebenan.

Weeki Wachee
US 19/SR 50
Tel. (904) 596–2062
Tägl. 9–18 Uhr. Erwachsene $ 13.95, Kinder $ 9.95.
350 000 Liter pro Minute strömen in der warmen Quelle aus dem Boden; im Unterwassertheater kann man die Aufführungen der Wassernixen beobachten; Bootsfahrten, kleiner Zoo und Gärten mit Wasserpark **Buccaneer Bay.**

Silver Springs
SR 40 östl. von Ocala
Tel. (904) 236–2121
Tägl. 9–17.30 Uhr. Erwachsene $ 16.95, Kinder $ 10.55.
Natur- und Vergnügungspark um die größte artesische Quelle Floridas; lohnende Fahrten mit Glasbodenbooten, Alligatoren- und Schlangenausstellung.

Glasbodenboote in Silver Springs

Citrus Tower
an der U 27, Clermont
Tägl. 8–18 Uhr, Eintritt $ 5.
Rundblick auf die endlosen Orangenplantagen vom 70 m hohen Turm; in den Läden am Boden dreht sich alles um die Apfelsine: Orangen-Marmelade, Orangen-Saft, Orangen-Eis.

Zusatztag:

Klare Quellen und Dschungelflüsse – über Yankeetown und Silver Springs nach Orlando

Noch einmal passieren auf der Weiterfahrt nach Norden die schier endlosen Reihen der Resorthotels und Appartementklötze an den Inselstränden vor St. Petersburg Revue. Kein Grundstück, kein Sandhügel ist vom Ansturm der Bauarbeiter verschont geblieben. Gibt es überhaupt noch natürliche Landschaften an der Westküste?

Ja, der heutige Tag wird zeigen, daß die Region nördlich der Tampa Bay vom Bauvirus bisher wenig befallen ist und noch unbegradigte Flüsse und idyllische Zypressenwälder birgt.

Hinter Tarpon Springs (Beschreibung s. S. 120) läßt man entlang der US 19 die Zivilisation langsam hinter sich. Einige Meilen von der Küste entfernt verläuft die Straße durch immer kleiner werdende Orte. Das Bild des Hinterlandes bestimmen Farmen, Ranches und Kiefernwälder. Hier beginnt Nordflorida und seine weiten, dünnbesiedelten Waldregionen. Zwar wurde das Gebiet bereits um 1830 von Pionieren erschlossen – als sich noch niemand in das sumpfige Indianerland im Süden des Staates wagte –, aber die weitere Erschließung ging im 20. Jahrhundert nur sehr zögernd voran. Der Mangel an Sandstränden und das im Winter doch bereits etwas kühlere Wetter haben das Land den Farmern und Naturfreunden gelassen.

Ein paar Touristenattraktionen wird man trotzdem finden. Die meisten sind clever vermarktete Naturquellen, wie z. B. Weeki Wachee Springs (mit Wassernixen-Show) oder Homosassa Springs, wo es im klaren Wasser große Fischschwärme und Seekühe zu sehen gibt. Ruhig und grün sind die Dschungelwege in diesen Parks und weit entfernt von der synthetischen Welt der großen Vergnügungsparks bei Orlando. Ringsum stören nur ein paar Hotels und Läden die Ruhe der Landschaft.

Die Quellen, von denen es in Nordflorida Tausende gibt, verdanken ihre Existenz dem sogenannten Florida Aquifer, dem porösen, wasserhaltigen Kalkfels, der den Untergrund der gesamten Florida-Halbinsel bildet. Undurchlässige Lehmschichten trennen das im Tiefenfels unter Druck stehende Wasser von der Oberfläche. Nur dort, wo diese Schichten dünner sind, kommt es nach oben. Dann sprudelt das klare Süßwasser in artesischen Quellen aus dem Boden. Allein 27 große Quellen mit einem Wasserausstoß von mehr als 3 m^3 pro Sekunde liegen im nördlichen Florida. Bei Homosassa Springs sind es sogar bis zu 7,2 m^3 – das sind 26 Millionen Liter pro Stunde!

Nach Homosassa Springs beginnt endgültig das Waldland. Einige Kilometer weiter entspringt im üppigen Grün – wiederum aus artesischen Quellen – der langsam fließende Crystal River, der durch seine Wassermenge fast wie ein See wirkt. Der gleichnamige Ort ist ein zwischen hohen Zypressen und wildwucherndem Unterholz am Ufer verstreutes Nest mit nur 4000 Einwohnern. Hier in die kaum besiedelten Wälder hat die Energiekommission Floridas 1977 ein Atomkraftwerk gesetzt. Die Bewohner haben sich wohl oder übel damit abgefunden – und für die fast ausgerotteten Seekühe, die *manatees*, scheint es ironischerweise sogar gut zu sein, denn sie lieben das warme Abwasser.

Diese Seekühe sind in Florida streng geschützt. Träge driften die unförmigen, nicht sehr intelligenten Kolosse in den Gewässern entlang der Küste und fressen wie ihre (allerdings nur sehr weitläufig verwandten) Namensvettern an Land den ganzen lieben Tag lang Gras. An die 50 Kilogramm Seegräser und Wasserhyazinthen verdrücken die bis zu einer Tonne schweren »sanften Riesen« täglich. Damit nützen sie sogar dem Menschen, weil sie die Kanäle und Wasserläufe vor dem Zuwachsen bewahren. Aber sie schaden sich dabei selbst, denn der Bootsverkehr ist ihr ärgster Feind. Eine Berührung mit den Antriebsschrauben der schnellen Maschinen führt meist zu bösen, oft tödlichen Verletzungen. In den meisten Flüssen und Buchten sind die sanften Tiere daher bereits ausgerottet. Allein 1986 starben 122 Seekühe durch vom Menschen verursachte Unfälle. Da die Weibchen dieser Meeressäugetiere nur alle drei bis vier Jahre ein Junges gebären, ist ungewiß, ob die Art überleben wird.

Nur noch etwa 1200 Seekühe gibt es in Florida, ein Viertel von ihnen lebt im Gebiet des nur elf Kilometer langen Crystal River. Er wurde 1983 zum Manatee-Schutzgebiet erklärt; strikte Geschwindigkeitsbegrenzungen gelten für Boote. Taucher berichten oft von Begegnungen mit den gemächlich umherpaddelnden, freundlichen Riesen im klaren Wasser des Flusses. Sie haben keine natürlichen Feinde und deshalb auch keine Angst vor dem Menschen. Lustig zu beobachten ist auch eine Begegnung zweier Manatees: Sie »umarmen« sich mit den Flossen und drücken oft sogar ihre dicken, bärtigen Lippen zum »Willkommenskuß« aufeinander. Schließlich sehen sie sich nicht häufig, denn den Sommer verbringen sie weitverstreut entlang der Küste, in kleinen Flüssen und Buchten. Im Winter suchen sie wärmeres Wasser auf, z. B. die das ganze Jahr über gleichmäßig warmen Naturquellen an der Westküste – oder eben die wohlig warmen Abwässer der Kraftwerke.

Etwas weiter nördlich überquert die US 19 den tiefen Einschnitt des Florida Barge Canal, ein Denkmal der sinnlosen Bauwut und ein später Sieg der Naturschützer. Bereits die Spanier wollten einen Wasserweg quer durch Nordflorida bauen. Die Idee wurde im Zweiten Weltkrieg wieder aufgegriffen. Erst in den 60er Jahren begann der »Jahrhundertbau«, der den St. Johns River bei Jacksonville mit der Westküste verbinden sollte.

Die ersten Staudämme und Kanalabschnitte waren bereits fertiggestellt, als die kühnen Rechner und Planer plötzlich feststellten, daß wohl nie genügend Lastschiffe die Wasserstraße befahren würden, um sie profitabel zu machen. Neue wissenschaftliche Gutachten sprachen von einem ökologischen Alptraum: der Bau würde ganze Flüsse zerstören und womöglich sogar die Wasserversorgung ganz Zentralfloridas gefährden. 1971 gab Präsident Nixon den massiven Protesten der Naturschützer nach und stoppte den Bau – und rettete damit auch den Withlacoochee River.

Withlacoochee River

Das Ziel des Tages ist erreicht: Yankeetown, ein nostalgischer Miniort nahe der Mündung des Withlacoochee Rivers in den Golf, der dank des Baustopps am Kanal den Anschluß an die heutige Zeit verpaßt hat. Man kann bis zum Ende der Straße ans Meer hinausfahren, wo hübsche Palmeninseln über dem glitzernden Wasser aufsteigen. Die Uferlinie selbst ist stark versumpft, große Schilfflächen bedecken das Brackwasser, dazwischen wieder *hammocks,* winzige Hügel festen Landes.

In weiten Mäandern schlingt sich der idyllische Fluß zum Meer hin, immer begleitet von großen Zypressen – ein ideales Fleckchen für eine Bootsfahrt oder Paddeltour im Dschungel. Aus dem dunklen Wasser tauchen manchmal die unförmigen Rücken der *manatees* auf, Reiher sitzen auf Ästen über dem Wasser und spähen nach einem Fisch. Im Unterholz raschelt vielleicht sogar einer der seltenen Florida-Panther. Zweifellos: Hier am Withlacoochee River würde sich Tarzan wohlfühlen.

Nach der Bootsfahrt kann man sich in der gemütlichen Izaac Walton Lodge ausruhen. Beim romantischen Dinner in dem alten Holzbau wirkt das moderne Florida ziemlich entrückt. Draußen am Fluß beginnt das abendliche Konzert der Vögel und Ochsenfrösche, an der Decke schwirren die Ventilatoren. Wie im kolonialen Afrika um 1800.

Am nächsten Morgen führt die Route weiter am Ufer des Withlacoochee Rivers ins Binnenland. Die nächste Stadt ist Ocala, das Zentrum der Pferdezucht in Florida. Seit die Rancher und Rennpferdbesitzer feststellten, daß Weiden und Klima in dieser Region für die Zucht edler Araber ideal sind, hat sich die Anzahl der Gestüte von 220 im Jahr 1960 auf heute über 2500

Golfküste bei Yankeetown

erhöht. Das leicht wellige Land um Ocala hat dadurch eine fast englische Parkatmosphäre bekommen: Lange Zäune umgrenzen die sattgrünen Wiesen, zwischen den kleinen Baumgruppen traben muskulöse, wohlgepflegte Pferde.

Große Werbeschilder weisen am Ostrand der Stadt auf die nächste Touristenattraktion hin: Silver Springs, die wasserreichste Quelle Floridas. Per Glasbodenboot kann man sich dem Naturwunder nähern. Im kristallklaren Wasser scheint der 30 Meter entfernte Seeboden zum Greifen nahe. Der Bootsführer nennt die Namen der Fische und verrät noch allerlei andere Details über die Quellen. So wird z. B. das klare Wasser gerne bei Filmaufnahmen benutzt, auch wenn der Film selbst auf einem ganz anderen Kontinent spielt. An einer Stelle sind am Grund noch algenbewachsene Requisiten zurückgeblieben. Dort tauchte schon James Bond und kämpfte gegen die Welt bedrohende Bösewichter.

Durch sanftes Hügelland führt die US 27 nach Süden in Richtung Orlando. Schnell verläßt man das Ranchland und erreicht einen neuen Abschnitt Floridas, das Zitrusland. Orangenhaine erstrecken sich bis zum Horizont. Prompt tauchen auch gleich die ersten Straßenstände auf, die Orangensaft, Orangenmarmelade und Orangenpostkarten feilbieten. Die Werbeplakate am Wegesrand künden von den *spectacular shows,* die in den diversen Vergnügungsparks Orlandos gerade jetzt neu sind. Da kann es nicht mehr weit sein zur nächsten Attraktion: die Skipiste der Wassernixen in Cypress Gardens (s. S. 138).

Willkommen im Zitrusland

8. Tag – Route: St. Petersburg Beach – Cypress Gardens – Orlando (230 km)

km/M	*Zeit*	*Route*
0		Gemütlicher Vormittag am Strand
	ca. 12 Uhr	Abfahrt von St. Petersburg; Auf I–275 nach Tampa, dann I–4 East und kurz vor Orlando auf US 27 nach Süden
169/105	14 Uhr	**Cypress Gardens** (Wasserski-Show um 14.30 Uhr, Alligatorenshow um 16.30 Uhr)
230/143		Abends Ankunft in Orlando (ca. 45 Min. Fahrt)

8. Tag – Informationen

The Hurricane
Gulf Way/9th Ave.
St. Petersburg Beach
Nettes Frühstückslokal gegenüber dem ruhigen Strand im Südteil von St. Pete. Guter Ausgangspunkt für Strandspaziergänge am Morgen. $

Cypress Gardens
an der SR 540
Tel. (813) 324–2111
Tägl. 9 bis 18 Uhr. Erwachsene $ 17.95, Kinder 11.65.
Der älteste Vergnügungspark Floridas bietet einen botanischen Garten mit mehr als 8000 Pflanzenarten, Südstaatenschönheiten in historischen Kostümen, Clowns beim Turmspringen und den berühmten Wasserskizirkus.

Hotels, Motels und Campingplätze gibt es in **Orlando** wie nirgends sonst in Florida –

8. Tag – Informationen

70 000 Hotelbetten müssen jeden Morgen gemacht werden. In der Nebensaison wird man keine Schwierigkeiten haben, kurzfristig und vor Ort etwas zu finden. In der Hauptsaison sollte man jedoch unbedingt einige Monate vorab reservieren. Preiswerte Motels liegen an der US 192 in Richtung Kissimmee und am Nordrand von Lake Buena Vista. Mit jedem Kilometer, den man sich von Disney World wegbewegt, sinken die Zimmerpreise. Am bequemsten, aber auch mit am teuersten, sind die großen, Disney-eigenen Hotels, z. B. das **Contemporary Resort**, das neue **Swan Hotel** oder das **Grand Floridian** (zu buchen direkt bei Disney World).

The Peabody
9801 International Dr.
Orlando, FL 32819 Tel. (407) 352–4000
Das erste Haus am Platz mit exquisitem Dekor und ausgezeichnetem Service; großer Pool, Restaurants und Blick über Orlando aus den oberen Etagen. Beaufsichtigung und großer Spielplatz für Kinder. \$\$\$–\$\$\$\$

Sheraton World Resort
10100 International Dr.
Orlando, FL 32821 Tel. (407) 352–1100
Weitläufige Luxushotelanlage mit schönem Garten, drei Pools und Tennisplätzen. Gegenüber von Seaworld und 5 km östlich von Disney World; am besten schon in Europa buchen. \$\$\$

Fantasy World Club Villas
P. O. Box 22/93 (an SR 535)
Lake Buena Vista, FL 32830
Tel. (407) 396–1808 oder (800) 432–7038 in Florida
Große, familienfreundliche Villenanlage mit Swimmingpools und Tennisplätzen. Appartements mit zwei Schlafzimmern ca. \$ 120–180.

Days Inn Lake Buena Vista Resort
12205 Apopka-Vineland Rd.
Orlando, FL 32819
Tel. (407) 239–0444 oder (800) 325–2525
Modernes, großzügig angelegtes Budget-Hotel; Pool, Restaurant, Bar und in unmittelbarer Nähe des Königreichs der Mickymäuse. \$\$–\$\$\$

Best Western Eastgate
5565 Irlo Bronson Pkwy. (US 192)
Kissimmee, FL 32741
Tel. (407) 396–0707
Ferienhotel mit großen Zimmern, 8 km östlich von Disney World; Kinderspielplatz, Pool, Tennisplätze, Restaurant. \$\$

Jellystone Camp Resort
8555 West Spacecoast Pkwy. (US 192)
Kissimmee, FL 32741
Tel. (407) 396–1311
Großer, schön angelegter Campingplatz nahe Disney World, Seeufer, Pool. Für Feiertagswochenenden einige Tage vorher reservieren.

Walt Disney World Camping Fort Wilderness
Lake Buena Vista, FL 32830
Tel. (407) 824–8000
Riesiger Campingplatz auf dem Disneygelände; ausgezeichnete Anlagen, Pool, Restaurant, Tennisplätze und Wasserpark.

KOA Disneyworld West
2727 Frontage Rd. (nahe US 27)
Davenport, FL 33837
Tel. (813) 424–1242
Großer Privatcampingplatz rund 15 Min. von Disney World; Pool.

Weitere Informationen (Feste):

In **Cypress Gardens** finden jeden Sommer an mehreren Wochenenden **Meisterschaften im Wasserski** statt – Wettbewerbe der Weltelite, der Junioren oder auch besonderer Spezialisten: sie fahren nur barfuß.

8 **Wasserzirkus.** Von der Küste ins Landesinnere

Mit einem herzhaften Ham-and-Eggs-Frühstück im Strandcafé und einem langen Spaziergang am Meer läßt sich ein Urlaubstag gut beginnen. Ein hübscher, wenig überlaufener Küstenstreifen, der sich dazu besonders eignet, liegt am Südende von St. Petersburg Beach im Vorort Pass-A-Grille. Danach kann man noch ein bißchen in der Sonne schmoren oder den amerikanischen Strandsportarten Frisbee und Volleyball frönen.

Nach einem erholsamen Vormittag im Sand heißt es Abschiednehmen von der Westküste. Daß die Fahrstunden gerade in die heißeste Mittagszeit fallen, ist kein Problem: Nicht umsonst haben alle Autos in Florida eine Klimaanlage. Von St. Petersburg führt die Route wie am Vortag auf der Autobahnbrücke über die Old Tampa Bay. Die glitzernden Hochhäuser der Innenstadt von Tampa bleiben rechts liegen; man wendet sich auf der I–4 nach Osten.

Das Binnenland Zentralfloridas, in das man nun gelangt, liegt bereits einige Meter höher als die Everglades-Region unten im Süden. Das bedeutet, daß hier das Land trockener ist und eine fruchtbare Bodenkrume trägt. Darunter liegen in ganz Zentral- und Nordflorida kilometerdicke Sedimentschichten, vorwiegend aus porösem Kalk. Wie ein riesiger Schwamm hat sich dieses Gestein im Laufe von Jahrtausenden mit Regenwasser vollgesogen und bildet heute das wichtigste Süßwasserreservoir des Staates: das Florida Aquifer.

An der Oberfläche entstanden Seengebiete, Sumpfniederungen und große trokkenere Savannenplateaus. Viele der Seen in dieser Region sind sogenannte *sinkholes:* Regen- und Grundwasser fressen so lange an dem Kalkgestein unter der dünnen Humusschicht, bis der löchrige Karstschwamm während einer Dürreperiode, zusammenbricht; in dem entstandenen großen Loch bildet sich ein neuer See. Erst 1981 verschluckte solch ein »Sinkloch« im Ort Winter Park nördlich von Orlando mehrere Autos, ein Haus und einen Swimmingpool.

Aber es gibt nicht nur Seen. Der größte Teil des Landes östlich von Tampa ist fruchtbarer, trockener und sonnenverwöhnter Boden, der die amerikanischen Pioniere wie ein Magnet anzog. Ende des letzten Jahrhunderts entstanden große Rinder- und Pferderanches, und bald erkannte man, daß Gemüse, Zitrusfrüchte und andere wärmeliebende Obstsorten hier ausgezeichnet gediehen. Um Plant City zum Beispiel dehnen sich heute riesige Erdbeerfelder. Im Spätherbst wird gepflanzt und von Februar bis April geerntet – gerade rechtzeitig, um die feinen Restaurants im tiefverschneiten Norden der USA mit leckeren Nachspeisen zu versorgen.

Um den Dünger zum intensiven Obstanbau herbeizuschaffen, muß man nicht weit fahren. In Bartow, 20 Kilometer südlich von Lakeland, werden Phosphate abgebaut. Und nicht nur einige Tonnen Dünger fördern die Gruben, sondern 70 Prozent des gesamten Weltbedarfs. Das weiße Pulver aus Bartow hat einen erklecklichen Anteil am Umsatz des florierenden Hafens von Tampa; von dort wird Phosphat in alle Welt verschifft. Die gewaltigen Abraumhalden und stinkenden Tümpel um das Abbaugebiet sowie die Umweltschädlichkeit der Phosphate haben der heimischen Bergbauindustrie allerdings viele Kritiker eingebracht.

Zurück zum Obst: Die Hauptanbauregion der wichtigsten Frucht Floridas – diejenige, die schlechthin mit Florida identifiziert wird – liegt ebenfalls im zentralen Landesteil. Soweit das Auge reicht, dehnen sich um Lakeland die Orangenplantagen. 43 300 Hektar Land sind allein in diesem Regierungsbezirk mit Orangen, Zitronen und Pampelmusen bepflanzt, ein Sechstel der gesamten Zitrusanbaufläche im Staat. Haupterntezeit ist von Januar bis Mai, dann stehen die großen Container am Rand der Haine und braungebrannte Pflücker holen mit hohen Leitern die süße Ernte ein. Der weitaus größte Teil von Floridas Orangen wird umgehend ausgepreßt und als gefrorenes Konzentrat weiterverkauft.

Ganz Florida hat 252 500 Hektar den saftigen Früchten verschrieben, eine Fläche, größer als das Land Hessen. 1970, auf dem Höhepunkt des Zitrusbooms, nahmen die Orangenbäume noch weit mehr Boden ein, doch haben die zunehmende Verstädterung und einige böse Winterfröste die Haine dezimiert. Als in den kalten Nächten Anfang der 80er Jahre auch die Kanonenöfen zwischen den verschneiten Bäumen nichts mehr retten konnten,

Mobilität ist Trumpf in Florida

schworen viele Plantagenbesitzer, nie wieder Orangen zu pflanzen. Viele haben tatsächlich aufgegeben und ihr Land profitabel an Bauspekulanten verkauft, manche sind allerdings nur in den wärmeren Süden ausgewichen, wo jetzt um den Lake Okeechobee Sümpfe drainiert und neue Plantagen angelegt werden.

Gleich hinter Lakeland, noch zwischen den Orangenplantagen, fällt die neue Urbanisierung deutlicher ins Auge. Die Seenplatte ist der Alterstraum vieler Pensionäre: das saubere Häuschen braucht man in diesen Breiten nie zu heizen, der See liegt direkt vor der Eingangstür – was will man mehr? Der Strandtrubel muß nicht sein, man geht sowieso lieber zum Golfen.

So ist das Land von einem Jahr auf das nächste fast nicht wiederzuerkennen. Wo kürzlich noch ein Grapefruithügel voll dicker gelber Früchte leuchtete, stehen plötzlich neue Wohnsiedlungen und *mobile home parks.* Shopping Centers schießen aus dem Boden und neue, stets preisgekrönte Golfplätze füllen die noch freigebliebenen Verbindungsstücke. Zwischen 1970 und 1980 stieg die Bevölkerung von Polk County um 40 Prozent an, die des östlich angrenzenden Bezirks Osceola sogar um 95 Prozent.

Daß die Orte die *snowbirds* aus dem Norden anlocken wollen, zeigen die Namen: Winter Park, Winter Haven, Winter Garden, wohltemperierte Paradiese versprechen sie alle. An der Autobahn werben die Schilder für luxuriöse *homes* mit Seeblick – und, je näher man an Orlando kommt, für die zahlreichen Vergnügungsparks. 52 Attraktionen versprechen die Werbebroschüren. Da fällt die Wahl schwer.

Einige Highlights im Umfeld der Vergnügungshauptstadt Floridas anzusehen, ist touristische Pflicht und durchaus vergnüglich. Eine Visite bei Mickey Mouse in Disney World möchte kein Erstbesucher des Sonnenstaats missen, als weitere, ganz anders geartete Sehenswürdigkeit ist Floridas ältester Vergnügungspark zu empfehlen: Cypress Gardens.

Feuerspringer in Cypress Gardens

Dort ist die Atmosphäre familiärer, die Menschenmengen kleiner, und die Pflanzen sind natürlich gewachsen.

Cypress Gardens liegt etwas südlich der I–4 bei Winter Haven nahe der US 27 und damit am Rande des Vergnügungszirkels von Orlando. Orangenhaine begrünen noch die Umgebung, dazwischen stehen ein paar Feldarbeiterkolonien. Am Straßenrand gibt es in einer baufälligen Hütte *boiled peanuts* zu kaufen. Gekochte Erdnüsse? »Eine ländliche Spezialität der Südstaaten,« meint der stoppelbärtige Koch. »Touristen mögen sie meistens nicht, aber viele der Arbeiter und Farmer hier in der Gegend holen sich alle paar Tage eine Tüte voll.« Man bricht die dampfendheiße Schale auf und kostet: Nicht gerade schlecht, vielleicht etwas schal im Geschmack, etwa wie ungesalzene Bohnen.

In Cypress Gardens kommt man gerade recht zum bekanntesten Spektakel des Parks, der hier erfundenen Wasserski-Show. 1936 gründete Dick Pope, ein ideenreicher Grundstücksmakler, einen kleinen botanischen Garten am Ufer des Lake Eloise. 1943 begannen die Kinder der Popes für die in der Nähe stationierten Soldaten Kunststücke auf Wasserskiern vorzuführen. So richtig los ging es aber erst 1946, als die ersten Nachkriegstouristen kamen; seitdem wurde die Ski-Show angeblich keinen Tag ausgelassen.

Daß die durchtrainierten Jungs und Mädchen Übung haben, wird bald deutlich. Sie drehen sich graziös auf ihren Brettern, springen über die Schanze und fahren zur Not auch ohne Ski auf bloßen Füßen weiter. Ein Clownpärchen treibt seinen Schabernack, und einer der Wasserski-Akrobaten verläßt sogar mit dem Drachenflieger sein Element, schwingt sich hoch über die Tribüne und landet wohlbehalten am Ufer. Das letzte und

Ein Hauch vom Alten Süden: Cypress Gardens

schwierigste Kunststück aber kommt zum Schluß. Zehn Artisten treten in Formation hinter dem Boot an, brausen los, klettern blitzschnell übereinander und drehen als formvollendete vierstöckige Pyramide eine Runde.

Anschließend sollte man sich im ältesten Teil des Parks umsehen, der vom Eingang aus gesehen rechter Hand liegt. Der gut 50 Jahre alte botanische Garten hat sich zum tropischen Urwald gemausert. Mehr als 8000 Pflanzenarten sind hier versammelt. Die Blütenpracht ist zu jeder Jahreszeit einfach überwältigend. Besonders hübsch sind die alten Zypressen am Seeufer, denen dick das Spanische Moos von den Ästen hängt. Um die Idylle perfekt zu machen, posieren in den Lichtungen *southern belles* – hübsche Mädchen in weiten, krinolinengestützten Nostalgiekleidern. So muß man sich wohl den Alten Süden vorstellen – wenigstens außerhalb von Onkel Toms Hütte.

Danach kann man sich im neueren Teil der Anlage umsehen, der mehr den modernen Vergnügungsparks ähnelt. Da gibt es die einzige Eislauf-Show Floridas zu bestaunen (die am heißen Sommernachmittag vor allem durch die Klimakühlung der Halle beeindruckt); Alligatoren und Silberreiher sind im Zooteil zu sehen. Versteckt in der Nordecke des Parks wird im großen Pool eine Show mit Synchron-Schwimmerinnen und Turmspringern gezeigt. Noch ein Abschiedsblick über den See beim erfrischenden Drink auf der Veranda des nachgebauten Plantagenhauses – dann kommt die Weiterfahrt nach Orlando. Morgen geht's zu Mickey!

9./10. Tag – Route: Disney World (Magic Kingdom und Epcot Center)

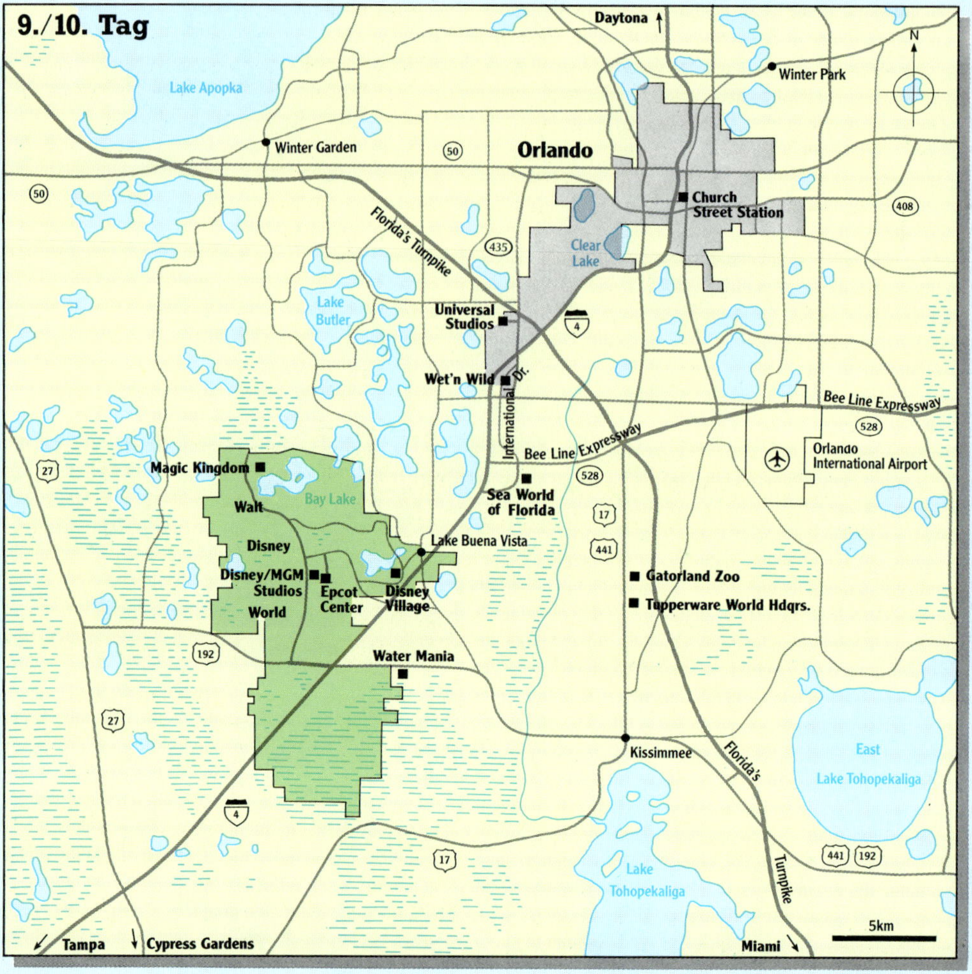

9./10. Tag – Informationen

Das Frühstück ist noch problemlos, man bleibt im Hotel oder geht in eins der zahlreichen Kettenrestaurants; die italienischen **Olive Gardens** bietet z. B. ein gutes Frühstücksbuffet.

Für die Besichtigungen tagsüber sollte man sich eine Strategie zurechtlegen, besonders wenn man zur Hauptsaison (Weihnachten und Ostern, Juni bis August) anreist. Es empfiehlt sich dann, eine Weile vor der Öffnungs-

zeit anzutreten und am Nachmittag eine **mehrstündige Pause** am Pool im Hotel oder Campingplatz einzulegen. Um am selben Tag wieder hineinzukommen, muß man sich beim Ausgang des jeweiligen Parks die Hand stempeln lassen. Am Spätnachmittag kehrt man zurück und genießt frischgestärkt weitere Attraktionen, Paraden und Feuerwerke. Schlangestehen wird man oft; zwar geht es meist recht schnell voran, aber für die Hauptattraktionen muß man je nach Saison zwischen 10 und 60 Minuten rechnen.
Auf Gourmetküchen sollte man in Disney World nicht hoffen. Hamburger und andere *fast food* müssen tagsüber reichen; für abends sollte man im Epcot Center schon am Vormittag eine Reservierung in einem der Restaurants machen. Empfehlenswert sind dort das **Restaurant im norwegischen Dorf** (ausgezeichnete Vorspeisen und Fischgerichte) und die mexikanischen Gerichte im **San Angel Inn.** Wer zu reservieren versäumt hat, stellt sich im **Le Cellier** des Kanada-Dorfes in die Schlange (herzhafte Pionierkost; einziges Restaurant im World Showcase, das keine Voranmeldung annimmt).

Disney World
Lake Buena Vista, FL 32830
Tel. (407) 824-4321
Erwachsene $ 32.75, Kinder unter zehn Jahren $ 26.40; diese Preise gelten für einen Tagespaß für alle Attraktionen im **Magic Kingdom,** dem **Epcot Center** oder in den **Disney-MGM Studios,** den drei Vergnügungsparks innerhalb des 113 km² großen Disney-Geländes. Preisnachläße gibt es erst ab einem Aufenthalt von vier Tagen ($ 111), so muß man wohl oder übel für die beiden Tage Einzelkarten lösen, die man zum Zeitgewinn schon vorab in vielen Hotels kaufen kann.
Disney World liegt rund 30 km südwestlich von Orlando, die Eingänge sind über I-4 und US 192 zu erreichen. Von den Parkplätzen (Parkreihe merken!) wird man mit kleinen Elektrozügen zum Haupteingang gebracht. Die auf hohen Stelzen gebaute Monorail verbindet Magic Kingdom und Epcot Center mit dem Haupteingang. In das am Eingang erhältliche Tagesprogramm sollte man gleich einen Blick werfen, um bei Paraden und Feuerwerken rechtzeitig, d.h. eine halbe Stunde zuvor, einen guten Platz zu besetzen.

Magic Kingdom
Ganzjährig tägl. 9–18 Uhr, im Sommer und an Feiertagen bis 24 Uhr geöffnet.
40 ha großer Park mit rund 45 Attraktionen, die in sechs Themengebieten angeordnet sind. Hauptattraktionen, die man nicht verpassen sollte: *Pirates of the Caribbean, Jungle Cruise, It's A Small World,* die U-Boot-Fahrt *20000 Leagues under the Sea* und für starke Nerven die Achterbahn *Space Mountain.*
Wer gut Englisch spricht, sollte sich außerdem die *Hall of Presidents* und die Live-Show *Diamond Horseshoe Jamboree* nicht entgehen lassen.
Besonders für Kinder zu empfehlen sind die Karussels im *Fantasyland,* das *Swiss Family Tree House, Mickey's Birthdayland* und *Tom Sawyer Island.*
Das ganze Jahr über findet täglich an der Main Street und vor dem Cinderella-Schloß eine große Parade statt. Im Sommer und an Feiertagen kann man abends zusätzlich die *Electrical Parade* und ein Feuerwerk über dem Schloß genießen.

Epcot Center
Ganzjährig tägl. 9–20 Uhr, im Sommer und an Feiertagen bis 23 Uhr geöffnet.
Gut 100 ha großes Gelände, das in **Future World** und **World Showcase** geteilt ist. Den ersten Teil besetzt eine Art dauerhafte Weltausstellung, die technische Errungenschaften preist und einen hoffnungsvollen Blick in die Zukunft wirft. Im angrenzenden World

Showcase liegen um einen zentralen See elf »Dörfer«, die exemplarisch Baustile und Produkte verschiedener Nationen zeigen sollen – sehr klischeehaft, aber hübsch. Hauptattraktionen, die man nicht verpassen sollte: *Spaceship Earth, The Land, The Living Seas.* Besonders für Kinder zu empfehlen sind The *Living Seas* sowie *Journey into Imagination* und für Jugendliche der 3-D Film »Captain EO« mit Michael Jackson.
Das ganze Jahr über wird etwa eine Stunde vor Schließung des Parks das Laser- und Feuerwerkspektakel **IllumiNations** gezeigt, das vom See im World Showcase aus gut beobachtet werden kann. Tagsüber finden in den einzelnen »Ländern« Aufführungen von Straßentheatern und Bands statt.

Disney-MGM Studios
Ganzjährig 9–21 Uhr, im Sommer und an Feiertagen länger geöffnet.
Die neueste Disney-Attraktion, eine Tour durch die Filmstudios, öffnete ihre Pforten im Frühjahr '89 und zeigt auf 54 ha vom Hollywood der 30er Jahre bis zu den modernsten Trick- und Spielfilmtechniken alles über die Welt des Films. Besonders zu empfehlen: »Star Tours« und »The Magic of Disney Animation«.

Noch einige wichtige **Telefonnummern**:

Fundbüro Magic Kingdom	824–4521
Fundbüro Epcot Center	827–8236
Notruf für verlorene Kinder	827–7928

Zusätzliche Attraktionen in und um Orlando

Rings um Disney World entstanden in den letzten 15 Jahren zahllose weitere *attractions,* die versuchen, sich an den Erfolg der Mäuse und Enten anzuhängen. Wer mit Kindern unterwegs ist oder selbst gerne Vergnügungsparks besucht, kann in und um Orlando noch gut und gerne zwei bis drei Tage anhängen:

Sea World of Florida
SR 528/I–4
Orlando
Tel. (407) 351–3600
Tägl. 9–20 Uhr; im Sommer länger. Erwachsene $ 27, Kinder $ 23.
Weitläufiger Vergnügungspark, in dem sich alles um Meerestiere dreht; Shows mit Killerwalen, Delphinen und Seelöwen; Aquarium, Pinguin-Halle, Korallenriff-Ausstellung und ein spektakulärer Acrylglastunnel, in dem die Besucher durch das Haifischbecken spazieren.

Beluga-Wal in Sea World

Universal Studios
1000 Universal Studios Plaza, nahe I-4/SR 435
Orlando
Tel. (407) 363–8200
Tägl. 9–21, zur Hochsaison bis 23 Uhr geöffnet; Erwachsene $ 30.74, Kinder $ 24.38.
Tour durch die Filmstudios mit Live-Shows und viel Action; auf dem Weg trifft man King Kong, E. T., den Weißen Hai und wird von einem mächtigen Erdbeben durchgeschüttelt.

9.–10. Tag – Informationen

Gatorland Zoo
an der US 441
Orlando
Tel. (407) 855–5496
Tägl. 8–18 Uhr geöffnet. Erwachsene $ 8.50, Kinder $ 5.25.
Riesige Farm mit über 5000 Alligatoren und Krokodilen; zur Fütterung springen die Panzerechsen um die Wette nach Hühnchenteilen. In der Snackbar wird Alligatoreneintopf angeboten, der angeblich aus farmgezüchteten Tieren hergestellt wird.

Wet'n Wild
6200 International Dr.
Orlando
Tel. (407) 351–1800
Im Sommer tägl. 9–21 Uhr. Erwachsene $ 17.95, Kinder $ 15.95.
Wenn in der sommerlichen Hitze keine Besichtigungstour mehr möglich scheint, kann man sich in diesen 10 ha großen Wasserpark retten: Swimmingpools, künstlicher Strand und eine Unzahl bis zu 20 m hoher Wasserrutschen. Ein spritziges und kühlendes Vergnügen.

Water Mania
US 192, östlich der I–4
Kissimmee
Tel. (407) 396–2626
Im Sommer tägl. 9–21 Uhr. Erwachsene $ 16.95, Kinder $ 14.95.
Noch ein Wasserpark mit riesigem Wellenbad und 300 m langen Rutschen.

Church Street Station
129 W. Church St.
Orlando
Tel. (407) 422–2434
Der komplett restaurierte Straßenzug um die alte Bahnstation Orlandos lockt mit Restaurants und Clubs zur Abendunterhaltung: Disco, Jazz, Country & Western, Folk und Bluegrass Musik. Abends Eintrittsgebühr für die Musiklokale.

Arabian Nights
US 192, östl. von I–4
Kissimmee
Tel. (407) 239–9223
Eintritt inkl. Abendessen ca. $ 30.
Zur Abendunterhaltung ein amerikanisch-orientalisches Spektakel gefällig? 60 Pferde fegen zum 4-Gänge-Dinner an der Bühne vorüber und Lipizzaner tänzeln artig durch die Manege. Wer lieber ein mittelalterliches Turnier zum Abendessen sieht, kann etwas weiter östlich an der US 192 zu den **Medieval Times** gehen.

Zu guter letzt – in Florida ist nichts unmöglich:

Tupperware World Headquarters
an der US 441
Kissimmee
Tel. (407) 847–3111
Führungen Mo-Fr 9–16 Uhr
Für Koch- und Verpackungsgenies sicherlich interessant sind die Modellküche und die Ausstellung von historischen Eßbehältern: von 4000 Jahre alter ägyptischer Verpackung bis zum hochmodernen Tiefkühllagersystem.

Informationen über besondere Veranstaltungen erhält man vorab beim:
Orlando Convention & Visitors Bureau
Kleine Hochstr. 9
6000 Frankfurt/M. 1
Tel. 069/28 96 85

Vor Ort wendet man sich an das
Tourist Information Center
im Mercado Shopping Village
Tel. (407) 363–5871
Tägl. 8–20 Uhr

9 **Land des Lächelns der Mäuse:** Magic Kingdom in Disney World

»Have lots of fun!« Der aufmunternde Wunsch der Bedienung beim Kaffeenachschenken wird nirgendwo in Florida mit süßerem Lächeln geflötet als in Orlando, das ganz und gar vom Tourismus lebt.

Ein kräftiges Frühstück ist eine wichtige Grundlage für den Besuch bei Mickey Mouse. Mit der warmen Waffel mit Sirup auf der Gabel und der Karte des Magic Kingdom auf dem Tisch beginnt die Planung: «Erst zum U-Boot im Fantasyland oder zur Urwald-Safari im Adventureland und auf dem Weg dahin die Parade um halb drei nicht verpassen?« – ein Blick ringsum bestätigt: An den anderen Tischen stellen sich ähnliche Fragen. Später wird man dieselben »Photo Spots« nutzen, die Empfehlungsschilder für Erinnerungsknipser. Man wird an denselben Seil-, Achter- und Eisenbahnen Schlange stehen, dieselben Disney-Souvenirs begutachten. Und abends erschöpft von derselben Unsicherheit geplagt sein: »Haben wir nun das Wichtigste gesehen oder etwas Tolles verpaßt?«

Zeichentrickträume werden wahr

Letzteres kann leicht passieren, wenn man auf die Disney-Dimensionen nicht vorbereitet ist. Immerhin ist dies die beliebteste Touristenattraktion der Welt. Mehr als 26 Millionen Besucher durchstreifen pro Jahr das einst gottverlassene Seen- und Sumpfland um Orlando. Der Anteil der deutschsprachigen Besucher nahm dabei in den letzten Jahren laufend zu – von 1986 bis 1987 stieg er um fast 50 Prozent auf 160000 an. Kein Wunder, daß kürzlich die ersten Flugverbindungen von Deutschland direkt zur Mickey Mouse eingeweiht wurden.

In den 60er Jahren begann Walt Disney seine weitreichenden Pläne für Orlando zu schmieden; nach dem Vorbild des erfolgreichen kalifornischen Disneyland sollte ein zweites Königreich der Lustbarkeit im Osten der USA entstehen. Seine Wahl fiel auf Florida, der vielen Sonnenstunden wegen – und weil ein Morgen Land hier noch für 180 Dollar zu haben war. Unbemerkt von den Bodenspekulanten ließ Disney in der unwirtlichen Einsamkeit Zentralfloridas rund 113 km^2 Land kaufen. Die Politiker Floridas waren hocherfreut über die neue Attraktion für ihren Urlaubsstaat und gestanden Disney Steuervergünstigungen und den Status eines Regierungsbezirks für sein Territorium zu. Politisch selbständig ist Disney World bis heute geblieben – mit einer Wählerschaft von ganzen 22 Personen. Das Land der Mickey Mouse hat seine eigene Feuerwehr, Polizei und Müllabfuhr, seine eigenen Transportmittel.

1971 öffnete das Magic Kingdom die Tore. Trotz mancher Unkenrufe von der Fehlplanung im sumpfigen Abseits ließ der Erfolg nicht auf sich warten. Die berühmten Zeichentrickfiguren erwiesen sich als unwiderstehlich. Tausende, Millionen Menschen kamen, wollten begeistert und verzaubert werden. Banker Dagobert Duck konnte sich freuen.

Aus dem Ödland südwestlich von Orlando ist in knapp drei Jahrzehnten das Zentrum einer Region geworden, die von mehr Touristen aus aller Welt besucht wird als jede andere auf dem Globus. Dabei sind die Grenzen noch lange nicht erreicht: Erst 1600 Hektar, ein Siebtel seines Besitzes hat das Disney-Management bisher erschlossen und bebaut. Weitere 2900 Hektar wurden zum Naturschutzgebiet erklärt.

Flächenreserven bleiben noch genügend – für die neuen Disney-MGM-Filmstudios, für einen Super-Wasserpark, für neue Disney-Hotels, Bungalowdörfer samt Restaurants, neue Läden, neue Unterhaltungsshows. Der totale Disney-Urlaub ist keine Utopie mehr. Man wohnt, ißt, trinkt, staunt, lacht, lernt und kauft komplett bei Disney und seinen Geschäftszweigen. Ein Staat im Staat entsteht, und die eigene Währung ist schon im Umlauf: Zahlen kann man mit dem »Disney-Dollar«, auf dessen Scheinen Mickymaus lacht. Rücktausch in US-Dollars ist jederzeit möglich, Aufheben als Souvenir natürlich auch – so wird ein Stück Papier für Disney zu barem Geld.

Walt Disney

Nach zwei ereignisreichen Disney-Tagen bleibt es schließlich der Mentalität des Besuchers überlassen zu beurteilen, was ihn nun mehr beeindruckt hat. Waren es die täuschend echten Plastikelefanten und Kautschukpiraten, die Puppenwelten und die Wissenschaftstrips in die Welt von morgen? Oder aber der wie geölt funktionierende Apparat Disney World selbst, dessen über 31000 Angestellte flink, freundlich und frisch gekämmt mit der Devise »Lächeln und positiv denken!« notfalls mit mehr als 148000 Besuchern am Tag (exakt so viele waren es am bisherigen Rekordtag, dem 29. Dezember 1986) strahlend fertig werden?

Die Fortentwicklung des Disney-Konzepts wird deutlicher und das Erlebnis eindrucksvoller, wenn man zunächst das **Magic Kingdom** besucht und sich das größere und futuristischere Epcot Center für den zweiten Tag aufhebt.

Gleich ein Tip vornweg für den Weg vom Kassenschalter zum Haupteingang des Magic Kingdom: Vor den Bahnsteigen der Monorail bilden sich schon am frühen Vormittag lange Warteschlangen. Schöner, erfrischender und nur wenig langsamer ist statt dessen die Schiffsfahrt über den großen See.

Der Haupteingang des »Magischen Königreichs« ist schon Teil der **Main Street USA**, einer nachgebildeten Straße aus dem Amerika des 19. Jahrhunderts mit verschnörkelten Holzveranden, Balkonen und Erkerchen, die uns aus den Wildwestfilmen so vertraut sind. Da gibt es ein Rathaus, neben dem oft Mickey und seine Freunde zum Erinnerungsfoto stillhalten, und eine Bank, Blumenmärkte in den Seitengassen und Kinos mit den Rennern der Stummfilmzeit. Hinter den Schwingtüren zum Saloon lauern allerdings keine stoppelbärtigen Raufbolde, sondern Verkäuferinnen inmitten von Souvenirs.

Die einzelnen Territorien des Königreichs, **Main Street, Adventureland, Frontierland, Fantasyland, Mickey's Birthdayland** und **Tomorrowland,** sind kreisförmig um das Cinderella Castle

Neue Fantasien der Disney-Planer: das 1990 eröffnete Swan Hotel

Main Street im Magic Kingdom

gruppiert. Dieses Märchenschloß, das gleich nach Mickey bekannteste Wahrzeichen Disneys, ist dem älteren Disneyland-Schloß in Kalifornien nachempfunden, das wiederum im bayerischen Neuschwanstein sein Vorbild hat. Eine Kopie der Kopie also.

Außer dem Schloß, vor dem am Spätnachmittag Cinderella und Mickey Autogrammstunde halten, sind noch weitere beliebte Disney-Klassiker von Kalifornien nach Florida verpflanzt worden. Die berühmte **Jungle Cruise** z. B., eine Bootssafari auf einem Dschungelfluß mit gar schrecklichen Raubtieren und wasserspritzenden Elefanten, mit trommelnden Buschmännern und wütenden Gorillas. Allesamt sind sie synthetisch, sehen aber beeindruckend echt aus.

Längere Wartezeiten lohnen sich auch für weitere Spitzenattraktionen: Bei den **Pirates of the Caribbean** treibt man langsam in Booten durch eine Seeschlacht, in der die Piraten eine Stadt einnehmen und brandschatzen. Besonders schön sind die kleinen (Plastik-)Details der zahnlosen, schmuddeligen Freibeuter, der kreischenden Möwen und brennenden Kerker. In **It's A Small World** im Fantasyland schaukelt man ebenfalls per Boot durch das Fantasiereich der Puppen. Die Melodie des beschwingten Liedchens, das die Reise begleitet, wird einen den restlichen Tag verfolgen. Ebenfalls im Fantasyland stellt man sich zur U-Bootfahrt **20000 Leagues Under the Sea** an, auf der man Korallenriffe und versunkene Städte bewundern kann. Und für Achterbahnfreunde mit starken Nerven wartet schließlich noch eine lohnende Attraktion im Tomorrowland: die Fahrt durch die Finsternis des **Space Mountain**.

Heiße Luft . . .

. . . und kühle Dusche

Neben diesen Hauptsehenswürdigkeiten fällt die Wahl schwer unter den kleineren Shows der verschiedene »Länder«. Vielleicht unternimmt man eine Kreuzfahrt mit dem Schaufelraddampfer um die Insel Tom Sawyers oder eine Raumfahrt zum Mars. Oder man klatscht beim **Country Bear Jamboree** den Takt beliebter amerikanischer Volkslieder mit, die von Bären und Elchen lustig inszeniert werden. Die Achterbahn **Big Thunder Mountain Railroad** nebenan ist geradezu rührend altmodisch, was aber perfekt zu der dortigen Umgebung aus Goldrausch-Pionierstolz paßt, deren Utensilien original aus Arizona importiert wurden. Im Geisterhaus **Haunted Mansion** wackeln – nicht allzu gruselig – die Grabsteine und tanzen die Geister in der spinnwebenverhangenen Schloßhalle.

Einige der Attraktionen, besonders im Fantasyland, sind ausschließlich für Kinder gedacht. Das bunte Holzpferdkarussell zum Beispiel, die wirbelnden Kaffeetassen oder die Karussellfahrt mit Dumbo, dem fliegenden Elefanten. Und die Floßfahrt zur Tom-Sawyer-Insel ist der Traum jedes Zehnjährigen. In **Mickey's Birthdayland** schließlich wird im Kreis der Zeichentrickfiguren 365 Tage im Jahr der 60. Geburtstag der berühmtesten Maus der Welt gefeiert. Mickey im Rentenalter.

Für alt und jung zu empfehlen sind die Transportmittel im Park, mit denen man sich bequem einen Überblick verschafft. Der nördliche Teil des Kingdom läßt sich beschaulich aus den Gondeln der **Skyway**-Seilbahn betrachten, von der aus sich im Morgenlicht auch gute Panoramafotos schießen lassen. Eine Oldtimer-Eisenbahn verbindet den Haupteingang mit dem Frontierland. Ihr moderner Nachfahre, die Monorail, gleitet auf einer schmalen Betonschiene auf Stelzen zu Sehenswürdigkeiten, Seen und den Haupteingängen von Magic Kingdom und Epcot Center, wo sie eine Besichtigungsrunde durch das Gelände dreht. Sie fährt in luftiger Höhe und fast lautlos vorüber am polynesischen Bungalowdorf, dem neuen »Kolonialhotel« Grand Floridian und sogar mitten durch die Lobby des als gigantisches Beton-A gebauten Contemporary Resort Hotels.

So vergeht der Tag mit Fahren und Staunen, mit Eisschlecken und Schlangestehen. Spätabends, nach bombastischem Feuerwerk und eindrucksvoller Lichterparade, in der viele der Disney-Figuren aus Filmen und Comics mitwirken, wankt man dann müde die Main Street hinab zum Ausgang. Und holt sich noch ein letztes Lächeln vom Türsteher der Monorail: »Come back soon.«

Per Schnellzug ins Hotelbett: Lobby des Contemporary Resort Hotels

10 **Perfekte Zukunftsmusik und Klischees aus Plastik:** Epcot Center

Die »Welt« von Walt Disney ist seit 1982 um einen Planeten reicher. Der rastlose Planer entwarf bereits in den frühen 60er Jahren die Idee der »**E**xperimental **P**rototype **C**ommunity **o**f **T**omorrow«, einer beispielhaften Zukunftsstadt für rund 2000 Menschen. Nach Disneys Tod 1966 verwässerte der neue Führungsstab dieses Konzept zum Vergnügungspark. Epcot wurde zu einer Art dauerhafter Weltausstellung, die in der **Future World** sehr optimistisch und blitzblank die technischen Leistungen der Menschheit und von Zukunftsforschern vorhergesagte Entwicklungen zeigt. Im zweiten Bereich des Geländes sollen im **World Showcase** elf »Dörfer« die Architektur und Kultur verschiedener Nationen vorstellen und freundliche Nachbarschaft symbolisieren. Die Lage rings um einen kleinen See ist sehr hübsch, doch werden oft nur vage Klischees über die einzelnen Länder vermittelt.

Astronautenmaus mit irdischen Verehrern

Epcot Center, das mehr als doppelt so weitläufig wie das Magic Kingdom ist, liegt ein paar von grüner Parklandschaft begleitete Monorail-Minuten östlich von Mickeys Königreich. Von seiner Größe sollte man sich nicht schrecken lassen. Die Transportsysteme in den Shows der »Welt der Zukunft« sind rascher und moderner als die im Magic Kingdom. Man sieht mehr in kürzerer Zeit; die Warteschlangen bewegen sich zügig voran.

Vor allem wird deutlich, daß das Epcot Center elf Jahre jünger ist – elf Jahre, in denen Vergnügungsplaner viel hinzugelernt haben. Hier muß man nicht 40 Minuten auf ein kleines U-Boot warten, sondern kann fortlaufend zusteigen zu nonstop, aber langsam fahrenden Expeditionszügen in neue Wissensdimensionen.

Mickey, Minnie und Pluto halten sich merklich zurück in der Zukunftswelt.

Zwar läßt sich die lustige Löffelohrenmaus im angemessenen Astronautenanzug gern auf dem Epcot-Hauptplatz mit den Kindern fotografieren, im großen und ganzen paßt aber der Zeichentrickheld wohl besser in eine Welt von gestern als in die von morgen. Deshalb findet der Geburtstagsrummel in Mickey's Birthdayland ja auch nebenan, im Magic Kingdom, statt.

Sichtbar aber wird in Epcots Zukunftswelt der Einfluß der Sponsoren aus der Großindustrie. Findig, wie die Disney-Manager nun mal sind, hat sich der Vergnügungskonzern kräftig unter die Arme greifen lassen. Die Telefongesellschaft AT&T präsentiert die Kommunikation der Zukunft, der Erdölmulti Exxon zeigt eine gigantische Multimediashow zum Thema Energie. So geht das munter weiter – bis hin zum Zwinger für die Aufbewahrung von Besucherhunden: »Presented by Gaines Foods, Inc.«

Zur Vermeidung von Besucherstaus empfiehlt die Parkleitung, sich von den Wundern der Future World erst am Nachmittag berauschen zu lassen und gleich morgens den World Showcase zu besuchen, denn die meisten Besucher tun das Gegenteil, heißt es in der Empfehlung. Also gleich an der großen Silberkugel, Epcots weithin sichtbarem Wahrzeichen, vorbei und in den Hintergarten am großen See, zu den Dörfern Chinas, Frankreichs und Marokkos?

Nein, die Reise durchs Innere des metallenen Globus sollte man gleich zu Anfang machen und erst danach dem offiziellen Ratschlag folgen. **Spaceship Earth,** das Raumschiff Erde, ist die beste Ouvertüre und vermittelt einen der nachhaltigsten Eindrücke während der zwei Disney-Tage. Von der Steinzeit bis ins High-Tech-Zeitalter fliegen 40000 Jahre Weltgeschichte an einem vorüber – ein

Raumschiff Erde im Epcot Center

Zeitraffer im Extrem. Von der Erfindung des Rades, der Entwicklung von Sprache und Schrift, den Leistungen der Elektronik bis zum Sprung zu neuen Planeten wird alles zum Greifen nahe – in kleinen Details auch sehr humorvoll – und lebensecht dargestellt. Die perfekte Technik macht Staunen; Lasereffekte, Hologramme und elektronisch gesteuerten Lichtshows lassen die Augen nicht zur Ruhe kommen.

Ein zusätzlicher Vorteil, wenn man die Epcot-Erkundung im Spaceship Earth beginnt: Man landet zum Schluß in einer Halle, der **Earth Station,** in der man mittels mehrerer Bildschirme und Gegensprechanlagen die Reservierung für das Abendessen in einem der Restaurants des World Showcase tätigen kann – und auch unbedingt sollte. Denn wer erst nachmittags merkt, daß er lieber in Norwegen als in Japan zu Abend essen mag, kann Pech haben.

Je nach Knopfdruck erscheint entweder Mandy aus England, Giorgio aus Italien oder Juanita aus Mexiko auf dem Bildschirm und fragt – zum Glück auf Englisch –, ob 18.45 Uhr oder 19.30 Uhr angenehm wäre, weil 19 Uhr schon ausgebucht sei. Man entscheidet sich, nennt Namen und Personenzahl und wird gebeten, pünktlich zu erscheinen: »Thank you.« Ganz Heimattreue oder Norddeutsche, die in Florida zum erstenmal Schuhplattler sehen wollen, können auch bei Holger oder Ann-Christin reservieren, denn natürlich ist auch die Bundesrepublik Deutschland mitsamt Biergarten im **World Showcase** vertreten.

Dorthin geht es nun für den übrigen Vormittag. Linker Hand ragt die Mayapyramide Mexikos auf, gefolgt von norwegischer Stabkirche und chinesischem Himmelstempel. Jedes »Dorf« besteht aus mehreren Gebäuden im traditionellen Baustil des Landes, in denen Ausstellungen oder Filme gezeigt werden. Das Potpourri aus Formen und Farben spiegelt deutlich wider, wie sich die Amerikaner das fremde Land vorstellen. Alles ist lobenswert detailgenau: die Verzierungen an den Plastikwänden, die Maserung des Kunstholzes. Wirklich authentische Repräsentanten ihrer Länder sind aber nur die Verkäufer und Hostessen – und die Souvenirs.

Venedig – made in Florida

Auch in »Deutschland«, das als nächstes im Länderrund folgt, ist nicht alles echt. Die »Lederhosen« von Holger sind aus dünnem, atmungsaktivem Stoff – wegen der Floridahitze. Im bayerischen Biergarten gibt es Bier aus Bremen, die Blasmusikanten mit Filzhut und Alpentracht sind Amerikaner. Holger und Ann-Christin allerdings kommen »really from Germany«, wie sie den unermüdlich fragenden Amerikanern vor dem Erinnerungsfoto immer wieder bestätigen müssen. Sie verkaufen *Pretzels,* Bier und Schweinebraten, wischen die Tische und kriegen dafür pro Stunde einen Dollar mehr als den gesetzlichen Mindestlohn, nämlich genau 4,85 Dollar.

Wie man sich alpenländisch kleidet und bierseligen Amerikanern die richtige Aussprache von »Oans, zwoa, gsuffa« nach dem »Prosit der Gemütlichkeit« beibringt, haben die beiden jungen Deutschen erst in Florida lernen müssen. Denn Holger stammt aus Flensburg und Ann-Christin aus Wuppertal. Beworben für den »unheimlich harten« Job hatten sie sich bei der Zentralstelle für Arbeitsvermittlung in Frankfurt. Eine Disney-Delegierte führte das Auswahlgespräch, das vor allem »die sympathische, saubere und optimistische Ausstrahlung, die zum Disney-Image passen muß,« feststellen sollte. Der Arbeitsvertrag läuft ein Jahr , aber »viele steigen vorher aus, weil ihnen die Arbeitsbedingungen zu hart sind«.

Wen es auf seiner Floridareise nicht unbedingt zu Teddybären, Schmitts Weinkeller, Leibnizkeksen und Kuckucksuhren zieht, der findet sich schon wenige Meter weiter am venezianischen Markusplatz wieder, wo ein vielbeklatschtes Straßentheater zum Mitspielen einlädt. Und nebenan gratuliert sich Amerika selbst: Benjamin Franklin und Mark Twain unternehmen mit den Zuschauern einen eindrucksvollen Rundgang durch die (natürlich glanzvolle) Geschichte der USA, der die patriotischen Einheimischen zu Ovationen hinreißt.

Danach führt der Weltenbummel weiter nach Japan, das durch eine Pagode, Bonsaigärten und eine hübsche Ausstellung über Drachen vertreten ist. Von dort sind es nur ein paar Schritte durch Marokko zum Pariser Eiffelturm. Frankreichs Loire-Schlösser werden im großen Kino gefeiert und von klassischer Musik untermalt. Die schmale »Altstadt«-Gasse Großbritannien besteht nur aus Läden, einem Restaurant und einem Pub; keine Show. Nebenan in Kanada kann man dafür die Naturschönheit des Nordens Amerikas im riesigen Rundkino erleben.

Wirklich bombastisch wirkt dieses Weltpanorama am Abend, wenn es über der Spiegelfläche des Sees in einem wahren Farben- und Funkenmeer aus Feuerwerk, Lichterketten und Lasershows erstrahlt. **IllumiNations** nennt sich das Spektakel, zu dem man sich spätestens eine Viertelstunde vor Beginn am Ufer nahe dem Eingang einfinden sollte.

Nach der »Reise um die Welt in vier Stunden« macht man sich am Nachmittag auf zur **Future World.** Wirklich herausragende Themenpavillons sind hier **The Land**, das die Vegetationszonen der Welt und zukünftige Landwirtschaftstechnologien vorstellt, und **The Living Seas** mit einem Meer hinter Glas samt Haien und Tausenden von Meeresbewohnern. Auf verschiedenen Ebenen kann man diesen größten Wassertank der Welt mit fast 22 Millionen Ozeanlitern betrachten, unter anderem von einem Unterwasser-Restaurant. Im **Universe of Energy** reist man durch die von Dinosauriern bevölkerte Urzeit, wobei die Wagen ganz fortschrittlich von Solarenergie angetrieben werden. **Horizons** eröffnet einen interessanten Blick in das 21. Jahrhundert: Wie könnten unsere Lebens- und Arbeitsbedingungen dann aussehen? Der neue Pavillon, **Wonders of Life,** schließlich führt den Besucher in die Adern eines menschlichen Organismus, wo man spannende und lehrreiche Kämpfe gegen angreifende Bakterien zu bestehen hat.

Warme Pretzels und kühle Lederhosen – der deutsche Beitrag zum World Showcase

Die optimistische Vorstellung einer heilen Welt heute und im nächsten Jahrhundert ist im Epcot Center ein wiederkehrendes Grundthema. Und noch nie war eine Nation so stolz auf ihre Leistungen wie die Amerikaner heute. Wer mag da widersprechen?

11. Tag – Route: Orlando – St. Augustine (180 km)

km/M	***Zeit***	***Route***
0	9.00 Uhr	Abfahrt von Orlando auf I–4 North, danach auf I–95 weiter nach Norden
170/106	11.30 Uhr	St. Augustine, kurzer Einkauf und dann Fahrt zum **Anastasia State Park**, Picknick und Strandaufenthalt
	ca. 15 Uhr	**St. Augustine Alligator Farm**
180/112	ca. 17 Uhr	zum Hotel, danach Abendessen und Bummel in der Altstadt von **St. Augustine**

Alternativroute / Abstecher:

Eine interessante Tagestour für Naturfreunde und Kanufahrer ist der Weg durch den **Ocala National Forest**: man fährt über US 441 und SR 19 nach Norden bis Palatka und auf SR 207 nach St. Augustine (insgesamt 210 km). Besonders lohnenswert ist auf dieser Route ein Aufenthalt bei den naturbelassenen Quellen **Juniper Springs** (an der SR 40) zum Baden, Wandern oder zu einer mehrstündigen Kanufahrt auf dem dschungelartigen Juniper River; Reservierung eines Mietkanus unter Tel. (904) 625–2808.

11. Tag – Informationen

Anastasia State Recreation Area
5 km südl. von St. Augustine an SR A1A
Tel. (904) 471–3033
Breiter Sandstrand mit schönen Sanddünen; Naturpfad, Campingplatz. Geringe Eintrittsgebühr. In der Lagune hinter den Dünen kann man gut Surfen (Vermietung von Surfbrettern an der alten Tankstelle nahe der Abzweigung von der SR A1A).

Alligator Farm
SR A1A South
St. Augustine
Tel. (904) 824–3337
Tägl. 9–17 Uhr, im Sommer bis 18 Uhr. Erwachsene $ 6.95, Kinder $ 4.95.
Zahlreiche Alligatoren und Krokodile, teilweise in natürlicher Umgebung; Schlangenausstellung, Vögel und andere Tiere Floridas; Tiervorführungen.

Columbia
98 St. George St.
St. Augustine
Tel. (904) 824–3341
Paella und andere spanische Genüsse in den historischen Mauern der Altstadt; tägl. frische Krabben, Muscheln und Fische. Am Sonntag ausgezeichneter Brunch. $$

Conch House Restaurant
57 Comares Ave.
St. Augustine
Tel. (904) 829–8646
Frischer Fisch und guter Conch Chowder; schöne Lage in kleinen Stelzenhütten über dem Wasser. $$

The Monk's Vineyard
56 St. George St.
St. Augustine, Tel. (904) 824–5888

Altstadt von St. Augustine

11. Tag – Informationen

Bei Kerzenlicht und gregorianischen Chorälen servieren die Mönch-Kellner Steaks und Fischgerichte, um den Amerikanern altspanisches Klosterambiente vorzugaukeln. Das Essen ist trotzdem gut. $$

Scarlett O'Hara
70 Hypolita St.
St. Augustine
Nette Bar für einen späten Drink im alten Holzhaus mit Schaukelstühlen auf der Veranda und Gartenteil; drinnen machen Folk-Sänger Stimmung und an der Theke drängen sich die *locals*.

Ponce de León Resort
P.O. Box 98
Ponce de León Blvd. North
St. Augustine, FL 32085
Tel. (904) 824–2821, in Florida (800) 228–2821
Großzügig angelegtes Ferienhotel mit schönen Gartenanlagen und einem der ältesten und schönsten Golfplätze Floridas (auch spezielle Golfurlaub-Arrangements). Einige Tage im voraus reservieren. $$

Kenwood Inn
38 Marine St.
St. Augustine, FL 32084
Tel. (904) 824–2116
Historischer Bed&Breakfast Inn in der Altstadt, 15 Zimmer, Pool; einige Tage im voraus reservieren. $$

Best Western Historical Inn
2015 N. Ponce de León Blvd.
St. Augustine, FL 32084
Tel. (904) 829–9088 oder (800) 528–1234
Modernes Motel am Nordrand des historischen Distrikts. $–$$

Days Inn Downtown
2800 Ponce De León Blvd.
St. Augustine, FL 32084
Tel. (904) 829–6581 oder (800) 325–2525
Preiswertes, sauberes Motel am Stadtrand, Pool. $

St. Augustine Beach KOA
525 W. Pope Rd.
St. Augustine Beach
Tel. (904) 471–3113
Gepflegter Privatcampingplatz in Strandnähe, Pool.

Anastasia State Recreation Area (s. o.)

Ocean Grove Camp Resort
4225 A1A South
St. Augustine Beach
Tel. (904) 471–3414
Großer Privatcampingplatz am Meer südlich der Stadt, Pool.

Weitere Informationen (Feste):

St. Augustine veranstaltet alljährlich ein großes **Osterfest** (Segnung der Fischereiflotte am Palmsonntag) mit Passionsspiel, Kunsthandwerksmesse und Osterparade. Am dritten Samstag im Juni wird die spanische Zeit bei einer nächtlichen **Kerzenprozession** lebendig. Die spanischen Anfänge der Stadt werden Mitte August bei der **Days in Spain Fiesta** und am 8.Sept. bei der nachgestellten Landung Ponce de Leons gefeiert. Im Dezember schmückt sich die ganze Stadt weihnachtlich und hält große Umzüge ab. Genaueres beim **Information Center** nahe dem alten Stadttor oder bei:

St. Augustine Chamber of Commerce
Riberia St. 1
St. Augustine, FL 32084
Tel. (904) 829–5681

Reptilien und Romantik. Von Orlando nach St. Augustine

Nach zwei Tagen in der Plastikwelt der Vergnügungsparks ist es an der Zeit, wieder echte Erde – besser noch Sand – unter die Füße zu bekommen. Das kurze Stück Seenland zwischen Orlando und der Atlantikküste läßt sich in schneller Autobahnfahrt auf der I–4 überwinden.

Plantagen und neue Winterwohnsiedlungen prägen zunächst noch das Bild der sattgrünen Landschaft. Dazwischen blitzen kleine Seen auf. Dann weitet sich das Panorama, Ranchland und Pinienhaine reichen bis zum Horizont. Erst draußen nahe der Küste bei Daytona Beach nimmt die Besiedlung wieder zu.

Diese ländliche Region und vor allem die großen Waldgebiete weiter nördlich sind die Heimat der »Cracker«, der schon fast legendären weißen »Ureinwohner« Floridas. Die Cracker waren die ersten US-amerikanischen Siedler in den Sümpfen und Pinienwäldern Nordfloridas. Sie versuchten kleine Farmen auf der mageren Bodenkrume anzulegen, blieben aber

Nachgestellte Geschichte: Die Landung von Ponce de León in Florida

meist bettelarm und lebten von zerstoßenem *(cracked)* Mais. Daher vermutlich ihr Name.

Daß die ersten »zivilisierten« Reisenden auf diese ursprünglichen Pioniere mit Verachtung herabsahen, wird aus einem Reiseführer für Florida aus dem Jahr 1882 deutlich: »Die ganze Tagesreise ging durch unbesiedeltes Gebiet; die einzigen menschlichen Wesen, die an der Straße lebten, waren vier oder fünf Familien von Eingeborenen Floridas, echte, unverwässerte Cracker – von der lehmfressenden, hageren, blassen und käsigen, lederhäutigen Sorte – dumm, stur, die gaffenden Augen tot und glanzlos; ungekämmtes Haar von undefinierbarer Farbe; und solch unbeholfene, schlampige Manieren! Einfach weiße Wilde ...«

Angeblich soll es noch einige dieser »Hinterwäldler« in Nordflorida geben. Der Begriff Cracker wird bis heute oft humorvoll für die hier geborenen Bewohner des Staates gebraucht, die mit nur rund 30 Prozent der Gesamtbevölkerung eindeutig in der Minorität sind. Diese »einheimischen« Floridianer leben vorwiegend in Nordflorida, das schon lange vor der Erfindung der Klimaanlage und der Sonnencreme besiedelt wurde. Richtige historische Fleckchen kann man dort finden. Zum Beispiel die hübsche Hafenstadt St. Augustine, die sich rühmt, die älteste Siedlung der USA zu sein.

Anastasia Island heißt die langgestreckte Insel, die dem Hafen vorgelagert ist. Irgendwo an diesem Küstenstreifen betrat der spanische Konquistador Ponce de León 1513 Floridas Boden. In schimmernder Rüstung und schwarzen Samthosen kniete er nieder, um gleich anschließend das Territorium und all seine

Strandfreuden am Anastasia Beach

Silberreiher am Strand von St. Augustine

Schätze für seinen König zu beanspruchen. Aber er fand auf dem neuen Kontinent nur Dünen, dorniges Buschwerk und unfreundliche Indianer, nicht das erhoffte Gold. Und schon gar nicht den sagenhaften Jungbrunnen, den er angeblich suchte.

St. Augustine wurde 1565 von den Spaniern gegründet. Später legten sie auf der Insel Steinbrüche an. Aus dem Muschelfelsen, *coquina* genannt, schlugen sie Steine für die Befestigungsanlagen dieses Außenpostens des spanischen Imperiums. Und Wehranlagen waren nötig, denn immer wieder tauchten im 17. und 18. Jahrhundert Piraten und englische Kriegsschiffe vor der Küste auf und belagerten das Städtchen. Ihr Ziel war natürlich weniger das arme St. Augustine, als vielmehr die spanischen Schatzgaleonen auf ihrem Weg von Mittelamerika nach Europa, für die dieser Hafen ein wichtiger Fluchtpunkt war.

Der Golfstrom, der St.Augustine und der Nordküste Floridas angenehme Wassertemperaturen beschert, bestimmte die Route der Segler. Dicht unter der Küste führt diese große Meeresströmung von der Südspitze Floridas nach Norden und schwenkt dann hinaus in den Nordatlantik. Dabei erreicht er eine Geschwindigkeit von bis zu 1,8 Meter pro Sekunde – für die Kapitäne eine willkommene Beschleunigung ihrer Heimreise. Nach Süden, in die andere Richtung, zu fahren, war für die Galeonen schwierig, weil die Strömung sie oft schneller zurücktrieb, als sie die Segel vorwärts brachten.

Die starke Strömung braucht jedoch die Schwimmer am Strand von Anastasia Island nicht zu schrecken – solange sie sich nicht einige Kilometer vom Land entfernen. Dafür besitzt das nur ganz langsam abfallende Ufer eine andere interessante Eigenart: Der feuchte Sand an der breiten Flutlinie ist so fest, daß man mit dem Auto darauf fahren kann, Platz ist genügend da. Ein seltsames Gefühl: Vor den niederen Dünen endet plötzlich der Teer; ein paar Meter weicher, fließender Sand, dann fährt man mit kribbelndem Gefühl im Nacken auf dem brettharten Strand weiter – ganz dicht und ungeschützt entlang der Wellen. Das Schild mit der Geschwindigkeitsbegrenzung »10 Miles« steht etwas deplaziert im Wasser. Man sucht sich ein schönes Fleckchen in den Dünen, parkt den Wagen und schwimmt praktisch von der Autotür aus los.

Nach einer ausgiebigen Badepause kann man sich weiter auf Anastasia Island umsehen. Die schon 1893 gegründete St. Augustine Alligator Farm liegt gleich gegenüber dem Eingang des State Parks. In zahlreichen Gehegen gibt es dort Krokodile, Alligatoren und andere Reptilien aus allen Teilen der Welt zu bestaunen. Sogar ein Paar der seltenen und vom Aussterben bedrohten chinesischen Krokodile liegt träge in seinem schattigen Gefängnis. Das Forschungsteam des Parks will versuchen, sie zur Fortpflanzung zu bewegen, was ihnen schon bei zahlreichen anderen seltenen Arten gelang.

Besonders eindrucksvoll ist der Spaziergang über den Teich der amerikanischen Alligatoren. Dieser Teil der Anlage wurde im Naturzustand belassen, nur ein schmaler Holzsteg führt über das brackige Sumpfwasser. Darunter treiben die Panzerechsen wie grünbemooste Baumstämme. In den Bäumen über dem ungesunden Swimmingpool haben sich Seidenreiher und Schneereiher häuslich niedergelassen – ihre Nester sind dank der wachsamen Alligatoren vor jedem Räuber sicher.

Auf menschliche Ringkämpfe mit den Alligatoren, die in den letzten Jahren in Floridas Vergnügungsparks sehr beliebt waren, wird in St. Augustine neuerdings ganz bewußt verzichtet, weil es die gepanzerten Tiere psychisch zu sehr streßt. Gefährlich waren die Vorführungen ohnehin nicht allzu sehr, da die Alligatortrainer die Tricks kannten. Die *gators* haben zwar eine enorme Kraft, um ihre Kinnladen zu schließen, aber sie besitzen nur schwache Muskeln, um das Maul zu öffnen. Ein Mensch kann die zähnestarrenden Kiefer mühelos mit einer Hand zuhalten.

Am späten Nachmittag fährt man schließlich hinüber in die historische Altstadt von St. Augustine. Der touristische Rummel hat zu dieser Tageszeit schon etwas nachgelassen. Die restaurierte St. George Street in der ehemaligen spanischen Hauptstadt Floridas ist besonders am Abend romantisch, wenn nur wenige Laternen die Mauern und Höfe erhellen und man würde sich nicht wundern, wenn ein hellebardentragender Nachtwächter um die nächste Ecke biegen würde.

Im maurischen Stil: das ehemalige Cordova Hotel in St. Augustine

12. Tag – Route: St. Augustine – Daytona Beach (105 km)

km/M	***Zeit***	***Route***
	Vormittag	Rundgang in der **Altstadt**; St. George Street und Spanish Quarter, Flagler College und Oldest Store Museum; danach Mittagspause
0	14.00 Uhr	Abfahrt auf SR A1A nach Süden
80/50	15.30 Uhr	**Daytona Beach**; vom Nordende der Stadt ab der Kreuzung mit SR 40 Fahrt auf dem Strand bis zum Pier an der Main St., kurzer Aufenthalt, dann Fahrt auf Atlantic Ave. nach Süden
105/65	17.30 Uhr	**Lighthouse Point Park**, Ponce Inlet

Abstecher:

Historisch interessierte Besucher sollten am Hafen in der Altstadt von St. Augustine das restaurierte **Castillo de San Marcos National Monument** besuchen, eine große spanische Festungsanlage, erbaut 1672–1695; schöner Blick über die Stadt und den Hafen. Weitere Ausstellungen über die Geschichte von St.Augustine findet man im **Oldest House Museum**, 14 St. Francis Street.
Etwa 25 km südlich von St.Augustine liegt auf einer kleinen Insel im Matanzas River das **Fort Matanzas National Monument**, Schauplatz eines Massakers der Spanier an gefangenen Franzosen 1565 und Wehranlage aus dem 18. Jahrhundert; Fährverbindung von der SR A1A.

12. Tag – Informationen

Spanish Quarter
29 St. George St.
St. Augustine
Tel. (904) 825–6830
Tägl. 9–17 Uhr, Eintritt $ 3.50.
Ein rundes Dutzend originalgetreu restaurierter Gebäude aus der frühen Kolonialzeit von St. Augustine; die zeitgenössisch kostümierten »Bewohner« erläutern recht anschaulich die Frühzeit der Stadt.

Oldest Store Museum
4 Artillery Lane
St. Augustine
Tel. (904) 829–9729
Tägl. 9–17 Uhr, So ab 12 Uhr. Erwachsene $ 3, Kinder $ 1.50.
Originaler Laden aus der Zeit der Jahrhundertwende mit hübschen Ausstellungen alter Waren.

Für das **Mittagessen** gibt es zahlreiche kleine Restaurants und Cafés im historischen Distrikt, die preiswerte Tagesgerichte servieren.

Spanish Quarter Cafe
33 St.George St.
St. Augustine
Eiscreme, gefrorener Joghurt und andere kühlende Leckereien. Besonders zu empfehlen: ein *float* aus Zitroneneis und Sprite. $

Chimes Restaurant
12 Avenida Menendez
St. Augustine
Frischer Fisch von der Tageskarte und ein schöner Blick über die Bucht von der Veranda im ersten Stock. $–$$

Lighthouse Point Park
Ponce Inlet
Kleiner Strandpark am Südende der Halbinsel an der SR A1A; Lehrpfade durch Dünen und Wäldchen um den über 100 Jahre alten Leuchtturm.

North Turn Restaurant
4511 S. Atlantic Ave.
Ponce Inlet, Tel. (904) 760–6467
Fisch- und Steaklokal an der ehemaligen Rennpiste am Strand südlich von Daytona Beach; große Terrasse. $$

12. Tag – Informationen

Down The Hatch
Timmons Fish Camp, Ponce Inlet
Tel. (904) 761–4831
Restaurant an einem der kleinen Häfen am Halifax River, Fisch, Muscheln und andere Tagesgerichte. $$

Ocean Deck
127 S. Ocean Ave.
Daytona Beach
Große Strandbar direkt im Zentrum, die Hausband spielt ab 21 Uhr Reggaemusik für Studenten und *beach freaks*.

Sheraton Inn
3161 S. Atlantic Ave.
Daytona Beach, FL 32118
Tel. (904) 761–2335
Großes Luxushotel am Strand im südlichen Teil der Stadt; Restaurant, Pool. $$–$$$

Best Western Mayan Inn
103 S. Ocean Ave.
Daytona Beach, FL 32118
Tel. (904) 252–0584 und (800) 528–1234
Im Zentrum der *action* direkt am Strand; während der Uni-Ferien (im Frühjahr) ein Partyhotel, sonst ruhiger. $$–$$$

Days Inn South
3209 S. Atlantic Ave.
Daytona Beach, FL 32118
Tel. (904) 761–2050
Einfaches Hotel in Strandlage am ruhigeren Südende der Stadt. $$

Beverly Beach Camptown
Flagler Beach, FL 32136
Tel. (904) 439–3111
Direkt am Atlantik gelegener Privat-Campingplatz etwa 20 Min. nördlich von Daytona am Hwy. A1A.

Nova Family Campground
1190 Herbert St.
Daytona Beach, FL 32119
Tel. (904) 767–0095
Ruhiger Campingplatz, etwa 15 Fahrminuten vom Strand, Pool.

Weitere Informationen (Feste):

Daytona Beach veranstaltet über das Jahr verteilt mehrere große Auto- und Motorradrennen, z. B. das *Goody's 300* und das *Daytona 500* Anfang Februar oder den großen Motorradtreff Anfang März mit dem *Daytona Supercross* und dem *Daytona 200*. Im Beiprogramm Popkonzerte und andere Strandveranstaltungen.
Die genauen Termine der Veranstaltungen sowie weitere Infos über Daytona Beach:

Destination Daytona
126 E. Orange Ave.
Daytona Beach, FL 32114
Tel. (904) 255–0415

Heiße Öfen beim Motorrad-Treff

Kontrastprogramm: St. Augustine und Daytona Beach

St. Augustine – die älteste Stadt Amerikas: Sie hat spanisches Flair und liebenswerten Kleinstadtcharakter.

Seit man dies nach dem Zweiten Weltkrieg (wieder)entdeckt hat, lebt das Städtchen ganz gut von seinem Nimbus. In den letzten Jahrzehnten hat man zahlreiche alte Häuser restauriert und in der Altstadt eine Fußgängerzone geschaffen. Schlechterdings alles ist hier »das älteste«: das Schulhaus, der Laden, das älteste Haus überhaupt. Die in punkto Geschichte nachhilfebedürftigen Amerikaner lieben so etwas und lassen sich per Tram und Bus von einem »ältesten« zum nächsten karren. Aber auch ohne sich dem Superlativwahn der Führer auszusetzen, wird man beim gemütlichen Bummel genügend Beschaulich-Historisches in vielen hübschen Details entdecken.

St. Augustine begann mit einem Blutbad. Pedro Menendez sollte im Auftrag seines Königs 1565 eine Konkurrenzkolonie von französischen Hugenotten in Nordflorida aufspüren und eine spanische Siedlung gründen. Er fand die Franzosen und massakrierte kaltblütig Soldaten und Siedler. Nachdem auf diese bestialische Weise der Besitzanspruch demonstriert worden war, konnte eine eigene Kolonie gegründet werden. Hurrikane, Engländer und Piraten bestimmten das Geschick der jungen Hauptstadt Floridas in den nächsten beiden Jahrhunderten. Sir Francis Drake brandschatzte die Siedlung 1586, der Pirat John Davis 1668. Daraufhin wurde ein mächtiges Fort zum Schutz der Stadt angelegt. Eine sinnvolle Investition, wie sich zu Anfang des 18. Jahrhunderts herausstellte, denn nun häuften sich die Attacken der Engländer und der wehrhaften Kolonisten aus Carolina.

1763 zogen die englischen Truppen offiziell in St. Augustine ein, Florida wurde britisch – aber nur für zwanzig Jahre, denn nach dem amerikanischen Unabhängigkeitskrieg erhielt Spanien es zurück. Nachdem 1821 das Sternenbanner über St. Augustine aufgezogen und der

St. George Street in St. Augustine um die Jahrhundertwende

Regierungssitz nach Tallahassee verlegt worden war, fiel das Städtchen in einen Dornröschenschlaf. Der Prinz, der es wachküssen sollte, kam erst 1885: Henry M.Flagler, ein schwerreicher Öl- und Eisenbahnmagnat, verbrachte seine Flitterwochen in St.Augustine. Er erkannte sofort das Potential der Strände und des milden Klimas. Eine Eisenbahn mußte her und Hotels, um die Stadt zum Winterkurort auszubauen. 1888 eröffnete er das erste seiner drei Hotels am Ort, und in den folgenden Wintern strömten Präsidenten und Millionäre zu den glitzernden Bällen der Wintersaison in St. Augustine.

Doch unglücklicherweise zog es Flagler bald weiter nach Süden, nach Palm Beach, Miami und schließlich Key West. Und mit ihm zogen die Winterurlauber davon. Ein neuer Dornröschenschlaf übermannte die Stadt, und da sich Märchen selten wiederholen, riß kein fescher Prinz mehr die Rosenhecke nieder, sondern nur noch ein paar Touristen, die aber kaum am alten Zauber rütteln konnten.

Die meisten Besucher Floridas fliegen direkt in den Süden, und nur wer sich Zeit nimmt, stolpert über das historische Kleinod an der Nordostküste.

Den Stadtrundgang sollte man früh beginnen, dann ist es noch kühl in den Gassen und die Parkplätze sind leer. Der Ausgangspunkt ist das Stadttor, ein Überbleibsel der 1704 begonnenen Stadtbefestigung. Dahinter liegt die St. George Street, das Rückgrat der spanischen Siedlung. Fast alle der vielfach noch aus dem 18. Jahrhundert stammenden Häuser

Alte Pracht: das Cordova Hotel um 1900

Das frühere Alcazar Hotel ist heute Kunstmuseum

wurden mittlerweile restauriert und geben das Bild der spanischen Garnisonstadt wieder.

Den besten Eindruck vom damaligen Leben bietet ein Besuch im Spanish Quarter, wo man sich 250 Jahre zurückversetzt fühlt. In den sieben Gebäuden des Freilichtmuseums spielen die »Bewohner« das recht einfache Leben der Soldaten und ihrer Familien eindrucksvoll nach. Während seine Frau draußen im Gärtchen das Gemüse erntet, beschwert sich der »einfache Gefreite« Pedro über die magere Bezahlung und erläutert, warum sein rauhes, knielanges Hemd aus Sackleinen so praktisch ist: Tagsüber stopft man es einfach in die Hose, abends läßt er es herunter – schon ist es ein Nachthemd. Mit großen Eisenkesseln und –pfannen wird in der Küche hantiert, die Frauen weben den Stoff für die Kleidung ihrer Familie – man erkennt: das Leben in einem abgeschiedenen Außenposten des Imperiums war nicht einfach.

Dann spaziert man weiter die von Kunstgewerbeläden und Restaurants gesäumte St. George Street entlang. An manchen der Häuser sind alte, holzvergitterte Fenster zu sehen; sie ragen oft ein Stück in die Straße hinein, damit die früher dahintersitzenden Frauen beim Nähen die Gasse überblicken konnten. Die 1797 erbaute Kathedrale von St. Augustine linker Hand an der Cathedral Street ist, wie könnte es anders sein, der Sitz der ältesten Pfarrei Amerikas.

Vor der Kirche liegt die alte, schön umgrünte Plaza der Stadt. Geht man hier nach Westen, so überspringt man 200 Jahre Geschichte. Denn dort wartet der Beginn des 20. Jahrhunderts. Der kleine Park an der King Street, nur einen Straßenzug weiter, wird von den drei Hotels Henry Flaglers umrahmt. Das weitläufige

Ponce de León Hotel im spanischen Renaissancestil ist heute Flagler College, vor dem die Statue des Gründers auf den Besucher herabblickt. Das Tor der Universität ist meist geöffnet, und man sollte sich die Gärten im Innenhof ansehen. Die Eingangshalle des einstigen Luxushotels ist mit sehr schönen Holzschnitzereien verziert. Im ehemaligen Cordova Hotel im maurischen Stil ist auf der Ostseite des Platzes das Gericht der Stadt untergebracht. Im einstigen Alcazar Hotel nebenan kann man die monumentalen Barockkunstwerke der Sammlung Lightner bewundern.

In der schmalen Gasse hinter dem Cordova Hotel eröffnet sich ein weiterer Blick in die Zeit der Jahrhundertwende: im Oldest Store Museum – ein überdimensionaler Tante-Emma-Laden, in dem die Farmer einst ihre Pflugscharen und die ersten Touristen ihre Postkarten kauften. Besonders hübsch und farbenfroh sind die Aufdrucke der alten Dosen, Tüten und Kisten.

Über die Charlotte Street, die parallel zur St.George Street verläuft, geht man in Richtung Norden zurück. Am Ende der Straße thront auf einem grünen Hügel das Castillo de San Marcos, die zwischen 1672 und 1695 erbaute sternförmige Festung der Stadt. Der auf Anastasia Island gebrochene Coquina-Kalkstein, aus dem auch die meisten der alten Häuser gebaut sind, erwies sich im Kriegsfall als äußerst praktisch. Die feindlichen Kanonenkugeln drangen in den weichen, porösen Stein ein, der federnd den Aufprall schluckte, und blieben dort stecken.

St. Augustine wirbt noch für einige weitere Attraktionen, für das Ripley's Museum der Unglaublichkeiten, für den angeblichen Jungbrunnen Ponce de Leóns und das Museum der Attentate und Katastrophen, in dem sogar das Auto des Kennedymörders Lee Oswald zu sehen ist. Man setzt sich besser in ein kühles Restaurant und genießt Fischspezialitäten oder andere Leckereien der spanischen Küche.

Am Frühnachmittag verläßt man schließlich die altspanische Atmosphäre und begibt sich auf den Weg nach Süden. Anastasia Island und die anschließende Küstenzone, die eigentlich nichts anderes als eine lange Sandbank zwischen dem Atlantik und dem parallel zur Küste fließenden Matanzas River ist, war bis vor wenigen Jahren nahezu unberührt. Doch in den letzten Jahren hat der Ferienhaus-Kult auch hier seine Opfer gefordert. Immer neue Sommerwohnsitze werden an die langen Sandstrände gepflanzt. Die Häuser, viereckig, achteckig oder rund, stehen alle auf Stelzen – eine wegen der Überflutungsgefahr bei Hurrikanen gesetzliche Auflage in Florida.

Die tropischen Wirbelstürme, die aus der Karibik über die Halbinsel Florida hinwegstürmen, sind – neben den Moskitos – die einzige Plage des Landes. Jede Stadt, jede Region des Staates kann sich ausrechnen, innerhalb weniger Jahrzehnte zumindest einmal vom Hurrikan durchgeblasen zu werden. Daher findet man auch an allen Küstenstraßen die charakteristischen blauen Schilder, die zur nächsten Evakuierungsroute weisen und in Telefonbüchern und Hotelzimmern Regeln für den Umgang mit den überdimensionalen Windhosen.

Von Juni bis Oktober ist Sturmzeit. Dann ist das Meer am wärmsten und die Luftfeuchtigkeit in der Karibik am höchsten. Aufsteigende Luft über einer riesigen Seefläche zieht neue Luft von den umliegenden Gebieten an, und bald beginnt das ganze Wettersystem zu rotieren. Bei ausgewachsenen Hurrikanen sind Windgeschwindigkeiten von 250 Kilometern pro Stunde keine Seltenheit. Ist dann ein solcher Sturm losgelassen – durchschnittlich fünf entstehen jedes Jahr – macht er sich auf seinen zerstörerischen Weg nach Norden in Richtung Florida oder gen Westen nach Texas oder Zentralmexiko. Solange der Zyklon über dem Wasser bleibt, nimmt er an Stärke zu, über Land läuft er sich schnell tot. Doch dort, wo er das Land erreicht, ist seine Gewalt meist am stärksten, und er bringt schwere Verwüstungen.

Glücklicherweise können die Meteorologen das Entstehen eines Sturms heute genau verfolgen und seinen voraussichtlichen Weg vorhersagen. Kommandozentrale der auf Hurrikane spezialisierten Wetterfrösche ist das National Hurricane Center in Miami. Per Radar beobachten sie dort jeden Sturm rund um die Uhr. Bedrohte Ortschaften werden ein bis zwei Tage vor der Katastrophe gewarnt und evakuiert.

Wenn es dann soweit ist, brechen gewaltige Regenmassen, Sturmwinde und Flutwellen über die Region im Pfad des Sturms herein. Der große Hurrikan von 1928 z. B. brachte den Lake Okeechobee in Südflorida zum Überlaufen und forderte mehr als 2000 Tote. In St. Augustine haben Hurrikane die Stadt schon mehrmals schwer beschädigt. Einer von ihnen hat sogar in die Geschichte eingegriffen: Wären 1565 die Schiffe der übermächtigen französischen Flotte nicht durch einen Hurrikan verstreut worden, hätten die Spanier wohl nie und nimmer gegen sie gesiegt. Florida könnte heute ein *Departement Français* ein.

Die SR A1A verläuft immer in Sichtweite des Ozeans weiter nach Süden, und bald erreicht man den Dunstkreis von Daytona Beach, der Stadt der Geschwindigkeitsrekorde und Autorennen. Der erste Vorort an der Küstenstraße ist Ormond Beach, in dem eigentlich alles begann.

Spaß auf Rädern (um 1910)

Frühe flotte Kisten: 1902 (oben) und 1930 (unten)

Henry Flagler war um 1900 mit seinem Tross reicher Winterurlauber von St. Augustine hierher weitergezogen und einer seiner Hotelgäste entdeckte, daß die Reifen seines Fahrrades kaum Spuren auf dem harten Sand von Ormond Beach hinterließen.

Schon 1902 wurde das erste Wettrennen organisiert. Ransom Olds und Alexander Winton bretterten mit sensationellen 92 Stundenkilometern über den Sand. Das Zeitalter der Autorennen hatte begonnen. In den folgenden Jahren kletterten die Rekorde steil nach oben, die Rennmaschinen wurden immer größer und perfekter, die Fahrer immer waghalsiger. Bereits 1906 wurde die 200-Stundenkilometer-Grenze durchbrochen.

Der Erste Weltkrieg bedeutete nur einen etwas längeren Boxenstopp, dann ging es auf den neuen Rennstrecken weiter südlich bei Daytona Beach und Ponce Inlet weiter. Lancia und Mercedes schickten ihre Rennwagen aus Europa. Der Brite Sir Henry Segrave fuhr 1927 mit seinem *Golden Arrow* erstmals schneller als 200 Meilen pro Stunde. Und Sir Malcolm Campbell fuhr 1935 unglaubliche 445 Kilometer pro Stunde – der letzte Sandrekord der Renn-Ära. Man hatte mittlerwei-

Strandrennen in Daytona Beach um 1925

Open Air Concert in Daytona Beach

le festgestellt, daß für derartige Rasereien der Sand nicht geeignet war, der ganze Rennzirkus zog weiter nach Utah, um dort auf den ausgetrockneten Salzseen zu neuen Rekorden zu flitzen.

Fahren darf man auf dem Sand von Daytona Beach immer noch, doch die Jahre des Geschwindigkeitsrausches sind vorüber. 10 Meilen pro Stunde heißt jetzt die Devise. Aber es gehört einfach dazu, mal am Strand von Daytona gefahren zu sein. Also reiht man sich ein in die Blechlawine und schiebt sich im Schrittempo zwischen Sonnenanbetern und parkenden Autos hindurch.

Ein seltsames Gefühl ist es schon für den Europäer, an einem langen schönen Strand Tausende von benzinstinkenden, lärmenden Autos zu sehen. Eine Frage der Gewöhnung? Nancy, die hier aufgewachsen ist, erzählt, daß sie bei ihrer ersten Reise an die Westküste Floridas höchst erstaunt war, daß man dort nicht mit dem Auto zum Baden fahren durfte. Parken und zu Fuß zum Strand? Unvorstellbar.

Am Pier im Zentrum der Stadt kann man den Wagen abstellen und einen kleinen Bummel unternehmen. Von Souvenirs überquellende Läden, Spielhallen voll ratternder Automaten und quirliges Treiben verbreiten Jahrmarktsatmosphäre. Sogar eine Gondelbahn führt übers Meer. Dabei ist es im Sommer noch beschaulich im Vergleich zur Hochsaison im März und April. Dann treffen sich hier nämlich die Studenten zu ihrer traditionellen *Spring Break*, der übers Jahr aufgestaute Lerndruck wird dann in einer wochenlangen Party mit Freiluftkonzerten und Freibierausschank abgelassen. Anfang März wird es noch toller: wenn rund 500000 Motorradfans aus ganz Nordamerika sich hier zum *Daytona Supercross* treffen. Vor lauter chromblitzenden Maschinen sieht man den Strand nicht mehr.

Weit ruhiger ist es am Südende der Stadt. Im Vorort Ponce Inlet ist noch ein Stückchen ursprüngliche Küste erhalten geblieben: im Lighthouse Point Park. Auf kleinen Lehrpfaden wird die Dünenvegetation gezeigt und nebenan kann der historische Leuchtturm von 1887 besichtigt werden. Auf dem breiten Sandstrand an der Südspitze der Halbinsel lag in den 30er Jahren die Rennstrecke der Rekordraser, deren Spuren längst von den Wellen des Atlantiks verschluckt wurden.

Auf der landeinwärts gelegenen Seite von Ponce Inlet liegen versteckt am bewaldeten Ufer des Halifax River einige hübsche kleine Fischerhäfen. Hier läßt sich der zwischen vierhundertjährigen spanischen Mauern begonnene Tag geruhsam beenden. Zum Beispiel bei einem Drink in der offenen Hafenbar an der Mole, während die Fischer ihren Fang abwiegen und die Pelikane daneben geduldig auf ihren Anteil warten.

Autos wie Sand am Meer: Daytona Beach heute ▷

55985
33254

13. Tag – Route: Daytona Beach – Cape Canaveral – Palm Beach (-Fort Lauderdale) – Miami (450 km)

km/M	*Zeit*	*Route*
0	8.30 Uhr	Abfahrt von Daytona Beach auf I–95; nach Titusville auf SR 407 Richtung Osten
96/60	9.30 Uhr	**Kennedy Space Center/Spaceport USA**, Bustour durch das Center, Besuch der Ausstellungen, IMAX- Film und Mittagspause
	14.00 Uhr	Abfahrt auf I–95 South; bei **West Palm Beach** auf Palm Beach Lakes Blvd. nach Osten und weiter auf A1A South
330/205	16.30 Uhr	**Palm Beach**, The Breakers Hotel, Bummel an der Worth St., Weiterfahrt über Ocean Blvd. und Southern Blvd. zur I–95 South
450/280	19.00 Uhr	Miami Beach

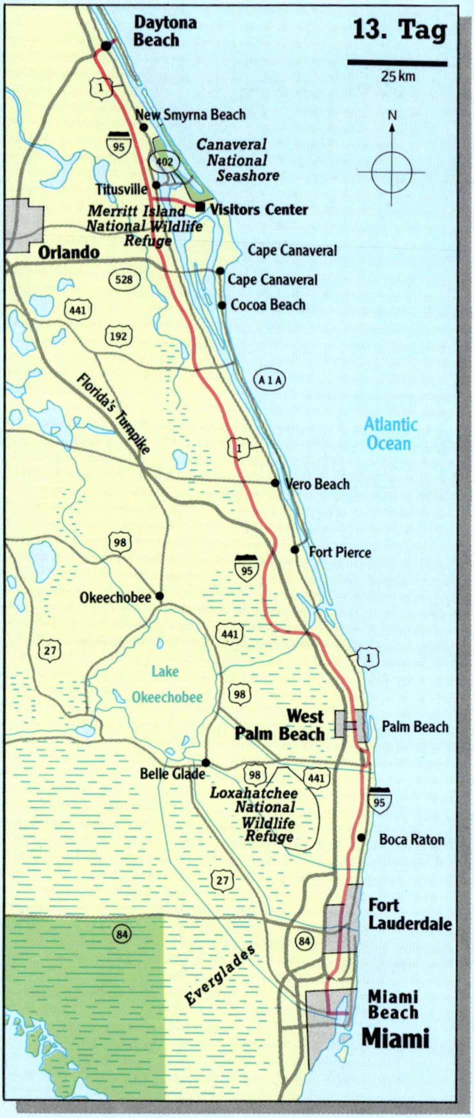

Abstecher/Alternativen:

Naturfreunde und Hobby-Ornithologen können das **Merrit Island Wildlife Refuge** und die **Canaveral National Seashore** nördlich des Raumfahrtzentrums zu Strandwanderungen und Tierbeobachtungen besuchen; die Visitor Centers liegen an der SR 402 östlich von Titusville.

Wer technisch nicht interessiert ist, sollte sich nur den IMAX-Film im Spaceport ansehen und dafür am Nachmittag noch einen Abstecher nach **Ft. Lauderdale** zu den luxuriösen Villen an den Kanälen um den Las Olas Blvd. unternehmen.

13. Tag – Informationen

Kennedy Space Center/Spaceport USA
NASA Pkwy., SR 405
Tel. (407) 452–2121
Tägl. 9 Uhr bis Sonnenuntergang geöffnet. Zweistündige Busfahrten **(Red Tour)** durch das Gelände des NASA-Raumfahrtzentrums; Besichtigung der Montagehallen und Abschußrampen; wechselndes Programm je nach den Aktivitäten im »Raumhafen« ($ 4). Bei Ankunft sollte man, um lange Wartezeiten zu vermeiden, sofort die Tickets für die Bustour kaufen, je nach Abfahrtszeit kann man dann vor oder nach der Fahrt die Ausstellungen im Spaceport besuchen. Besonders sehenswert: der **IMAX-Film** über die Raumfahrt ($ 4).

Wann der **nächste Raketenabschuß** stattfindet, erfährt man innerhalb Floridas unter der Rufnummer (800) 432–2153.

Die **Mittagspause** kann man der Einfachheit halber in der **Orbit Cafeteria** oder im **Lunch Pad Restaurant** des Space Centers verbringen; oder man fährt ein Stückchen nach Osten an die Küste bei Cocoa Beach und geht dort in eines der kleinen Strandrestaurants.

In **Palm Beach** sollte ein unaufdringlicher Blick ins **The Breakers** Hotel an der South County Road geworfen werden, das schönste von den Flaglers Hotels, ein Traum aus Carrara-Marmor und Kristall. Ebenfalls sehenswert ist die **Whitehall Mansion**, Flaglers ehemalige, sehr prunkvolle Privatresidenz, die heute zu einem Museum umfunktioniert ist. Danach fährt man ein Stück nach Süden und flaniert an den luxuriösen Boutiquen und Cafés auf der **Worth Ave.** entlang.

The Ambry
3016 E. Commercial Blvd.
Ft. Lauderdale
Tel. (305) 771–7342
Gerd Müllers unter Fußballfreunden berühmtes Ruhesitz-Restaurant am Nordrand von Ft.Lauderdale; allerdings steht der »Bomber der Nation« schon längst nicht mehr hinter dem Tresen. $$

Weitere Informationen (Feste):

Fort Lauderdale im Herzen der »Goldküste« ist öffentlichen Veranstaltungen sehr aufgeschlossen. Im Sommer gibt es mehrere Segelregatten und Angelturniere, das ganze Jahr über finden Konzerte und Kunstmärkte statt. Und im Dezember werden die zahllosen Jachten und die Villen entlang der Kanäle für die große Bootsparade weihnachtlich geschmückt. Weitere Informationen im

Fort Lauderdale Visitors Bureau
500 East Broward Blvd.
Ft. Lauderdale, FL 33301
Tel. (305) 765–4466

Wer eine zusätzliche Übernachtung einlegen möchte:

Space Shuttle Inn (Best Western)
3455 Cheney Hwy.
Titusville, FL 32780
Tel. (407) 269–9100 oder (800) 528–1234
Sauberes Hotel nahe dem Raumfahrtzentrum, Pool, Restaurant. $–$$

Jetty Park Campground
400 E. Jetty Rd.
Cape Canaveral
Tel. (407) 783–7297
Staatlicher Platz am Strand südlich von Cape Canaveral.

13 **Zum Mann im Mond.** Daytona Beach – Cape Canaveral – Miami

Als am 4. Oktober 1957 der erste sowjetische Sputnik erfolgreich seine Erdumlaufbahn erreichte, war Amerika brüskiert. Wie konnten die »Russen« ihnen, der führenden Technik-Nation der Welt, im Weltraum den Rang streitig machen?

Bereits kurz nach dem Zweiten Weltkrieg hatten die Amerikaner begonnen, sich mit Raketen zu beschäftigen. Einige Deutsche, die ihre Erfahrung Hitlers ehrgeizigen Raketenprojekten verdankten, halfen dabei kräftig mit: Wernher von Braun, Direktor des Zentrums für Fernlenkwaffen, und Kurt Debus, der später Direktor des Kennedy Raumfahrtzentrums wurde. 1947 entdeckte die Armee ein ideales Testgelände: Die unbesiedelte Insel Merritt Island am Cape Canaveral Floridas. Das Gelände konnte gut abgesperrt werden und falls bei Abschüssen etwas schiefging, würden die Raketenteile nur ins Meer fallen. Außerdem lagen die Abschußrampen nahe dem südlichsten Punkt des amerikanischen Territoriums – so konnte bei Raketenstarts auch noch die beschleunigende Erddrehung ausgenützt werden.

Tierschützer fürchteten damals um die ursprüngliche Natur dieses Küstenstreifens. Millionen von Wasservögeln, Alligatoren und Gürteltiere lebten hier, seltene Meeresschildkröten benutzten den Strand, um Eier abzulegen. Glücklicherweise haben sich die Befürchtungen nicht bestätigt. Im Gegenteil: Die Sicherheitszone um die Startrampen wurde zum einzigen großen Tierschutzgebiet der Ostküste, das Merritt Island National Wildlife Refuge. Die Raketenstarts stören die Tiere kaum – auf jeden Fall weniger als Appartementblocks und Minigolfplätze.

Zu Anfang der 50er Jahre war Cape Canaveral noch ein kleiner Armee- und Forschungsposten, wo man gemächlich versuchte, die ersten Interkontinentalraketen zu entwickeln. Doch dann kam die »rote« Konkurrenz und schockte die sich auserwählt fühlende Nation. Wenig später trieb sich der erste Mensch im Weltraum herum – wieder kein Amerikaner! Präsident Kennedy rief zur Generalmobilmachung für den Weltraum auf. Geld spielte keine Rolle.

Cape Canaveral wurde zum Raumfahrthafen ausgebaut. 26000 Menschen arbeiteten damals hier: Wissenschaftler und Techniker, Wachmänner und Cafeteriaköche. Und Hunderttausende von Amerikanern kamen, um die Raketenstarts zu verfolgen, um den Triumph ihrer Nation zu erleben.

Exakt einhundert Jahre vorher hatte bereits Jules Verne Florida zum Startplatz für seine Mondfahrer ausgewählt – in seinem Roman »Von der Erde zum Mond«. Sein Raketenstart liest sich wie eine Parodie auf die Weltraumfahrt – mit verblüffenden technischen Feinheiten.

»Da schlug es 22 Uhr. Es war der Augenblick, in dem der Einstieg begann. Das Hinabfahren, Einsitzen und Verschließen der Luke, das Entfernen der Krane über der Mündung erforderte seine Zeit. Barbicane verglich seinen Chronometer noch einmal mit der Uhr des Ingenieurs Murchison. Sie stimmten auf die Zehntelsekunde überein. Da Murchison zünden würde, konnten die Insassen des Geschosses auf ihrer eigenen Uhr genau verfolgen, wann der Moment des Abschusses da war.

... Eine furchtbare Stille hing über der nächtlichen Szene. Fast ohne zu atmen hing jeder mit seinem Blick an der Kuppe des Stones Hill. Alle zehn Sekunden gab Murchison die noch verbleibende Zeit durch. Die letzten 40 Sekunden zählte er laut mit. Die Menge ließ sich anstecken und vollendete mit ihm:

35 – 36 – 37 – 38 – 39 – 40 – Feuer!

Der Druck der Taste kam, die Stromverbindung war da und schleuderte den Funken in die Tiefen des Geschützes.

Eine entsetzliche, übermenschliche Explosion geschah. Aus den Eingeweiden der Erde schoß eine Feuergarbe, wie aus dem Schlund eines Kraters, der Boden hob sich, warf alles, was in dieser Nacht auf den Beinen war, um und verhinderte, daß auch nur einer hatte sehen können, wie das Geschoß von flammensprühendem Dunst umgeben siegreich die Luft durchschnitt.«

Ein Jahrhundert später erfüllte sich für die Amerikaner dieser Traum: am 21. Juli 1969 setzte Neil Armstrong als erster Mensch seinen Fuß auf den Mond. 80 Milliarden Dollar kostete dieser »kleine Schritt eines Menschen«, aber die Sputnik-Blamage war jetzt aus der Welt. Und die Expeditionen brachten sogar »Souvenirs« von unserem Trabanten zurück, insgesamt 385 Kilogramm Mondgestein – zum Durchschnittspreis von gut 200 Millionen Dollar das Kilogramm.

Raumfähre vor dem Start

Nach dem überschwenglich gefeierten Triumph zeigte sich jedoch, daß Geld auch in den USA eine Rolle spielt. Washingtons einschneidende Budgetkürzungen stutzten den hochfliegenden Plänen der NASA die Flügel. Die großen Mondraketen wurden eingemottet, man konzentrierte sich nun auf wissenschaftliche Projekte und begann langsam mit der Entwicklung der Raumfähren, die eine preiswertere Alternative zu den »Wegwerfraketen« werden sollten.

Mit zwei Jahren Verspätung startete 1981 die erste Spaceshuttle von der Rampe am Cape Canaveral. Erneut wurden Pläne geschmiedet und eine glänzende Weltraumzukunft prophezeit. Doch schon

Der Mann im Mond läßt grüßen

wenige Jahre später mußten die USA feststellen, daß die Raumfahrt ein riskantes Unternehmen blieb: 1986 legte die Explosion der Fähre Challenger, bei der sieben Astronauten ums Leben kamen, weitere Starts auf Eis und stellte das gesamte Konzept der bemannten Raumfähren erst einmal in Zweifel.

Im Besucherzentrum des Kennedy Space Centers ist davon jedoch wenig zu spüren. Spaceport USA heißt der große Komplex bombastisch. Hier wird dick aufgetragen und sehr patriotisch der vergangene Erfolg Amerikas im Weltraum gefeiert: ein Hoch auf die Technologie.

Gleich am Eingang steht der Raketengarten, in dem einige der ausgemusterten Trägerraketen und Raumkapseln zu besichtigen sind. Danach steigt man in die Busse zur Tour durch das weitläufige Ab-

Raumfahrtdaten

1942
Die ersten Raketen (V2) werden in Peenemünde an der Ostsee entwikkelt. Nach dem Zweiten Weltkrieg gehen deutsche Wissenschaftler in die UdSSR oder in die USA.

1947
Ausbau von Cape Canaveral zum Raketentestgelände.

4. 10. 1957
Die Sowjetunion startet den ersten Sputnik.

1. 10. 1958
Gründung der National Aeronautics and Space Administration (NASA)

12. 4. 1961
Der Kosmonaut Jurij Gagarin ist der erste Mensch im Weltraum.

20. 2. 1962
Der Astronaut John Glenn umkreist als erster Amerikaner die Erde.

21. 7. 1969
Bei der ersten Mondlandung betreten zwei Amerikaner den Erdtrabanten: Neil Armstrong und Edwin Aldrin. Danach folgen noch fünf weitere Mondlandungen.

14. 5. 1973
Skylab I, die erste Raumstation der NASA, wird erfolgreich in die Umlaufbahn geschossen und fällt nach 34 981 Erdumrundungen 1979 über der Küste West-Australiens wieder auf die Erde.

20. 7. 1976
Die unbemannte US-Sonde *Viking* landet auf dem Mars. Sonden zur Ve-

nus und den äußeren Planeten unseres Sonnensystems folgen.

12. 4. 1981
Erster Flug der Raumfähre *Columbia;* zwei Jahre später reist der erste bundesdeutsche Astronaut, Ulf Merbold, an Bord der *Columbia* in den Weltraum.

28. 1. 1986
Die Raumfähre *Challenger* explodiert 70 Sekunden nach dem Start, sieben Astronauten sterben.

schußgelände. Bis auf ein paar Fahrzeuge wirkt das Sperrgebiet öde und ausgestorben – was die Weißkopfseeadler und Alligatoren sicherlich freut. Die wortgewaltigen Führer tun ihr Bestes, um die Länge der Fahrstrecken zu überbrücken. Man erfährt z. B., daß die Abschußrampe der Shuttle aus 52 000 m^3 Stahlbeton besteht und die riesigen Raupenfahrzeuge, mit denen die fertigen Raketen zu den Rampen gebracht werden, pro Stunde nur 1,6 Kilometer schnell sind.

Das Programm der Führungen wechselt ständig, weil man versucht, immer auch die gerade laufenden Projekte und Arbeiten zu zeigen. Da werden dann Raumfähren herumgeschoben und für Starts vorbereitet, Sicherheitstests durchgeführt oder Astronauten zu Simulationsübungen geführt. Auf jeden Fall bekommt man das riesige VAB, das Vehicle Assembly Building, zu sehen, in dem die Raketen montiert werden, bevor sie auf den Raupenfahrzeugen zu den Rampen nahe der Küste gefahren werden.

Nach der Führung kann man sich noch im Spaceport umsehen, der wie ein Ableger von Disney World wirkt. Multimediashows und verschiedene Ausstellungen sollen das teure Abenteuer der amerikanischen Weltraumeroberung vor dem be-

Naturschutzgebiet Merrit Island

Muße unter Palmen: alte Postkarte von Palm Beach

suchenden Steuerzahler rechtfertigen. Lohnenswert ist auf jeden Fall der IMAX-Film über die Raumfahrt, in dem die großartigen Aufnahmen aus dem Weltall sicherlich den intensivsten Eindruck von Cape Canaveral hinterlassen.

Danach beginnt auf der I–95 die lange Fahrt nach Süden. Die Ostküste Floridas, besonders der südliche Teil, ist fast durchgehend bebaut. Hier nahm die touristische Erschließung Floridas ihren Anfang. Henry Flaglers Eisenbahnen machten es möglich.

Einen Abstecher in die Glitzerwelt der »Goldküste« sollte man deshalb in jedem Fall machen: nach Palm Beach, zum Spielplatz und Seniorensitz von Amerikas Oberen Zehntausend. Wie könnte es anders sein – auch hier hatte natürlich Alles-Gründer Flagler seine Finger mit im Spiel. Er baute zwar Ende des letzten Jahrhunderts seine East Coast Railroad gleich durch bis Miami, aber ein Plätzchen am Weg hatte es ihm besonders angetan: Palm Beach nannte er höchst einfallsreich den von Kokoshainen begrünten Inselstrand. Damit sich seine Freunde aus New York oder Chicago von der langen Fahrt in ihren privaten Eisenbahnwagons erholen konnten, ließ er zwei luxuriöse Hotels bauen, die schnell zum Treffpunkt des Geldadels in Amerika wurden.

Vom alten Glanz der Stadt ist noch nichts verblichen. Das grandiose Breakers Hotel ist nach wie vor die Nobelabsteige für jene Multimillionäre, die sich noch nicht entschließen konnten hierher zu ziehen. Ein Selfmade-Millionär zählt in dieser Stadt wenig, die meisten Bewohner waren schon reich, ehe sie geboren wurden. Schwere Rolls Royce Wagen gleiten durch die stillen Straßen, die Chauffeure immer bedacht darauf, keinen Golfer (Golfwägelchen haben immer Vorfahrt) oder gebrechlichen Senior in seinem mit goldenen Speichen besetzten Rollstuhl zu erschrecken.

Gerd Müllers zweite Karriere: sein Restaurant in Ft. Lauderdale

Venedig der Neuen Welt: Fort Lauderdale

An der sündhaft teuren Worth Avenue reihen sich die Juweliere und Ableger der renommiertesten Modeschöpfer. In manchen der Restaurants braucht man zwar keine Reservierung, es kommt aber auch nur durch die Tür, wer dem *maître-d'* persönlich bekannt ist. Die ganze Stadt ist ein exklusiver Klub.

So bummelt man denn an dessen Peripherie entlang, leistet sich ein bescheidenes Andenken und fährt schließlich über den Ocean Boulevard weiter, vorbei an manikürten Hecken und venezianischen Palazzi. Ein Problem hat Palm Beach allerdings derzeit: Eine Viruserkrankung läßt seit einigen Jahren die Kokospalmen in Südflorida vergilben und absterben. Trotz teurer Impfung der befallenen Bäume konnte der Vormarsch der Seuche noch nicht aufgehalten werden. Vielleicht muß Palm Beach bald in No-Palm Beach umbenannt werden.

Der übrige Teil der Route führt wieder durchs Binnenland, wo große Farmen zum Lake Okeechobee hinüberreichen, dem größten See Floridas. Etwas südlicher beginnt bereits das Sumpfland der Everglades. Fort Lauderdale, dessen zahlreiche Kanäle es zum beliebten Domizil der Jachtfreunde gemacht haben, zieht sich als lange Stadtzone neben der Autobahn hin. Danach taucht bald die abendliche Skyline von Miami auf.

Der Kreis schließt sich bei den vertrauten Art-Deco-Schnörkeln von Miami Beach.

14. Tag – Route: Downtown Miami, Calle Ocho und Coconut Grove (ca. 30 km)

Zeit	*Route*
Vormittag	Fahrt von Miami Beach über den McArthur Causeway nach **Downtown Miami**, Tour mit dem Metromover, danach Besuch des **Metro-Dade Cultural Center**
Mittag	Bummel in **Little Havana**, Mittagspause
Nachmittag	Fahrt auf US 1 (Brickell Ave.) nach Süden, Besuch von **Vizcaya** oder **Barnacle Historical Site**; Fahrt durch Coral Gables und Bummel in **Coconut Grove**

Abstecher:

Zum Abschieds-Shopping kann man noch einmal den Bayside Marketplace besuchen oder – mit dicker Brieftasche – in das feudale **Bal Harbour Shopping Center** am Nordende von Miami Beach fahren.

14. Tag – Informationen

Metro-Dade Cultural Center
101 W. Flagler St.
Miami
Tel. (305) 375–1492 und 375–1700
Tägl. 10–17 Uhr, So ab 12 Uhr, das Arts Center ist Mo geschlossen.
Erwachsene $ 5 (je Museum).
Weitläufiger Komplex in spanischem Baustil; im *Center for the fine Arts* erwarten ausgezeichnete Wanderausstellungen internationaler Malerei, im *Historical Museum of Southern Florida* wird die Geschichte Südfloridas anschaulich dargestellt.

La Casa de las Pinatas
1756 S.W. 8th St. (Calle Ocho)
Miami
Interessanter Laden mit typisch kubanischem Schmuck für Kindergeburtstage.

Domino Park
15th Ave./8th St. S.W. (Calle Ocho)
Miami
Winziger Stadtpark, in dem sich die alten Kubaner zum Dominospielen treffen.

El Crédito Cigar Factory
1106 S.W. 8th St. (Calle Ocho)
Miami
Alte Zigarrenfabrik; durchs Fenster kann man bei der Herstellung zusehen und nebenan eine fertige, handgedrehte Zigarre erstehen.

El Pub
1548 S.W. 8th St.
Miami
Tel. (305) 643–2651
Solides kubanisches Eßlokal, besonders zu empfehlen sind die Sandwiches sowie die Fleischgerichte mit Bohnen und gebratenen Bananen. $–$$

La Esquina de Tejas
101 S.W. 12th Ave.
Miami
Tägl. 7–24 Uhr geöffnet.
Farbenfrohes kubanisches Restaurant, stolz darauf, daß Präsident Reagan bei seinem Miami-Besuch 1983 hier zu Mittag aß – die zum Lunch servierten kubanischen Sandwiches sind ausgezeichnet. $

Juanito's »Centro Vasco«
2235 S.W. 8th St.
Miami
Traditionsreiches Restaurant, das baskische Spezialitäten serviert; abends spanische Folklore. $$

Vizcaya Museum and Gardens
3251 S. Miami Ave.
Miami
Tel. (305) 579–2708
Tägl. 9.30–17 Uhr. Eintritt $ 8.
Die große Villa am Ufer der Biscayne Bay, die sich der Industrielle James Deering 1916 erbauen ließ, dient heute als Museum mit europäischem Mobiliar.

Barnacle State Historical Site
3485 Main Hwy.
Coconut Grove
Tel. (305) 448–9445
Führungen Do – Mo 10.30, 13 und 14.30 Uhr
Wohnhaus eines der ersten Siedler der Region; Ausstellungen über den Schiffsbau.

Roof Garden Restaurant/Alfredo
Doral Ocean Beach Resort, 4833 Collins Ave.
Miami Beach
Tel. (305) 532–3600
Sehr eleganter Dinnerklub im Dachgarten des Hotels, herrlicher Blick über die Stadt und den Strand. $$$

Rascal House Restaurant
172nd St./Collins Ave.
Bal Harbour
Tägl. 7 Uhr–2 Uhr morgens
Ein Sprung in die 50er Jahre von Miami Beach; jüdische Delikatessen und riesige Portionen; trotz der oft langen Schlangen ist das Traditionslokal ein Erlebnis. Frühstück $, Mittag- und Abendessen $–$$.

14 **Zum Abschied ein Cafe Cubano.** Miami und Little Havana

Wieder zurück in Miami Beach: Nach all den neuen Landschaften und Städten auf der Reise endlich ein Fleckchen, das man wiedererkennt. Doch die Vielvölker-Metropole Miami hält noch viel Unbekanntes bereit. Also auf zum Schlendern durch die *neighborhoods*, die vielgestaltigen Nachbarschaften der Stadt.

Von der Insel gelangt man auf einem der Causeways schnell zum Festland und fährt dann auf dem Biscayne Boulevard in die Innenstadt. Unter den Betonstelzen der Hochbahn läßt es sich gut parken, und die Schienenführung dient gleich als Wegweiser zur nächsten Station. Nur wenige Großstädte in den USA leisten sich den Luxus einer öffentlichen U-, S- oder gar Hochbahn. In Miami hat das fast geräuschlos rollende Bähnchen sogar noch den Vorteil einer guten Aussicht auf die in den letzten Jahren immer höher sprießende Downtown.

Strandidylle in Miami Beach

Zum Zwischenstopp empfiehlt sich das Metro-Dade Cultural Center (s. S. 41), dann geht es wieder mit der Bahn auf dem Rundkurs weiter oder zu Fuß die sechs quirligen Innenstadtstraßen zurück zum Wasser und zum Auto. Am Südufer des Miami River biegt man auf der 7th Avenue nach Westen ab, in die andere, spanisch-kubanische Hälfte der Stadt. Nach einigen Wolkenkratzer-Blocks schrumpfen die Gebäude wieder auf Normalgröße: Seitenstraßen mit Wohnhäusern, ein paar Lagerhallen. Doch was soll hier so anders sein?

Geduld, eine Parallelstraße weiter südlich liegt das Herz des spanischen Miami, Little Havana. Da heute rund 55 Prozent der Stadtbevölkerung kubanischer oder südamerikanischer Abstammung sind, könnte man fast sagen, daß dies das eigentliche Stadtzentrum sei. An der 17th Avenue wechselt man hinüber auf die *Calle Ocho,* wie die 8th Street hier genannt wird, und bummelt gemächlich wieder zurück nach Osten. Dabei sollte man das Auto ruhig abstellen und einige Blocks zu Fuß gehen.

Ein für Nordamerika ganz ungewöhnliches Straßenbild tut sich da auf: Nur spanische Namen an allen Läden, Gemüseauslagen auf den Gehsteigen und bunte, sehr bunte Schaufenster. Es sind eine Menge Fußgänger unterwegs. Alte Männer schlurfen zu Parkbänken und kleinen Cafés, hochbepackte Hausfrauen kommen vom Einkauf und junge Kubanerinnen ziehen ihre Kinder hinterher, weg von den Spielzeugläden. Auch Geschäfte, die das weiße Amerika nicht kennt, sind hier zu finden. Geschenkartikelläden zum Beispiel für die Feste und Kindergeburtstage, denn die Kubaner feiern vor allem den ersten Geburtstag eines Säuglings. Daneben gibt es die seltsamen *botanicas,* in denen christliche Votivstatuen

Hypermodernes Miami

– oft in schauderhaften Formen- und Farbkombinationen –, Kräuter und Fetische für Voodoo-Riten einträchtig nebeneinander stehen. Etwas weiter spielen runzelige alte Männer Domino im Park, in der kleinen Zigarrenfabrik werden wie vor 40 Jahren in Handarbeit die Tabakblätter zu duftenden Torpedos gerollt und am Straßenstand nebenan holen sich die Passanten einen Fingerhut *Cafe Cubano.*

Ein für jeden *Anglo* – und dies sind in diesem Fall alle Europäer außer den Spaniern – bestimmt lohnender Weg führt in die ausgezeichneten kubanischen Restaurants. Würzige Fleischgerichte mit schwarzen Bohnen und *plantains,* gebratenen Gemüsebananen, exzellenter Fisch und herzhafte *cuban sandwiches* für den kleineren Appetit warten da auf den hungrigen Fremdling.

Nächtliche Kontraste – zwischen Miami und Miami Beach ▷

ROY'S
PIZZA
AUTO WAXING GLAZING
AUTO SERVICE CENTER
DOMESTIC SERVICE

Miami besitzt den größten Kreuzfahrthafen der Welt

Die spanisch-karibische Küche ist ebenso wie anderes Kulturgut unter den Exil-Kubanern weitgehend erhalten geblieben. Viele der alten Exil-Kubaner treten zwar sehr lautstark für eine Rückkehr auf ihre Insel ein und trommeln Unterstützung zusammen für jeden Versuch, Fidel Castro zu stürzen, doch die junge Generation hat sich mit der Gegenwart arrangiert. Auch wenn Kuba wieder zum kapitalistischen System zurückkehren sollte, würde wohl die Mehrheit der Kinder des Exils hier bleiben. Die kulturelle Enklave ist zur neuen Heimat geworden, der Amerikanische Traum zur Realität.

Kaum zehn Straßenzüge weiter südlich liegt ein anderer »Traum«, das mediterrane Villenviertel Coral Gables, das den Wunsch begüterter Amerikaner nach einem schneelosen Winter zum Ausdruck bringt. Vizcaya, das Mini-Versailles an der Biscayne Bay, ist die luxuriöseste Version des Winter- und Ruhestandstraums. Nach einer Besichtigung dieses Schlosses fährt man auf der Miracle Mile (22nd St.) ins Herz der gepflegten Wohnstadt und kreuzt durch die Seitenstraßen. Im Mai, wenn die korallenroten Blüten der Royal Poinciana Bäume dicke Farbtupfer zwischen die Villen setzen, ist diese Rundfahrt besonders eindrucksvoll.

Noch eine letzte *neighborhood* liegt in der Nähe: die verrückte und modische Coconut Grove. Durch kleine, von Büschen und Bäumen überwucherte Straßen ohne Gehsteige stößt man vor ins Ortszentrum um den Main Highway. Das Labyrinth der grünen Gassen ist Absicht und soll den dörflichen Charakter bewahren. Die Boutiquen und Restaurants, die modischen Girls und teuren Karossen sind jedoch alles andere als provinziell. Beim Drink im Straßencafé läßt sich die promenierende Eleganz gut genießen.

Danach noch ein stilvolles Abendessen in Miami Beach – oder direkt zum Sprungbrett nach Hause. Am Miami International Airport, wo abends die Flüge nach Europa starten, kann man auf der Terrasse über den Abflug-Gates dem emsigen Kommen und Gehen der Jumbos zusehen – und die letzten Strahlen der untergehenden Floridasonne einfangen.

Zigarrendreher in der Calle Ocho

Augenschmaus: Show in einem Klub in Miami Beach

Drei Zusatztage: Panhandle

1. Tag – Route: Tallahassee – Wakulla Springs – Panama City (259 km)

km/M	*Zeit*	*Route*
0	9.00 Uhr	Abfahrt auf SR 363 South, dann SR 267 West
35/22	9.30 Uhr	**Wakulla Springs**, Baden oder Bootstour, danach Mittagspause im historischen Gasthof Wakulla Springs Lodge bei den Quellen oder in Carrabelle bei der Weiterfahrt über US 319 und US 98
153/95	14.30 Uhr	**Apalachicola**, Kaffeepause und Weiterfahrt auf US 98
259/161	17.00 Uhr	**Panama City Beach**

Abstecher:

Ein schöner ruhiger Strand zum Baden und Spazierengehen liegt nahe Cape St. Blas im **St. Joseph's Peninsula State Park,** westlich von Apalachicola; Picknickmöglichkeit, Campingplatz.

2. Tag – Route: Panama City und Umgebung

Zeit	*Route*
Vormittag	Ausflug per Boot nach **Shell Island**
Mittag	Picknick am Strand der **St. Andrews State Recreation Area** und Baden
Später Nachmittag	Fahrt am **Miracle Strip** (US 98) und Bummel durch die Vergnügungsparks

3. Tag – Route: Panama City – Fort Walton Beach – Florida Caverns – Tallahassee (370 km)

km/M	*Zeit*	*Route*
0	8.30 Uhr	Abfahrt auf US 98 West
49/25	9.15 Uhr	**Eden State Park**, Bummel durch den Garten, Weiterfahrt nach Westen über **Seaside**
89/55	10.30 Uhr	**Fort Walton Beach**, Besuch des **Indian Temple Mound Museum**, Picknick und Baden am Strand
	13.00 Uhr	Abfahrt auf SR 85 und SR 285 nach Norden
170/106	14.00 Uhr	De Funiak Springs, Fahrt um den See im Ortszentrum (½ Std. Pause)
260/162	15.30 Uhr	Marianna, Besuch der **Florida Caverns**
370/230	18.30 Uhr	Tallahassee

Abstecher:

Wer noch mehr Zeit für den Panhandle übrig hat, kann einen Abstecher nach **Pensacola** unternehmen, das mit dem Seville Square einen schön restaurierten historischen Bezirk besitzt. Ebenfalls sehenswert ist das US Naval Aviation Museum, das rund 150 historische Kriegsflugzeuge zeigt. Von den Besichtigungen erholen kann man sich danach an den Stränden der **Gulf Islands National Seashore,** die der Bucht von Pensacola vorgelagert ist (Information unter Tel. (904) 934–2600).

Tallahassee – Informationen:

Museum of Florida History
500 S. Bronough St.
Mo-Fr 9–16.30, Sa ab 10, So ab 12 Uhr. Eintritt frei.
Die Geschichte Floridas im Überblick, von Dinosaurierzeiten bis zu Indianern und Siedlern.

Florida State Capitol
Großer Regierungskomplex zwischen Monroe St. und Adams St.; der klassische Bau des alten Kapitols ist heute historisches Museum, das neue Kapitol ein recht häßlicher Turmbau, aus dessen 22. Stock man von der Aussichtsterrasse einen Blick über die Stadt werfen kann.

Pebble Hill Plantation
US 319
Thomasville, Georgia
Tel. (912) 226–2344
Große Plantage von 1820 mit herrlichen Gartenanlagen, Ställen und Wohnhäusern; das als Museum eingerichtete Herrenhaus wurde nach einem Brand in den 30er Jahren wiedererrichtet.

Barnacle Bill's Oyster Bar
1830 N. Monroe St.
Tel. (904) 385–8734
Rustikales Fischrestaurant, empfehlenswert sind die ausgezeichneten Austern und der geräucherte Fisch. $$

Susina Plantation
Route 3, Box 1010
Thomasville, Georgia 31792
Tel. (912) 377–9644
Historisches Plantagenhaus von 1841, geschmackvoll mit Antikem möbliert; Gästezimmer. Man kann auch nur zum Abendessen im großen Salon kommen (ca. $ 25). Reservierung unbedingt nötig.

The Radisson
415 N. Monroe St.
Tallahassee, FL 32301
Tel. (904) 224–6000 oder (800) 333–3333
Elegantes älteres Hotel im Stadtzentrum, ausgezeichnetes Restaurant. $$–$$$

Holiday Inn University Center
316 W. Tennessee St.
Tallahassee, FL 32301
Tel. (904) 222–8000
Moderner Hotelturm nahe dem Stadtzentrum mit schöner Aussicht. Restaurant, Pool. $$

Tallahassee East KOA
Route 3, Box 25
Monticello, FL 32344
Tel. (904) 997–8390
Großer Privatcampingplatz mit baumbestandenem Gelände und kleinem See; etwa 30 km östlich von Tallahassee nahe der I–10.

Informationen über **Feste** etc. beim

Tallahassee Visitors Bureau
100 N. Duval St.
Tallahassee, FL 32301
Tel. (904) 681–9200

1. Tag – Informationen

Wakulla Springs State Park
SR 267
Tel. (904) 222–7279
Naturpark um eine große artesische Quelle, Bademöglichkeit, Fahrten mit Glasbodenbooten und Tierbeobachtung (Vögel, Alligatoren); historische Lodge mit Spezialitäten der Südstaaten.

Julia Mae's
Hwy. 98 (westl. der Brücke)
Carrabelle
Rustikales, bodenständiges Fischlokal mit Riesenportionen, Austern und Muscheln zum Sattessen. $–$$

The Gibson Inn
Market St./Ave. C
Apalachicola
Tel. (904) 653–2191
Liebevoll restauriertes Gasthaus aus der Zeit der Jahrhundertwende; ideal zu Kaffeepause oder Lunch auf der breiten Holzveranda. $–$$

Hamilton's
5711 N. Lagoon Dr. (gegenüber Anderson's Marina)
Panama City Beach
Tel. (904) 234–1255
Frische Meeresfrüchte, Salate, Steaks. $$

Marriott's Bay Point Resort
100 Delwood Beach Rd.
Panama City Beach, FL 32407
Tel. (904) 234–3307 oder (800) 874–7105
Großes, luxuriöses Feriendorf an der Bucht von Panama City mit fünf Pools, Tennisanlagen und zwei Golfplätzen. Windsurfen, Schnorcheln; kostenlose Ausflüge mit dem Schaufelraddampfer zu den einsamen Stränden von Shell Island. $$$$, aber ganzjährig günstige Pauschalangebote.

Sheraton Miracle Mile Inn
9400 S. Thomas Dr.
Panama City Beach, FL 32408
Tel. (904) 234–6521
Großes Hotel am weißen Strand der Miracle Mile, Pool, Restaurant, Zimmer mit Küche und Kühlschrank. $$$

The Sands Inn
9500 S. Thomas Dr.
Panama City Beach, FL 32408
Tel. (904) 234–6651
Strandhotel mit Tennisplätzen und Pool nahe dem Zentrum von Panama City Beach; Austernbar. $$

Treasure Island Motel
5005 W. Gulf Dr.
Panama City Beach, FL 32407
Tel. (904) 234–3552
Sauberes Motel am Strand in Nähe des State Parks. Im Sommer $$, im Winter $.

Panama City Beach KOA
8800 Thomas Dr.
Panama City Beach, FL 32408
Tel. (904) 234–5731
Großer, gut ausgestatteter Privatplatz im Herzen von Panama City Beach; 300 m zum Strand; Vergnügungsparks und Restaurants nahebei.

St. Andrews State Recreation Area
Thomas Dr.
Panama City Beach, FL 32408
Tel. (904) 234–2522
Großflächiger, ruhiger Staatspark nahe den weißen Stränden; kleiner Laden, Naturpfade.

Weitere Informationen (Feste):

Im Sommer finden in Panama City zahlreiche Angelturniere statt; an den Wochenenden Volleyballwettkämpfe und andere Strandveranstaltungen. Auskünfte beim

Panama City Beach Visitors Bureau
P.O. Box 9473
Panama City Beach, FL 32407
Tel. (904) 233–6503

2. Tag – Informationen

Shell Island
Idyllische, nicht erschlossene Insel vor der Bucht von Panama City, die zum State Park erklärt werden soll; kilometerlange einsame Sandstrände, ideal für Muschelsammler. Erreichbar im Rahmen ca. dreistündiger Bootstouren von Panama City Beach oder mit einem kleinen Shuttle-Boot (stündlich) vom St.Andrews Park aus.

Capt. Anderson's Pier
5550 N. Lagoon Dr.
Panama City Beach, FL 32408
Tel. (904) 234–3435
Dreistündige Minikreuzfahrten (9 und 13 Uhr) nach Shell Island; im Sommer tägl.; abends Dinner und Tanzfahrt.

Gulf Charter Services
Holiday Lodge Marina
6400 W. Highway 98
Panama City Beach, FL 32407
Tel. (904) 235–2809
Dreistündige Bootsfahrten mit Badeaufenthalt auf Shell Island; im Sommer tägl. Touren um 9 und 12 Uhr, um 17 Uhr Bootsfahrt zum Delphinefüttern und Vögelbeobachten.

Spinnaker
8795 S. Thomas Dr.
Panama City Beach
Tel. (904) 234–7682
Beliebtes Partyhaus am Strand mit jungem Publikum; Bars, Restaurant, abends Popmusik *live;* Volleyballturniere am Strand und endlose Möglichkeiten, die neueste Bikinimode zu begutachten.

Pineapple Willie's
9900 Beach Blvd./Thomas Dr.
Panama City
Tel. (904) 235–0928
Tanzklub mit *live* Bands, Shows; tagsüber Strandbar; verbilligte Drinks bei der *happy hour* zum Sonnenuntergang von 17–19 Uhr.

3. Tag Informationen

Eden State Park
An US 98
Point Washington
Tägl. 8 Uhr bis Sonnenuntergang.
Hübsche Gartenanlage um ein Herrenhaus von 1898; herrliche, mit Spanischem Moos behangene Eichen.

Indian Temple Mound Museum
139 Miracle Strip Pkwy. (US 98)
Fort Walton Beach, FL 32548
Tel. (904) 243–6521
Mo-Sa 9–16 Uhr, im Winter erst ab 11 Uhr.
Kleines Museum mit Ausstellungen über die prähistorischen Indianerkulturen Nordfloridas. Gleich daneben liegt ein Tempelhügel der Mississippi-Kultur aus dem 14. Jahrhundert n.Chr.

The Sound Restaurant
Hwy. 98
Ft. Walton Beach
Tel. (904) 243–7772
Meeresfrüchte und Steaks mit Blick über den Hafen. \$–\$\$

Air Force Armament Museum
SR 85, nördl. von Ft. Walton Beach
Tel. (904) 882–4189
Tägl. 9.30–16.30 Uhr
Für Waffenfreunde sehenswert: Flugzeuggeschütze, Flugzeuge, Raketen und anderes historisches Kriegsmaterial der US Air Force.

De Funiak Springs
Der hundertjährige Erholungsort hat seinen antiquierten Charme bewahrt: herrliche Ferienhäuser aus der Zeit der Jahrhundertwende am Circle Dr. um den Lake De Funiak (von der US 331 an der Live Oak Ave. rechts zum See abbiegen). Nach einem kleinen Bummel am See stärkt man sich am

H & M Hotdog Stand
6 North 9th St.
Seit 1940 hat sich hier nichts geändert – auch nicht die Qualität der Würste und Hamburger.

Florida Caverns State Park
5 km nördl. von Marianna an der SR 167
Tel. (904) 482–3632
720 ha großes Parkgelände mit Naturpfaden, unterirdischem Fluß und *sinkholes.* Die große Attraktion aber sind die Kalksteinhöhlen mit vielen Stalagmiten und Stalagtiten. Führungen.

VI Eine andere Welt: der Panhandle. Abstecher in den Nordwesten Floridas

3 Zusatztage

Der weite Westen Nordfloridas steht in scharfem Kontrast zu den schicken Badeorten und dem Rummel der Vergnügungsparks im Süden des Staates. Mit wenigen Ausnahmen sind stille Wälder und einsame Strände hier noch die Regel. Was die Lebensart der Menschen betrifft, gehört dieses bis heute dünn besiedelte Gebiet noch zum Alten Süden. Einige Plantagenhäuser und die Küche der ländlichen Lokale sind deutliche Indizien dafür. Der populäre Name Panhandle, »Pfannenstiel«, hat sich für Nordwestflorida eingebürgert, weil die politische Grenzziehung eine Art Stiel oder Griff entstehen ließ, mit dem die große Halbinsel am Festland hängt.

Ein Minimum von drei Tagen sollte man für diesen Ausflug rechnen – die weißen Strände können aber leicht dazu verlocken, länger zu bleiben. Die Anreise empfiehlt sich beschaulich über die US 19

Erfrischung auf dem Weg zum Panhandle: Manatee Springs

Pebble Hill Plantation in Georgia

(ab Tampa) oder schnell über die I–10 (ab St. Augustine). Beim Aufbruch am Morgen wird man auf beiden Routen am frühen Nachmittag die »Grenze« zum Panhandle erreichen. Rechtzeitig, um sich in Tallahassee noch etwas umzusehen.

Sogar bei vielen Amerikanern stößt man bei der Frage nach der Hauptstadt Floridas auf zögerndes Überlegen: irgendetwas mit einem unaussprechlichen Namen. In der Sprache der Creek-Indianer bedeutet Tallahassee »alte Felder«, denn ein früherer Stamm hatte bereits in diesem Tal gesiedelt. Auch die ersten Weißen kamen früh: Hernando de Soto machte auf seiner langen und verhängnisvollen Expedition hier im Herbst 1539 halt, verbrachte den Winter und versklavte die Indianer. Erst 1987 wurden bei einer archäologischen Ausgrabung im Stadtgebiet die Reste von De Sotos Camp entdeckt. Nun können sich die Tallahasseeans zu Recht brüsten, daß sie es es schon immer besser als alle Zweifler wußten: Daß nämlich das erste Weihnachtsfest der USA in Tallahassee gefeiert wurde.

Weniger stolz sind sie allerdings darauf, daß der nur an Schätzen interessierte De Soto ihre Region schleunigst wieder verließ. Die Stadt wäre wohl nie gegründet worden, hätten sich die Politiker des jungen US-Territoriums Florida auf eine der beiden bestehenden Siedlungen, St. Augustine oder Pensacola, als Hauptstadt einigen können. Nein, sie reisten hin und her, bis sie schließlich 1823 einen Kompromiß in der Mitte schlossen und in der Hügellandschaft am Südende des Lake Jackson Tallahassee gründeten.

Auch wenn sich Bevölkerung und Wirtschaft des Staates seither zum größten Teil in den Süden abgesetzt haben, die Regierungsbeamten blieben hier. Doch glücklicherweise hat Tallahassee den Sprung zur Großstadt nie geschafft. Der einzige Hochbau ist das Kapitol, ein kantiger Klotz, der so gar nicht in die Kleinstadt passen will. Viel schöner ist nebenan das ehemalige Kapitol mit Kuppel, alten Bäumen und klassizistischen Säulen.

Ebenfalls zum Regierungskomplex gehören die Florida State Archives, in deren Untergeschoß das ausgezeichnete staatliche Geschichtsmuseum untergebracht ist. Am späteren Nachmittag kann man dann die Umgebung etwas erkunden. Alte, moosbehangene Bäume säumen die Thomasville Road nach Norden. Keine 20 Kilometer sind es bis zur Grenze nach Georgia, dem seit Jimmy Carter bekannter gewordenen Staat der Erdnußfarmer. Kurz hinter der Grenze liegt die restaurierte Pebble Hill Plantation. Ein Rundgang durch das Herrenhaus, die Gartenanlagen und die Stallungen lassen die

Pflanzertage wieder aufleben. Scarlett O'Hara hätte es hier sicher auch gefallen.

Landesüblich: Wohnen auf Stelzen

Schon am Südrand von Tallahassee wartet am nächsten Morgen die erste Sehenswürdigkeit. In Wakulla Springs bildet eine große artesische Quelle den Anfang des gleichnamigen Flusses. 56 Meter tief ist die Quelle, aber von den Glasbodenbooten aus erscheint der Grund im klaren Wasser zum Greifen nahe. Alligatoren, Sichler und Reiher teilen sich die Plätze neben den uralten Zypressen am sumpfigen Ufer: ein idyllisches Fleckchen.

Der nächste Routenabschnitt ist einer der einsamsten in Florida. Ein paar kleine Fischerhäfen, in denen die Zeit stehengeblieben ist, folgen in weiten Abständen an der Küste. Dazwischen einige Ferienhäuser – auf den landesüblichen Stelzen. Ansonsten nur Wälder, riesige Wälder. 80 Prozent Nordfloridas sind dichtbewaldet, vorwiegend mit schnellwachsenden Kiefern, die der Forstindustrie den größten Profit versprechen.

Die Bäume entlang der US 98 sind häufig von dichten Ranken überwuchert. Einige davon sind heimische Gewächse;

Wie ein grüner Würger überfällt die Kudzu-Pflanze alles Menschenwerk

aber der ehrgeizigste Wucherer ist Kudzu, ein Import aus Asien. Ursprünglich wurde die Ranke als Zierpflanze zur Begrünung der Gärten importiert, entkam aber in die Wildnis und droht nun die ganzen Südstaaten der USA zu überwachsen. Zuwenig Frost gäbe es hier, um das Kraut in Schach zu halten, sagen die Floridianer und witzeln sogar: »Bleib' bloß nirgendwo im Wald stehen, sonst überwuchert dich das Kudzu.« Vieles spricht dafür, daß ihnen das Lachen bald vergehen könnte.

Carrabelle ist eines der typischen Fischerdörfer. Im Hafen tuckern die Krabbenboote vom Fang herein, daneben warten schon die Arbeiter der kleinen Fischfabriken auf die Ladung. Im Ortszentrum rechter Hand steht eine Telefonzelle, das »Polizeihauptquartier« von Carabelle. Meist parkt daneben ein Streifenwagen und wartet auf seinen nächsten Anruf zum Einsatz. Meist aber bleibt es beim Parken und Warten.

Apalachicola ist berühmt für seine exzellenten Austern. Wie seit alters her staken die Fischer in kleinen Booten in den flachen Sund hinaus und ernten die Muscheln mit der Hand. Rings um die Bootsstege türmen sich die Säcke voller Austern und um die Häuser meterhohe Berge von Schalen. Rund 70 Prozent der Austernernte Floridas kommt von hier. In einer der kleinen *Raw Bars* kann man die Meeresfrüchte kosten oder sich daran sattessen.

Es gibt jedoch noch eine weitere Leistung, derer sich Apalachicola rühmen kann. Mitte des letzten Jahrhunderts entwickelte hier Dr.John Gorrie, der seinen Malariapatienten die Sommerhitze erträglicher machen wollte, die erste Maschine zur Luftkühlung – den Vorläufer

Urwaldküste an der Apalachicola Bay

der Klimaanlage. Medizinisch und technisch interessierte Besucher können im kleinen John Gorrie Museum die Apparate bewundern, die die Geschichte Floridas veränderten, weil sie die Besiedlung des Südens erst ermöglichten.

Schnurgerade führt die US 98 durch Port St.Joe, einen Industriehafen mit stinkender Papiermühle und weiter durch das Sperrgebiet der Tyndall Air Force Base. Auch in Panama City braucht man noch nicht anzuhalten, wohl aber im vorgelagerten Panama City Beach, dem beliebtesten Ferienort des Panhandle. Hier läßt sich ein Tag gut verbringen.

Schneeweiß sind die Strände und Dünen der Miracle Mile von Panama City Beach; Quarzsand, der nach den Eiszeiten aus dem Norden angeschwemmt wurde. Kein Wunder, daß die Sonnenbrillenstände hier lukrative Geschäfte machen –

Kriegsspiele im Sand

Panama City Beach

Miracle Mile in Panama City Beach

die im Sand reflektierende Sonne kann angeblich sogar zu »Schneeblindheit« führen.

Ein lohnender Ausflug führt hinaus nach Shell Island, einer unberührten Insel, an deren herrlichen Stränden man einen schönen Vormittag verbummeln kann. Im flachen Wasser gibt es hübsche Muscheln zu finden, und der feuchte Sand ist ideal zum Burgenbauen. Am Nachmittag locken die Vergnügungsparks und Strandbars im Ortszentrum. Panama City Beach hat an der Miracle Mile eine einzigartige Sammlung von Minigolfplätzen, Berg-und-Talbahnen und Jahrmarktbuden aufgebaut – so kitschig, daß es schon wieder originell ist.

»Redneck Riviera« wird dieser Küstenstreifen oft tituliert, weil dies das angestammte Erholungsgebiet der ländlichen Südstaatler ist. Als *rednecks* wurden früher die Farmer und Arbeiter bezeichnet, die beim ständigen Arbeiten im Freien einen sonnenverbrannten Hals bekamen. Heute werden scherzhaft alle Kleinstadt-Südstaatler so kategorisiert, auch wenn sie nicht mehr so konservativ sind wie die *rednecks* der frühen Jahre. Für die patriotische Südstaatenflagge auf dem Auto und das sehnsüchtige Seufzen an der Bar über die »good ol' days« vor dem Bürgerkrieg reicht es aber allemal – auch wenn man diese Zeit nie erlebt hat.

Die Atmosphäre des Old South erlebt man ein Stückchen weiter im Eden State Garden, einer Parkanlage am Ufer der Choctawhatchee Bay. Das alte Herrenhaus ist umgeben von majestätischen Eichen, die unter der Last des grauen Spanischen Mooses zu ächzen scheinen. Nur wenige Kilometer südlich dieser beschaulichen Anlage protzt am Strand von Seaside das krasse Gegenteil: der neue Ferienkomplex Seaside Village. Weiße Fensterstöcke und verspielte Erker an den bunten Häusern sollen den Bewohnern ein hier völlig unpassendes Dorf aus Neuengland vortäuschen. Auch das ist Florida.

Einen interessanten Sprung in die wirkliche Geschichte erlaubt das Temple Mound Museum von Fort Walton Beach. Töpfereiarbeiten, Muschelschmuck und ein gut 20 Meter hoher Tempelhügel erläutern die 10 000jährige indianische Geschichte Nordfloridas. Besonders eine der Keramikfiguren zeigt deutlich mittelamerikanische Einflüsse, so daß die Spekulationen der Wissenschaftler über eine Verbindung der Mississippi-Kultur mit den Völkern in Mexiko berechtigt scheinen.

Durch die riesigen Waldgebiete der Eglin Air Force Base führt die SR 285 ins Binnenland. Eine angenehme Pause auf der Rückfahrt nach Osten kann man in De Funiak Springs einlegen. Das gut einhundert Jahre alte Städtchen wurde von Mitgliedern der Chautauqua-Bewegung aus dem Staat New York gegründet, einer religiösen Vereinigung, die durch Unterhaltungsveranstaltungen und Seminare die Menschen zu einem besseren Leben erziehen wollte. Zwar ging die Bewegung in den 30er Jahren unter, doch ihre Versammlungshalle und die stilvollen Häuser am fast kreisrunden Lake De Funiak blieben erhalten.

Marianna, eine alte Farmerstadt nahe der Grenze zu Alabama, wartet auf mit der letzten Sehenswürdigkeit auf unserer Route, den Florida Caverns. In die dicken Kalksteinschichten hat das Wasser zahlreiche Höhlen eingefressen. Im Süden des Staates liegen sie unterhalb des Grundwasserspiegels. Nur im hügeligen Norden konnte eine Höhle mit Stalagmiten, Kalzitsäulen und anderen seltsamen Formationen entstehen. Daß der weiche Kalkstein dem Wasser gegenüber eine schwache Seite hat, zeigt sich auch am kleinen Fluß im Park, der immer wieder unter der Erdoberfläche verschwindet, bevor er ein Stück stromabwärts wieder auftaucht. Auf den Lehrpfaden des Parks kann man außerdem eine reichhaltige Tierwelt kennenlernen: Alligatoren, seltene Schildkrötenarten und sogar Biber leben in den Bächen.

Indianerkeramik im Temple Mound Museum in Ft. Walton Beach

Seaside, Florida: Hier geht die Post ab

Eden State Park westlich von Panama City ▷

VII Eine Woche baden gehen

Während, vor oder nach der Rundfahrt sollte man sich unbedingt einige Tage am Strand gönnen, um die Reisehektik oder den noch nicht abgebauten Arbeitsstreß im warmen Wasser und feinen Sand zu vergessen. Wer Ruhe sucht, kann sich auf die verschwiegenen Inseln an der Westküste zurückziehen. Mehr Unterhaltung und *action* findet man an der dichter besiedelten Ostküste, bei Miami oder Fort Lauderdale zum Beispiel oder im Sommer in Panama City Beach.

Die meisten der in den Tagesinformationen angegebenen Hotels eignen sich auch für längere Aufenthalte, oft kommen dann preiswertere Wochentarife zum Zuge. Wer schon vorab buchen möchte oder speziell am Segeln, Tennis- oder Golfspiel interessiert ist, erhält hier einige Vorschläge, die fast alle über Reisebüros und Reservierungszentralen auch in Europa zu buchen sind – meist als günstiges Wochenpaket:

Eine Woche baden gehen

Ostküste:

Bahia Mar Resort
801 Seabreeze Blvd.
Ft. Lauderdale, FL 33316
Tel. (305) 764–2233
Modernes Ferienhotel im Ortszentrum gegenüber dem Strand; eigener Jachtklub, Bootsvermietung, Segelkurse und Charterboote zum Fischen. $$–$$$

Sheraton Yankee Clipper
1140 Seabreeze Blvd.
Ft. Lauderdale, FL 33316
Tel. (305) 524–5551
Großer Hotelkomplex in Ozeandampferform in sehr schöner Strandlage; Restaurants, drei Pools. Im Sommer $$, im Winter $$$–$$$$.

Beachcomber Hotel (Best Western)
1200 S. Ocean Blvd.
Pompano Beach, FL 33062
Tel. (305) 941–7830 oder (800) 528–1234
Geräumiges Ferienhotel an der Ostküste nördl. von Ft. Lauderdale; schöner Sandstrand, Ausflugsmöglichkeiten, Pool. Im Winter $$$, im Sommer $$.

Cheeca Lodge
P.O. Box 527, MM 82
Islamorada, FL 33036
Tel. (305) 664–4651
Erlesener Luxus am Palmenstrand der Keys; ruhige Anlage mit 86 Zimmern; hier macht Präsident Bush Urlaub vom Weißen Haus. $$$$

Westküste:

Sundial Beach & Tennis Resort
1451 Middle Gulf Dr.
Sanibel Island, FL 33957
Tel. (813) 472–4151
Weitläufiges Strandparadies mit großen Appartements direkt am Golf von Mexiko mit sehr schönem Sandstrand; Tennisplätze, Pools, Restaurants und Bars. Im Sommer preiswert; Tages- und Wochentarife $$–$$$.

Windsurfer bei Ft. Charlotte Beach

'Tween Waters Inn
Captiva Island, FL 33924
Tel. (813) 472–5161
Komplettes Feriendörfchen mit karibischem Einschlag; hübsche rustikale Hütten und moderne Hotelzimmer; eigene Marina. $$–$$$

Sea Wake Inn (Best Western)
691 S. Gulfview Blvd.
Clearwater Beach, FL 34630
Tel. (813) 443–7652
Am Sandstrand der Insel vor Tampa gelegen; Wassersport- und Strandfreuden direkt vor der Tür. Im Sommer $$, im Winter $$$.

Holiday Inn Surfside
400 Mandalay Ave.
Clearwater Beach, FL 34630
Tel. (813) 461–3222
Im Herzen von Clearwater Beach nahe Tampa und mit allem Strandtrubel, den man sich wünschen kann. Im Sommer $$$, im Winter $$$$.

Eine Woche baden gehen

The Alden
5900 Gulf Blvd.
St. Petersburg Beach, FL 33706
Tel. (813) 360–7081 oder (800) 237–2530
Gepflegtes Ferien-Motel direkt am Strand mit großen Appartements (2–12 Personen); Segelboot- und Surfbrettvermietung. $$–$$$

Innisbrook
P.O. Drawer 1088
Tarpon Springs, FL 34688
Tel. (813) 942–2000
Erstklassiges Golf- und Tennisparadies nördlich von St.Petersburg mit sämtlichen nur vorstellbaren Annehmlichkeiten; große Zimmer, verschiedene Golf- und Tennispakete. $$$–$$$$

Sonesta Sanibel Harbour Resort
17260 Harbour Pointe Dr.
Fort Myers, FL 33908
Tel. (813) 466–4000
Für Tennis-Fans: Luxuriöses Hotel an der San Carlos Bay mit Strand, Pool, Restaurants, Nachtleben und – dem US Tennis Center mit 13 Courts. $$$$

Panhandle:

Dune Allan Realty
Route 1, Box 416
Santa Rosa Beach, FL 32459
Tel. (904) 267–2121 oder (800) 423–7433
Breites Angebot an Ferienappartements und –häusern an den weißen, einsamen Stränden zwischen Panama City und Fort Walton Beach; Preislage je nach Lage und Komfort zwischen $ 375 und $ 2000 je Woche für zwei bis acht Personen. Einige Wochen zuvor schriftlich reservieren.

Bluewater Bay
P.O. Box 247
Niceville, FL 32578
Tel. (904) 897–3613
Riesige Wohn- und Ferienanlage an der Choctawhatchee Bay nördl. von Destin. Große Tennisanlagen, 3 Golfplätze, Restaurants, Bootsvermietung. Zimmer, Appartements, Häuser: Wochentarife zwischen $ 300 und $ 1000, je nach Saison und Anzahl der Personen.

Für Camper:

Campingplätze am Strand findet man vorwiegend an der nördlichen Ostküste und im Panhandle. Die Florida Keys sind sommers wie winters ein ausgezeichnetes Feriengebiet, allerdings gibt es nicht viele Campingplätze. Im Winter sollte man für einen mehrtägigen Aufenthalt unbedingt einige Wochen zuvor reservieren. Zum längeren Aufenthalt eignen sich auch die in den Tagesbeschreibungen angegebenen Plätze (im Winter bes. Bahia Honda State Park) oder

Fiesta Key KOA
MM 70
Long Key, FL 33001
Tel. (305) 664–4922
Schön angelegter Privatcampingplatz auf einer eigenen Insel; Restaurant, Bootsvermietung, gutes Angelrevier.

Sunshine Key Camping Resort
Rt. 1, Box 790
Sunshine Key, FL 33050
Tel. (305) 872–2217
Großer Privatplatz am Golf von Mexiko; Pool, Strand, Bootsvermietung, Tennisplätze.

Holiday Travel Park
5380 East Hwy. 98
Destin, FL 32541, Tel. (904) 837–6334
Großer Privatcampingplatz am Golf mit eigenem Strand und kleinem See, Pool und Waschsalon.

Eine Woche baden gehen

Kreuzfahrten

Von Miami und Port Canaveral aus werden zahlreiche ein- und mehrtägige Kreuzfahrten zu den Bahamas und in die Karibik veranstaltet. Die eintägigen »Schnupperfahrten« sind ein typisch amerikanisches Vergnügen: mit Glücksspielkasinos und Pools an Bord, mit Show und Disco am Abend. Sogar ein »Golfturnier« wird veranstaltet, bei dem – ohne einen Gedanken an den Umweltschutz zu verschwenden – alte Golfbälle ins Meer geschossen werden.

Um wirklich etwas von den Bahamas oder anderen Inseln der Karibik zu sehen, sollte man eine mehrtägige Kreuzfahrt unternehmen; dabei kann man wieder nach Florida zurückkehren oder bis nach Mexiko und über Panama an die Pazifikküste fahren.

Alle Kreuzfahrten können bereits in Europa gebucht werden, aber für Kurzentschlossene ist auch die Buchung vor Ort möglich:

SeaEscape Ltd.
1080 Port Blvd.
Miami, FL 33123
Tel. (305) 379–0000 oder (800) 432–0900
Eintägige Mini-Kreuzfahrten von Port Canaveral und Miami nach Freeport, Bahamas oder entlang der Küste Floridas.

Premier Cruise Lines
400 Challenger Rd.
Cape Canaveral, FL 32920
Tel. (407) 783–5061
Drei- und viertägige Kreuzfahrten zu den Bahamas ab Port Canaveral; im Pauschalarrangement mit einem Aufenthalt in Disney World zu buchen.

Norwegian Cruise Line
95 Merrick Way
Coral Gables, FL 33134
Tel. (305) 445–0866
3-, 7- und 10-tägige luxuriöse Kreuzfahrten ab Miami zu den Bahamas und mehreren Inseln der Karibik.

Golfturnier auf hoher See

VIII Grenzgänger. Ernest Hemingway auf Key West

von Burkhard Riedel

»90 Meilen bis Kuba.« Diese Aufschrift, vor der sich zur Hochsaison täglich Hunderte fotografieren lassen, beweist es: Hier sind die USA zu Ende, hier ist ihr absolut südlichster Punkt. Dahinter türkis-milchiges bis marineblaues Wasser, heute auch noch Castro und Kommunisten – nicht nur geographisch eine Grenzlinie. Key West eben.

Ist es Zufall, daß sich hier jemand eine flüchtige Heimat schuf, der zeitlebens ein Grenzgänger war? Ernest Hemingway. Sein labiles Grenzgängertum bestätigt sich noch mehr, wenn man sein Leben genauer betrachtet und unterscheiden lernt zwischen seiner Selbstinszenierung und seinen Selbstzweifeln. Schließlich war es – auch, nicht ausschließlich – die Suche nach Erlösung von diesen zermürbenden Zweifeln, nach Antworten auf existentielle Fragen, die ihn umtrieb – nach Paris, nach Italien in den Ersten Weltkrieg, nach Spanien in den Bürgerkrieg gegen den letztlich doch siegreichen Faschismus, nach Afrika, nach Kuba. Und dazwischen immer wieder nach Key West.

Key West 1928: dieses Tüpfelchen aus Korallensand, Kokospalmen, karibischer Schläfrigkeit. Key West, »mit schäbigen Matrosen-Bars, spanischen Restaurants ... und alten, weißen Häusern von einer gewissen verkommenen Eleganz«, wie Anthony Burgess die Insel skizziert. Piraten und Schmuggler hatten sich hier früher schon ebenso wohlgefühlt wie raufluStige Freunde von Rum und Rumba. Hemingway auch.

Key West war nicht »das« Amerika und Hemingway war nicht »der« Amerikaner. Er suchte den Sinn des Lebens in Paris, die Bestätigung als Mann der Tat, als Mann überhaupt, an europäischen Kriegsfronten. Er suchte das Abenteuer in Afrika, den Beweis menschlicher Überlegenheit in Spanien. Überlegenheit nicht nur im Geist, sondern im Ganzen – in Mut, List, Ausdauer und Kraft: Stierkampf. Persönliche Freundschaften zu den Stars der spanischen Stierkampf-Arenen demonstrierte er gern vor Pressekameras.

Und wo blieb Amerika? Der Grenzgänger trug es in sich, vom äußersten Norden, wo er geboren wurde, zum äußersten Süden, nach Key West. Die Mitte ließ er aus. Das Amerika der hastigen Industrialisierung, wo aus wilden Prärien langweilige Monokulturen wurden, aus »männlichem« Pioniergeist satter, kulturloser Neureich-Protz und aus einer erkämpften, vorwärtsgetriebenen Grenze in die Wildnis nunmehr abgesteckte, undynamische Besitztümer entstanden waren – dieses Amerika faszinierte Hemingway nicht mehr.

Das Stück Amerika, das Hemingway in sich trug (und dessen Attribute er an und in sich inszenierte), war vergangen: »Ein Kontinent altert schnell, sobald wir kommen ... Unsere Vorfahren sind nach Amerika gegangen, weil das damals das Land war, wo man hingehen sollte... Sollten die anderen ruhig nach Amerika kommen, die nicht wußten, daß sie zu spät kamen.« So Hemingway unter dem Eindruck von Afrika, wo er gesehen hatte, was Amerika verlorengegangen war.

Ernest Hemingway in jungen Jahren

Diese Seite seines Empfindens und Handelns hat Hemingway die Charakterisierung eines starrköpfigen Machos und Einzelgängers eingebracht. Er genoß dieses Image weidlich, indem er sich als trinkendes, mißtrauisches Raubein stilisierte, dem es gleich war, ob er einem Verleger oder einem Zeitschriftenredakteur androhte, sie windelweich und zu Brei zu prügeln. Ein Mann des Wortes und, wenn nötig, ein Mann der Faust, der auf seinen breiten, behaarten Brustkorb stolz war und die Hemdsärmel so weit hochkrempelte, daß seine stämmigen Arme unübersehbar waren: Geist und Kraft, ein ganzer Mann. Enge Vertraute wußten allerdings, wie sehr für ihn selbst seine Sehschwäche und vor allem gelegentliche Probleme mit seiner sexuellen Potenz dieser Stilisierung im Wege waren.

Key West: Auch in den Hafenkneipen prügelte man sich gern, sofern »Mann« noch bei Kräften war nach einem Sport, den Hemingway erst hier kennenlernte: das Hochseefischen. Wie die Stiere für Spanien standen, die Löwen und Antilopen für »Die grünen Hügel Afrikas« und für den »Schnee auf dem Kilimandscharo«, so standen die riesigen Marline und Haie für Key West. Das stundenlange Ziehen und Nachgeben, das Ringen um ein paar Meter Schnur, der mit Waage und Meterstab meßbare Triumph oder die Schmach des leeren Hakens: das war Key West und, später, Kuba.

Angefangen hatte es bescheidener, mit Bibern und Hirschen, hoch oben im Norden Michigans, in Hemingways Kindheit. Wieder an einer Grenze, an der kanadischen. Drei Patronen bekam Ernest schon mit zehn Jahren täglich für sein erstes eigenes Gewehr von seinem Vater, dem Arzt Dr. Clarence E. Hemingway – für die gemeinsamen Erkundungen der Wildnis rund um den Walloon-See, wo die Hemingways ein Ferienhaus besaßen. Es war (und ist noch heute) Indianerland dort oben. Ein nicht weit entferntes Lager vom Stamm der Ojibways wurde vom Doktor Hemingway ärztlich versorgt. Dieses duftende Dickicht, zwischen dessen birkenweißen und tannenharzigen Stämmen sich der See spiegelte, war 400 Kilometer entfernt von den gepflegten Villen-Vorgärten von Oak Park, einem Vorort Chicagos für bessere Leute. Hier waren die Hemingways zu Hause, stieg der Doktor in der Gunst der Nachbarn und in den Hierarchien von Klubs und Komitees nach oben – bis zu seinem Selbstmord im Dezember 1928. Der Mann, dessen Beruf es war, Leiden zu lindern und Leben zu verlängern, erschoß sich selbst.

Schlaflosigkeit, Diabetes und Angina pectoris hatten den Arzt mürbe gemacht und seinen Glauben an einen Sinn im Weiterleben zerstört.

Bezeichnend für die Zerrissenheit Ernest Hemingways war, daß er spontan mit Scham reagierte. Ein Mann, so sein gelebtes Dogma, müsse Herr seiner Probleme und Nöte bleiben. Sein Vater, der aus Verzweiflung aufgab, verlor in den Augen des Sohnes ein Element seiner Männlichkeit. Wie vorläufig diese Bewertung war, bewies erst 1961 der Schuß aus der doppelläufigen Jagdflinte in die eigene Kehle, mit dem Ernest Hemingway seinem Leben ein Ende setzte.

Um diese Männlichkeit und um den Platz, den Zartes, Frauen, Empfindsames in ihr haben dürfen, kreiste eigentlich alles im Leben Hemingways. Richtig männlich wäre es nach seinem Verständnis gewesen, wenn er sich allein und gegen mannigfache Widerstände hätte emporboxen müssen. Das hätte so recht gepaßt in das vergangene Stück Amerika, das er in sich trug.

Sein reales Leben verlief jedoch viel behüteter und privilegierter. Frauen mochten, liebten und förderten ihn von Kind auf – seine musisch orientierte Mutter, Lehrerinnen, seine ersten Freundinnen, ein Indianermädchen, das ihn sexuell »zum Mann« machte.

Der Einzelkämpfer – war er einer? Seinen journalistischen Job beim »Toronto Star« (jenseits der Grenze, in Kanada) bekam er 1920 durch die Vermittlung eines Familienfreundes. Eine Frau, seine erste Ehefrau Hadley, hielt ihn in den Anfangsjahren finanziell über Wasser. Wieder eine Frau, seine zweite Ehefrau Pauline, machte indirekt das Kapitel »Key West« in Hemingways Leben erst möglich. Ihr Onkel schenkte dem Paar das Haus dort. Viele andere Helfer und Förderer wären zu nennen, Sherwood Anderson in Amerika, Gertrude Stein in Paris, Freunde, deren Arbeits- und Wohnzimmer er teilen durfte. Er nahm ihren Rat, war bereit zu stimulierendem Austausch und löste sich allzu oft von ihnen im Streit und, rückblickend, mit überheblichem Spott. Burgess berichtet sogar von einer »Neigung, sich gegen die Menschen zu wenden, die ihm halfen«, von »Gehässigkeit, Bösartigkeit, Selbstsucht und Grausamkeit«.

»Männer ohne Frauen« nannte Hemingway einen Kurzgeschichten-Band. Männer sind seine Hauptpersonen; Freundschaften zwischen Männern sind beständig in seinen Werken. Je älter Hemingway wird, desto deutlicher schält es sich heraus, in »Inseln im Strom« wie schon im »Alten Mann und das Meer«: Frauen bringen Abwechslung ins Leben der männlichen Helden, belebende Intermezzi oder melancholische Rückblenden, aber nicht viel mehr.

»Inseln im Strom« erzählt wohl am meisten über ihn selbst. Kumpelhafte Männerfreundschaften sind ihm wichtiger als »Frauengeschichten«. Von letzteren zählen wiederum eigentlich nur die Resultate; die Söhne aus einer Ehe, die zerbrach. Die Vorfreude des Vaters auf einen Sommer mit seinen Söhnen und dieser Sommer selbst bestimmen das Buch. »Väter und Söhne« ist nicht nur der Titel einer Erzählung, es ist auch eine Variante des Themas »Männerfreundschaften«, das für Hemingway, der seine Söhne liebte, besonders viel bedeutete. Seine Enkelinnen Mariel und Margaux kamen später zu mehr Schlagzeilen- und Filmruhm.

»Der alte Mann und das Meer« verdichtet die Thematik noch mehr. Einen alten Fischer und einen Dorfjungen verbindet eine tiefe Freundschaft. Und auch das Sich-Beweisen-Wollen mit dem Fang seines Lebens, von dem zum Schluß nur ein hai-zerfressenes Skelett übrig bleibt, ist ein für Hemingway typisches Element von Männlichkeit.

Key West heute: Die Hochseefischer sind allgegenwärtig, ihre Fangrekorde auf den Tafeln der Bootsvermieter mit weißer Kreide angeschrieben. Fotos überall. Männer mit Fischen, Männer mit Trophäen, Männer mit Pokalen, Männer auch, die Hemingway mehr oder minder ähnlich sehen – Teilnehmer von »Hemingway-Look-Alike«-Wettbewerben, bei denen alljährlich nach dem echtesten Amateur-Double des Schriftstellers gesucht wird. Seine Stammkneipe »Sloppy Joe's« natürlich, die auch nur ein für Touristen aufgeputztes Double ist: Die erste Bar gleichen Namens heißt heute »Captain Tony's«. Nur Hemingways Haus ist noch ein Original und die bedeutendste Attraktion auf Key West. Viele derer, die es heute durchstreifen, huldigen dem Macho-Mythos des Autors mehr als seinen Werken. Viele inszenieren sich selbst so wie schon der Meister. Der Kreis schließt sich.

Key West hat Hemingway gewinnbringend vereinnahmt. Das geht so weit, daß manche gar die Entstehung vom »Alten Mann und das Meer« nach Key West verpflanzen wollen. Immerhin gab es zwei Jahre nach dem Erscheinen dieses Bestsellers den Nobelpreis für den Amerikaner Hemingway. Wohl auch deshalb wird das Schaffen an diesem symbolkräftigen Meisterstück allzugern nach Amerika verlegt, tatsächlich aber fiel die Arbeit in Hemingways kubanische Phase, in »die am wenigsten bekannten Jahre seines Lebens, nicht nur weil es die persönlichsten waren«, so der spätere Nobelpreis-Kollege Gabriel García Márquez. Angesichts der anhaltenden politischen Spannungen zwischen den USA und Castros Kuba teilt sich Key West den Hemingway-Kuchen nur ungern mit den Rebellen auf der Zuckerinsel.

»90 Meilen bis Kuba«: Castros Revolution 1959 wurde vom damals schon schwerkranken Hemingway durchaus gutgeheißen. Nur 90 Meilen trennten plötzlich zwei Systeme. Schlimmer als in den letzten Jahren der korrupten und brutalen, von den USA geduldeten Batista-Herrschaft auf Kuba könne es ja nicht kommen, sagte Hemingway. Sichtlich gerührt ließ er sich bei seiner Ankunft in Havanna kurz nach der Revolution von den Fischern aus Cojimar und von den Kumpels aus Havannas berühmter »Floridita«-Bar feiern – Männern und Schauplätzen, denen er im »Alten Mann und das Meer« und in »Inseln im Strom« literarische Denkmäler setzte.

Insgesamt 22 Jahre war die Finca Vigia nahe Havanna »der einzige feste Wohnsitz, den Hemingway in seinem Leben hatte« (Márquez). Auch sie steht heute Touristen offen. Während der zwei letzten Jahre im revolutionären Kuba bezeugte Castro mehrfach Hemingway seine Hochachtung, er gewann sogar einen Pokal in dem von »Ernesto« selbst organisierten Hochsee-Preisfischen. Ein Mann, ein Grenzgänger mit vielen Gesichtern. Manche echt, manche Masken. Ein Amerikaner, dem Nordamerika zu kulturlos war. »Lassen wir sie lesen, was sie lieben. Es hat kaum Sinn zu versuchen, einen leidenschaftlichen Coca-Cola-Trinker zum echten Champagner zu bekehren«, wetterte er aus Paris gegen seine kanadischen Leser im »Toronto Star«. Ein Amerikaner aber auch, der die feinen Pariser Salons mit seiner ungehobelten Wildwest-Manier provozierte. Sensibel und zärtlich in seinen schönsten Wortskizzen, grob und grell im verschwitzten Boxring und in verqualmten Kneipen.

Bei seinen Schulfreunden schon hatte er gleich mehrere Spitznamen: Hemmy, Stein, Hemingstein, Oinbones, Ernie und Nesto nannten sie ihn. Aus jedem dieser Namen hätte leicht ein Mann erwachsen können. Alle zusammen aber in einem einzigen Mann und in einem einzigen, kurzen Leben – das war wohl doch zuviel.

IX Trommeln am Sonntagnachmittag – afrokubanische Religion in Miami

Mit mildem Lächeln blickt das Gipsgesicht der Heiligen Jungfrau aus dem Schaufenster des kleinen Ladens an der Calle Ocho im kubanischen Stadtteil Little Havana. Links und rechts neben ihr reihen sich auf dem Regalbrett nicht nur Dutzende von Statuetten, die ihr wie aus dem Gesicht geschnitten sind, sondern auch ganze Regimenter weiterer wohlbekannter Gestalten aus der katholischen Heiligengeschichte.

Ein Laden für die Exil-Kubaner, ein Volk, das sich in der neuen Heimat seine spanisch-katholische Frömmigkeit bewahrt hat? Zum Teil mag das zutreffen, doch in der »Botanica« werden auch Gegenstände mit mysteriösem Verwendungszweck feilgeboten. Wie etwa sollte man sich die Funktion der verschiedenartigsten Gefäße, manche vasenähnlich, andere eher an Suppenschüsseln erinnernd, erklären? Noch verwirrender sind die perlen- oder muschelbestickten Rasseln, Zepter und Krummstäbe. Vor den Ständern mit prunkvollen Kleidungsstücken, deren leuchtende Farben den Besucher fast blenden, thronen auf den Verkaufstischen schwere Eisenkessel, aus denen Hirschgeweihe, armlange Holzstöcke oder derbe Nägel von Eisenbahnschwellen ragen.

Auskunft über die Bedeutung dieses Sammelsuriums, dessen Teile offensichtlich mit religiösen Zeremonien zu tun haben, könnten wohl die Bücher geben, die oftmals in diesen »Fachgeschäften« erhältlich sind – jedoch ausschließlich in spanischer Sprache. Mit Katholizismus, das würde bei der Lektüre dieser Literatur schnell offenbar, hat das nichts mehr zu tun.

Des Rätsels Lösung liegt weit in der Vergangenheit, in einer Zeit lange vor der heutigen Generation der »Santeros«, wie sich die Anhänger der exilkubanischen Religion nennen. Ihre Zahl wird allein in Miami auf rund 50000 geschätzt. Ihre Vorfahren importierten aus ihrer Urheimat Afrika die ganze vielköpfige Götterfamilie nach Kuba – bestehend aus den »orichas«, die seit Jahrhunderten ihr Leben kontrolliert hatten. Die afrokubanische Religion »Santeria« oder »regla ocha« entstand vermutlich im späten 18. und 19. Jahrhundert, als sich bürgerkriegsähnliche Unruhen im Südwesten Nigerias ausbreiteten. Die dortigen Yoruba-Stämme bekriegten sich bitter und verkauften jeweils die Gefangenen an die weißen Sklavenhändler, die diese dann nach Kuba und Brasilien verschleppten.

Unter dem Schutz der spanischen Sklavengesetzgebung gelang es den Afrikanern dort, ihre Gemeinschaft in an Landsmannschaften erinnernde Verbände zu erhalten. Die sogenannten »cabildos de nacion« waren die Keimzellen für eine afrokubanische Kultur. Die Kirche, deren Aufsicht sie unterstellt wurden, war für die Schwarzen kein Hindernis, ihre Tradition ungestört weiter zu praktizieren. Sie hängten ihren Gottheiten kurzerhand ein katholisches Tarnmäntelchen über. Was nämlich die weißen Herren für einen übertriebenen Kult der Heiligen hielten (daher der Name »Santeria« von spanisch: santo =

Heiligenfiguren in einem Schaufenster in Little Havana

Heiliger), war nichts anderes als eine den Umständen angepaßte Version des heimatlichen Glaubens der Yoruba. Die »orichas« schlüpften sozusagen in die Gewänder der »santos«.

So verbirgt sich noch heute hinter der katholischen Santa Barbara der Yoruba-Gott Changó, hinter San Lazaro Babalu Ayé, und in der Jungfrau von der Barmherzigkeit erblicken die Santeros in Wirklichkeit die afrokubanische Aphrodite Ochún. Seit dem späten 19. Jahrhundert wandten sich mehr und mehr weiße Kubaner diesen »neuen« Religionen zu. Selbst einige prominente Mitglieder der vorrevolutionären Elite Kubas – Musiker, Schauspieler und sogar Politiker – sollen der Santeria angehört haben.

Die Einwanderung aus Kuba ist so alt wie die weiße Geschichte Floridas: Schon die ersten Spanier kamen über Kuba in die neue Kolonie Tierra florida – und brachten schwarze Sklaven mit. Im 19. Jahrhundert kamen Zigarrendreher und andere Flüchtlinge der Bürgerkriege. Der eigentliche Exodus aus Kuba begann aber mit der Revolution Castros im Jahre 1959. Mittlerweile wird die exilkubanische Gemeinschaft in Miami auf eine halbe Million Mitglieder geschätzt.

An regionale Veränderungen gewöhnt, siedelten auch die afrikanischen Gottheiten ein zweites Mal mit den Gläubigen um. In Miami angekommen, wurden sie endgültig »gesellschaftsfähig«. War die Santeria auf Kuba noch vornehmlich auf die schwarzen Unterschichten beschränkt gewesen, hat sie sich in der neuen Heimat auf nahezu alle sozialen Schichten und Gruppen ausgedehnt. Der weiße exilkubanische Mittelstand gehört heute zu ihren überzeugtesten Anhängern und trägt dazu bei, daß sie derzeit eine neue Blüte erlebt. Nicht einmal einen Platz auf der untersten Stufe der gesellschaftlichen Hierarchie hatten die armen Sklaven, die einst als einziger Besitz ihre Gottheiten mit aus

Afrika gebracht hatten – heute kennt ihre Religion keine Standesdünkel mehr. Die kleine Blumenverkäuferin am Straßenrand und die Supermarkt-Kassiererin gehören ebenso zur Gemeinschaft wie der Bankangestellte oder der wohlhabende Besitzer eines Handelsunternehmens.

Wie im antiken Griechenland bevölkern zahlreiche Götter den »Olymp« der Santeros. Jede Göttin, jeder Gott hat seinen Zuständigkeitsbereich (Blitz und Donner z. B.) und wird durch bestimmte Gegenstände und Farben symbolisiert. Die »santos« tragen recht menschliche Züge und zeigen sich durchaus lebensfroh. Nicht immer ist ihr Verhältnis untereinander von göttlicher Nachsicht geprägt, sie geraten in Streit, haben Liebschaften und produzieren Nachkommen. Offensichtlich sind sie auch keine Verächter leiblicher Genüsse. Wie sonst könnte man sich Opfergaben wie Zigarren, Popcorn oder Schnaps erklären? Dergleichen Präsente erblickt man verschiedentlich zu Füßen der oft lebensgroßen Statuen in den Gärten der Santeros.

Für die Gläubigen ist die Gegenwart der höheren Wesen immer spürbar. An Wochenenden erklingen in Stadtteilen wie Little Havana, West Miami oder Hialeah Trommelklänge und afrikanische Gesänge aus den Häusern der Santeros. Sie rufen die Götter, und genau wie auf Kuba und schon Jahrhunderte zuvor in Afrika, steigen die Angesprochenen vom Himmel herab und gesellen sich zu ihren Kindern.

Santeros brauchen keine Kirchen zum »Gottesdienst«. Nach einer langwierigen Einweihungszeit leben die jeweiligen »Schutz-orichas« sozusagen als übernatürliche Haushaltsmitglieder in den Wohnungen der Gläubigen. Damit sie dort gerne einkehren und sich wohlfühlen, wird ihnen bisweilen gar ein eigenes Zimmer reserviert. Auf kunstvoll arrangierten Altären bieten ihnen die Santeros Blumen, Speise- und Trankopfer dar. Nur eingeweihten Gläubigen sind die Orakelsysteme bekannt, durch die sie mit ihren Gottheiten Kontakt aufnehmen können.

Mindestens einmal im Jahr lädt der Santero Freunde und Bekannte ein, engagiert eine Gruppe von Trommlern und veranstaltet einen »tambor« (oft auch einfach »fiesta« genannt) für »seinen« persönlichen Heiligen. Nicht selten zeigt der sich derart angetan von dem Spektakel, das für ihn inszeniert wird, daß er in einen oder mehrere der Gläubigen »fährt«, die dann in Trance verfallen. Auf diese Weise mischen sich die alten afrikanischen Gottheiten im Miami des 20. Jahrhunderts unters Volk und verleben ein paar fröhliche Stunden fern vom »oricha-Olymp«.

Fremden gegenüber zeigen sich die Santeros oft skeptisch und ablehnend. Die lange Geschichte der Verfolgung ihrer Religion, die Vorurteile der amerikanischen Öffentlichkeit und die Respektlosigkeit, mit der Spötter und Neugierige immer wieder in ihre Welt einzudringen versuchen, haben sie gelehrt, sich Anglos gegenüber zu distanzieren. Botanicas sind deshalb als Refugium und sozialer Treffpunkt den Gläubigen vorbehalten, die dort gerne auf einen Sprung vorbeischauen, um über die Götter und die Welt zu palavern. Wer nicht fließend Spanisch spricht und keine feste Kaufabsicht hat, sollte sich lieber auf die Besichtigung der Auslagen dieser »Religionsläden« beschränken, als sich von den weißgekleideten Santeros an der Theke eine höfliche, aber unmißverständliche Abfuhr einzuhandeln.

Die Tarnkappe des Katholizismus, die die Santeros über ihre Götter gestülpt haben, hat diesen als Nebeneffekt auch Feste beschert. Viele der traditionellen kubanischen Heiligentage werden auch von den Santeros begangen. Zum Beispiel am 4. Dezember, wenn die Katholiken Kerzenwachen für Santa Barbara halten, feiern Santeros deren afrikanisches Gegenstück Changó.

Am deutlichsten wird dieses Nebeneinander von katholischem und afrokubanischem Brauchtum bei den prunkvollen Prozessionen für Kubas Nationalheilige, die Virgen de la Caridad del Cobre. Zu Tausenden finden sich die Menschen jährlich im Marine-Stadion von Miami ein, um der Jungfrau zu huldigen. Während ein katholischer Priester auf einer schwimmenden Bühne eine Messe zelebriert, wird eine Statue der Heiligen Jungfrau von ihrer Kapelle an der Brickell Avenue in einer Bootsprozession durch den Hafen zum Stadion geleitet. Tosender Jubel begrüßt sie dort – patriotische und religiöse Begeisterung mischen sich zu einem eindrucksvollen und ergreifenden Bekenntnis zum gemeinsamen Kubanertum. Für eine kurze Zeitspanne sind kubanische Katholiken und Santeros in ihrer patriotischen Euphorie vereint, denn obwohl es die Kirche nicht gern sieht, feiern die Anhänger der afrokubanischen Religion hier mit der Jungfrau Maria deren Santero-Gegenstück, die Schutzpatronin »Ochún«.

Während sich diese Szenen in der Öffentlichkeit abspielen, halten sich die Santeros, wenn es um ihre bedeutendsten Zeremonien geht, eher bedeckt. Die Geheimhaltung ist verständlich, denkt man an die Verfolgung, unter der die afrokubanischen Gläubigen in Kuba zu leiden hatten. Doch förderte dies auch das Entstehen wilder Gerüchte um vermeintliche »Voodoo-Praktiken« (die es unter den haitischen Einwanderern durchaus gibt). Nicht zuletzt aus einschlägigen Filmen bekannte orgiastische Zeremonien unterstützen diese völlig verzerrte Sicht der Santeria, die sie mit neuen Sekten in Zusammenhang bringt. In Wahrheit sind die Santeros jedoch weder fanatische Sektierer noch blutrünstige Okkulisten. Sie wollen lediglich in Frieden ihrem Glauben nachgehen.

Um diesem Ziel näherzukommen, wird in jüngster Zeit verstärkt Aufklärungsarbeit geleistet. Vortragsreihen vor Sozialarbeitern, Krankenhauspersonal und Angehörigen der Polizei sollen dazu beitragen, Vorurteile abzubauen. Santeros hielten im Miami Dade Community College Informationskurse ab; an der University of Miami wurde ein Konzert mit »Bata«-Trommeln und afrikanischen Gesängen, wie man sie bei religiösen Festen hören kann, aufgeführt. Und auf dem vom Historical Museum organisierten Florida Folklife Festival waren Santeros 1986 durch traditionelle Stickereien mit Perlen und Muscheln vertreten.

Einen großen Erfolg verzeichnete eine Gruppe von Santeros 1987: Die Staatsregierung von Florida gewährte ihr die Anerkennung als offizielle Kirchenorganisation. Mittlerweile können sogar Kinder für die Riten der »Taufe« beim Eintritt in die Santeria einige Wochen lang von der Schule freigestellt werden – welch ein weiter Weg dorthin von den armseligen Sklavenbaracken der kubanischen Zuckerrohrplantagen.

Als Tourist wird man mit der Santeria wohl nur am Rande in Berührung kommen. Dennoch ist sie heutzutage ein fester Bestandteil jener bunter Vielfalt karibischer Kultur, der Miami seinen eigentümlichen, »unamerikanischen«, Charakter verdankt. Leider sind die Möglichkeiten, sich über die afrokubanischen Religionen zu informieren, derzeit noch sehr begrenzt. Spanischkenntnisse sind bei einschlägiger Literatur unerläßlich. Unproblematisch dagegen ist der Zugang zu kultischer Musik, zumindest soweit es den Erwerb betrifft. Fast jeder kubanische Schallplattenladen ist darin gut sortiert. Auch die Kassettenstände auf dem Flagler Dog-Track Flea Market bieten eine Auswahl an »musica de los toques de santo«.

X SERVICETEIL

REISEPLANUNG

Anreise 217
Einreise 217
Automiete 217
Unterkunft 218
Ärztliche Vorsorge 219
Auskunft 219
Geld/Devisen 219
Gepäck 220
Reisezeit 221
Zoll 221

REISEDATEN

Auskunft vor Ort 222
Autofahren 222
Einkaufen 223
Feiertage/Feste 223
Kinder 223
Maße und Gewichte 224
Notfälle 224
Post 225
Presse/Radio/TV 225
Restaurants/Verpflegung 226
Sport 227
Telefonieren 227
Trinkgeld 228
Zeitzone 229

SPRACHHILFEN

How would you like your eggs? – Im Labyrinth der Speisekarten 229
No U-Turn – Autofahren 231
May I help you? – Einkaufen 232
Checking in, Sir? – Hotels/Motels/Campgrounds 232
Hold on! – Telefonieren 233
Spezielle Sprachgebräuche in Florida 233

Anreise

Nonstopflüge aus Europa erreichen meist nach knapp zehn Stunden Flugzeit (und sechs Stunden Zeitunterschied) am Nachmittag oder frühen Abend den großen internationalen Flughafen von Miami (ca. 10 km westlich der Stadt), der mit MIA abgekürzt wird. In Fort Lauderdale, Orlando und Tampa gibt es weitere internationale Flughäfen für Liniendienste und Charterflüge. Über preiswerte Holiday- und andere Sondertarife sowie Charterflüge (z. B. Condor) informieren die Reisebüros.

Über Rollbänder bzw. eine elektrische Hochbahn gelangt man am Miami International Airport schnell zur Gepäckausgabe und zum Ausgang.

Im Untergeschoß des Terminals warten die gut gekennzeichneten Shuttle Busse der Autovermietfirmen, die Sie direkt zum jeweiligen Büro bringen. Wer ohne eigenes Fahrzeug ist, kann per Taxi oder den preiswerteren Limousinen zu den Hotels der Innenstadt und nach Miami Beach gelangen. Die Buslinie ›Route J‹ fährt ebenfalls vom Flughafen durch die Innenstadt bis ins Zentrum von Miami Beach (Fahrpreis $ 1.25 in Münzen). Für Informationen zur Zimmersuche kann man sich an den **Traveller's Aid**-Stand oder das **Central Information Center** in der Ankunftshalle wenden.

Einreise

Die Formalitäten zur Einreise in die USA sind im allgemeinen recht problemlos. Bundesdeutsche und Schweizer benötigen für Urlaubs- und Geschäftsreisen bis zu drei Monaten lediglich einen noch mindestens sechs Monate gültigen Reisepaß. Österreicher müssen allerdings nach wie vor beim zuständigen US-Konsulat ein Visum ausstellen lassen (einige Wochen vor der Reise beantragen).

Bereits im Flugzeug müssen Einreise- und Zollerklärung ausgefüllt werden. Noch vor der Gepäckausgabe wartet im Flughafen der *immigration officer,* der Beamte der Einwanderungsbehörde. Er ist für die individuelle Festsetzung der Aufenthaltsdauer zuständig. Am besten gibt man als Besuchsadresse die Anschrift des (reservierten) Hotels in Miami an, zeigt sein Rückflugticket vor und erklärt, daß man Tourist sei. Die Abfertigung geht meist recht zügig, falls nicht gerade zehn Jumbos gleichzeitig gelandet sind. Danach holt man seine Koffer und passiert die Zollkontrolle, die das zweite Formblatt in Empfang nimmt. Witzeleien über Drogen sollte man tunlichst unterlassen – da verstehen die Beamten keinen Spaß.

Automiete

Ohne Räder ist man in Miami und ganz Florida ziemlich hilflos. Am Strand und im Zentrum von Miami Beach kommt man ohne Fahrzeug zwar noch voran, doch schon bei den etwas außerhalb gelegenen Sehenswürdigkeiten wird die Anreise mit öffentlichen Verkehrsmitteln schwierig. Eine Rundreise in Florida ist ohne Fahrzeug undenkbar. Da stellt sich zunächst die Frage: Auto- oder Campermiete? Mit dem Pkw ist man besonders in der Stadt beweglicher, mit dem Camper bei der Rundfahrt mehr draußen in der Natur und in den Naturparks. Eine Fahrt mit dem Camper ist nicht unbedingt preiswerter, da die guten Campingplätze nicht eben billig sind und der Wettbewerb unter den zahllosen Motels die Preise niedrig hält. **So oder so sollte man den Wagen bereits in Europa mieten und bezahlen.** Die europäischen Reiseveranstalter können durch Großeinkauf viel günstigere Preise erzielen, als es dem einzelnen Touristen in den USA möglich ist. Unbedingt also schon in Europa das Fahrzeug vorbestellen, nach den Wochenpauschalen, Freikilometern und eventuellen Rückführungsgebühren fragen. Einen Wagen, der in Florida angemietet wird, kann man übrigens bei den meisten großen Vermietern ohne Aufpreis an einer anderen Stelle in Florida zurückgeben.

Anfragen richtet man an das Reisebüro oder die internationalen Autovermieter, z. B. Avis (Auskunft zum Ortsgesprächstarif in der BRD unter Tel.

0130–7733), Hertz, National/Europcar u. a. Sehr preiswert sind meist die Fahrzeuge von Alamo Rent-A-Car. Camper mietet man ebenfalls über das Reisebüro. Wer ohne Autoreservierung angereist ist, kann sich noch am Flughafen an die Schalter der Autovermieter wenden oder sich in der Innenstadt umsehen. Vorheriger telefonischer Vergleich der Preise und Bedingungen (Kilometergebühren, Wochenendpauschalen und eventuelle Sondertarife) lohnt sich.

Zur Anmietung des Fahrzeugs vor Ort muß man den nationalen **Führerschein** vorlegen. Eine **Kreditkarte** hilft sehr; dann braucht man nicht im voraus zu bezahlen und keine Kaution zu hinterlegen. Die angebotene Vollkaskoversicherung (abgekürzt CDW) ist zwar nicht billig, kann sich aber bei Blechschäden auszahlen.

Bei der Übernahme des Wagens sollte man zunächst einmal alles überprüfen (Reserverad, wie funktioniert die Automatikschaltung, wie die Klimaanlage) und sich beim Camper die Handhabung genau erklären lassen. Die Vermietfirmen haben auch Stadtpläne. Als Mitglied in einem europäischen Automobilklub kann man beim amerikanischen AAA-Klub (American Automobile Association, Adresse siehe Autofahren, S. 122) Landkarten und anderes Material und sogar Pannenhilfe bekommen (Mitgliedsausweis nicht vergessen).

Noch ein Zusatztip: Für Parkuhren und mautpflichtige Brücken sollte man immer zwei bis drei Dollar in Münzen (*quarters* und *dimes*) im Wagen haben.

Unterkunft

Der Standard der Hotels und Motels in Florida ist im allgemeinen sehr gut. Es gibt überall in den kleineren Orten und Strandregionen preiswerte Motels und kleine Hotels, bei denen der Parkplatz praktisch vor der Zimmertür liegt. Klimaanlage und Swimmingpool (oder natürlich der eigene Strand) sind in Florida selbstverständlich. Für Tennis, Golf, Bootsvermietung und all die anderen Ferienannehmlichkeiten steigt man in einem der Resort-Hotels ab, die oft ganz luxuriöse und weitläufige Baukomplexe oder gar Feriendörfer sind.

Von den großen Hotelketten (Sheraton, Auskunft zum Ortsgesprächstarif in der BRD: 0130–3535; Holiday Inn, Auskunft zum Ortsgesprächstarif in der BRD: 0130–5678; TraveLodge etc.) kann man sich vorab ein Verzeichnis ihrer Häuser zusenden lassen. Zum Beispiel von:

Best Western International
Mergenthaler Allee 2–4
D-6236 Eschborn
Tel. 06196/47240 (Auskunft zum Ortsgesprächstarif in der BRD: 0130–4455)

Days Inns / Herzog HC GmbH
Borsigallee 17
6000 Frankfurt/M. 60
Tel. 069/42089089

Das Hotel in Miami Beach und die Unterkünfte während der Rundfahrt können – und sollten besonders für Feiertagswochenenden, zur Hochsaison im Winter und in vielbesuchten Ferienregionen wie den Keys oder Orlando – bereits von Europa aus reserviert werden (Adressen siehe Tagesinformationen). Hotels für die Rundfahrt können außerhalb der Saison auch erst einige Tage zuvor direkt oder über die Reservierungszentralen (kostenlose 800-Nummern) vorbestellt werden. Eine Kreditkarte erleichtert dies, da dann das Zimmer garantiert wird. Sonst muß man bis **spätestens 18 Uhr** einchecken. Bei der kuzfristigen Zimmersuche sind die örtlichen Visitors Bureaus behilflich. Falls man im heimischen Reisebüro ein besonders günstiges Flugangebot mit einigen Hotelübernachtungen findet, kann man aber auch die Rundfahrt danach umstrukturieren.

Die in den Tagesinformationen angegebenen Preiskategorien gelten jeweils für einen *double room.* Einzelzimmer sind nur unwesentlich billiger, während man für ein zusätzliches Bett etwa $ 5 – $ 10 aufzahlen muß. Für Kinder, die im Zimmer der Eltern schlafen, wird meist kein Aufpreis berechnet (s. auch *Checking in,* Sir?, S. 232).

Die Bedeutung der Dollarsymbole für Unterkünfte in diesem Buch:

$ – $ 40
$$ – $ 40 – $ 70
$$$ – $ 70 – $ 100
$$$$ – über $ 100

Camping ist für Florida außerhalb von Miami eine durchaus sinnvolle Unterkunftsart. Die meist sehr großzügig angelegten Plätze bieten oft eine herrliche Lage, direkten Anschluß an Wanderwege, Sandstrand und andere Naturgenüsse. Staatliche Campingplätze liegen meist in Parks, haben Feuerstellen, Holzbänke und -tische sowie Waschanlagen. Vorbestellung ist bis zu zwei Monate vorab möglich. Zur Nebensaison braucht man jedoch nicht zu reservieren. Man sollte aber einchecken, sobald der jeweilige Ort erreicht ist, man kann ja danach immer noch mit Besichtigungen und Nachtprogramm weitermachen. Die privaten Campingplätze sind exzellent ausgestattet, mit sehr sauberen Duschen, Grillplätzen und oft mit kleinem Laden und sogar Restaurants. Wild campen für mehrere Tage wird nicht gern gesehen, doch kann man durchaus über Nacht sein *motorhome* auf einem Parkplatz abstellen – aber nicht in den staatlichen Parks. Dort kontrollieren die Ranger und verscheuchen den ahnungslosen Touristen ohne Gnade.

Ärztliche Vorsorge

In den USA ist man immer Privatpatient – und die Arzt- bzw. Krankenhauskosten sind entsprechend, d. h. extrem hoch. Man sollte also unbedingt vorsorgen und sich vorab bei der eigenen Krankenkasse über eine Kostenerstattung erkundigen. Falls nicht alles übernommen wird, unbedingt eine **Auslandskrankenversicherung** abschließen, die für Urlaubsreisen recht preiswert zu haben ist. Auch wenn Sie eine Versicherung haben, beim Arzt oder Krankenhaus muß sofort bezahlt werden – meist sogar im voraus! Da man in der Regel nicht soviel Bares dabei hat, erweist sich eine Kreditkarte als sehr nützlich.

Apotheken *(pharmacy)* sind meist in *drugstores* zu finden, die auch Toilettenartikel und Kosmetika verkaufen. Ständig benötigte Medikamente sollte man schon von zu Hause mitbringen (Arztattest ausstellen lassen für den Fall, daß der Zoll Fragen stellen könnte). Viele Medikamente, die in Europa rezeptfrei zu haben sind, können in den USA nur vom Arzt verschrieben werden.

Bei Notfällen wendet man sich an den **Operator** (»O«) oder an die Notrufzentrale (»911«), die dann mit Polizei, Ambulanz oder Feuerwehr weiterverbinden.

Auskunft

Für detaillierte Vorinformationen (Landkarten, Unterkunftsverzeichnisse etc.) schreibt man einige Monate vor Reisebeginn an das Fremdenverkehrsamt von Florida und vielleicht zusätzlich noch an das Verkehrsamt der Region, in der man einen längeren Badeaufenthalt plant (siehe auch Tagesinformationen):

Florida Department of Commerce
Tourism Division
107 West Gaines St., Suite 410–D
410 Collins Building
Tallahassee, FL 32301

Lohnend ist oft auch ein Besuch im nächsten Amerikahaus oder Deutsch-Amerikanischen Institut – in der zugehörigen Bibliothek kann man vorab schon mal zur Einstimmung in Bildbänden über Florida herumschmökern.

Geld/Devisen

Die Reisekasse verteilt man am besten auf mehrere Zahlungsmittel: einen kleinen Betrag **US-Dollar Bargeld**, **Reiseschecks** (Traveler Checks von

American Express oder anderen), die auf US-Dollar ausgestellt sind, und am zweckmäßigsten eine oder sogar mehrere **Kreditkarten** (American Express, Visa und so weiter) für größere Ausgaben und Notfälle. Das Einlösen der Reiseschecks ist ganz unproblematisch: Man zahlt im Restaurant, an der Tankstelle oder im Hotel damit und bekommt den Restbetrag in bar zurück. Euroschecks braucht man gar nicht erst mitzunehmen. DM-Reiseschecks und Bargeld in DM werden nur an den internationalen Flughäfen, in großen Hotels und den Hauptgeschäftsstellen der großen Banken umgetauscht. In Miami gibt es einige Wechselstuben in der Innenstadt (mit allerdings sehr schlechtem Wechselkurs).

Der US-Dollar ist in 100 cents unterteilt. Es gibt Münzen zu 1 cent (penny), 5 cent (nickel), 10 cent (dime), 25 cent (quarter), 50 cent (half dollar) und 1 Dollar. Die beiden letztgenannten Münzen trifft man allerdings recht selten im Umlauf.

Vorsicht: die **Dollar-Geldscheine** (notes), die es im Wert von 1, 2, 5, 10, 20, 50 und 100 Dollar gibt, sind alle gleich groß und stets grün. Nur der Aufdruck der Zahl und des Staatsmannes ist unterschiedlich. Größere Geldscheine und Reiseschecks wie z. B. $ 100 werden in kleinen Läden und an Tankstellen (vor allem nachts) ungern gesehen und sogar manchmal nicht akzeptiert. Lieber im Hotel wechseln lassen und von zu Hause bereits Reiseschecks in $ 20- und $ 50-Stückelung mitnehmen.

Noch ein Hinweis zur Vermeidung von unangenehmen Überraschungen: In den USA ist es üblich, Preise anzugeben, in denen die Umsatzsteuer **nicht** enthalten ist. Das bedeutet, daß der Endpreis immer um einige Prozent höher liegt. In Florida bedeutet das: **Auf alle ausgezeichneten Preise kommen noch einmal 6 %!**

Gepäck

Lockere **Freizeitkleidung** ist in Florida schon gemäß der Ideologie des Staates als Freizeitparadies überall »salonfähig«. Nur wer in Gourmet-Restaurants und Nachtklubs ausgehen will, braucht noblere Garderobe. Mit Shorts, Jeans, bunten T-Shirts, Freizeithemden und Turnschuhen paßt man sich exakt in die amerikanische Umwelt ein. Je luftiger, desto besser. Kopfbedeckung und Sonnenbrille sind ebenfalls unerläßlich. Ein Paar billige Badesandalen für den Sand erhält man vor Ort in jedem *drugstore*. Das Meer ist im Sommer allemal gut angewärmt (23°–27°), und im Winter findet man in Hotels, Motels und auf Campingplätzen von Zentral- und Nordflorida oft geheizte Swimmingpools.

In den Wintermonaten sollte man Pullover und Windjacke einpacken – aber auch in den Sommermonaten leisten sie beste Dienste in den oft auf arktische Temperaturen gekühlten Restaurants und Läden. Die generelle Regel lautet: Nicht zuviel Kleidung mitschleppen. In vielen Strandhotels und Campingplätzen sowie in allen Orten gibt es Waschsalons *(laundromats)* mit Waschmaschinen und Trocknern, wo man innerhalb einer Stunde wieder frischgestriegelt ist.

Als nützlich erweist sich ein **Adapter** für die amerikanischen Steckdosen, falls man mit eigenem Rasierapparat oder Fön anreist (die allerdings auf 110 Volt umstellbar sein müssen). Diesen Zwischenstecker besorgt man am besten schon zu Hause, weil in den USA oft lange danach gesucht werden muß. Auch **Filme** bringt man besser aus Europa mit, da die US-Preise höher liegen und die Filmentwicklung meist nicht mit eingeschlossen ist.

Das Leben aus dem Kofferraum eines Mietwagens kann während der Rundfahrt bei entsprechender Planung ganz problemlos verlaufen. Badesachen und Handtuch sind immer griffbereit; eine Reisetasche enthält die Waschsachen und die Kleidung für einige Tage. Sie nimmt man am Abend jeweils mit ins Motel oder Hotel – zusammen mit der Fotoausrüstung und den Wertsachen natürlich. Der Koffer, in dem sich die restliche Kleidung und die Souvenirs stapeln, bleibt im Auto; nur alle drei oder vier Tage ist dann »Koffertag« und die Schlepperei morgens und abends hält sich in Grenzen.

Reisezeit

Florida kann zu jeder Jahreszeit bereist werden. 362 Tage Sonnenschein pro Jahr sind z. B. im Gebiet von St. Petersburg die statistische Norm. Die langgestreckte Halbinsel Florida im Südosten der USA liegt auf demselben Breitengrad wie die großen Wüsten der Welt, die Sahara oder die Wüste Gobi etwa. Das Schicksal einer Wüste blieb dem Sunshine State jedoch durch seine meerumschlungene Lage erspart. Im Osten spendet der Atlantik, im Westen der Golf von Mexiko Feuchtigkeit. Und aus dem Süden, aus der Karibik, ziehen die Wolken der tropischen Stürme auf. Die Regenfälle und die hohe Luftfeuchtigkeit verhelfen Florida zu einer saftig grünen, subtropischen Vegetation, die das ganze Jahr gedeiht und blüht.

Ideale Zeiträume für die in diesem Buch beschriebene Rundreise sind der Herbst **(September bis Dezember)** und das Frühjahr **(April bis Mitte Juni).** Die Tageshöchsttemperaturen liegen dann zwischen 25° und 32° C, es regnet nur selten und die Luftfeuchtigkeit bleibt in Grenzen. Im Winter kann es in Zentral- und Nordflorida schon mal kühl werden und bei Kälteeinbrüchen aus dem Norden sogar frieren. Aber im Süden ist es auch in den Wintermonaten möglich zu baden und seinen Sonnenbrand zu pflegen. Regenzeit ist der Sommer; doch keine Angst, der aus Europa bekannte Dauerregen ist nicht zu befürchten. Im Juni und Juli ist in ganz Südflorida das Wetter des Tages wie folgt: Morgens strahlender Sonnenschein, mittags kleine Wolken, nachmittags ein heftiger Gewittersturm, abends schöner Sonnenuntergang und Aufklaren.

Die Rundfahrt kann aber auch zu den anderen Jahreszeiten durchgeführt werden. Man sollte dann jedoch den Schwerpunkt der Reise und besonders den Badeaufenthalt entsprechend planen: In den Wintermonaten locken die Keys und Südflorida mit Tageshöchsttemperaturen von etwa 25° C, im Hochsommer sollte man mehr Zeit im Panhandle um Panama City, im Gebiet von St. Augustine und an der nördlichen Golfküste verbringen.

Noch einige Tips: Disney World und die Region um Orlando haben immer Saison, besonders aber im Sommer zur Zeit der amerikanischen Schulferien und an den jeweiligen Feiertags-Wochenenden. Während der Uni-Ferien zu Anfang Februar, im März und April sind Orte wie Daytona Beach und Ft. Lauderdale brechend voll, teuer, laut und partytrunken.

Zu guter letzt noch eine Warnung. In den Monaten zwischen Juni und September haben die Hurrikane Saison, und man sollte diese tropischen Wirbelstürme und die sie begleitenden Tornados nicht unterschätzen. Die Wahrscheinlichkeit, einen solchen Sturm zu erleben, ist zwar denkbar gering, doch sollte man gewappnet sein. Den Evakuierungsbefehlen der Polizei ist unbedingt Folge zu leisten; Fluchtrouten sind überall ausgeschildert. In aller Regel werden Hurrikane bereits einige Tage zuvor erkannt und man hat genügend Zeit, an einen sonnigeren Strand zu flüchten.

Zoll

Zollfrei in die USA mitbringen darf man natürlich die persönliche Reiseausrüstung (Kleidung, Fotoapparat etc.). Darüber hinaus sind zollfrei:

- 200 Zigaretten oder 50 Zigarren oder 1500 g Tabak
- 1 Liter Alkohol
- Geschenke im Wert von bis zu $ 100.

Tierische und pflanzliche Frischprodukte (Obst, Wurst, Gemüse) dürfen nicht eingeführt werden. Die Zollbeamten sind da unerbittlich – Wurststullen und Orangen werden konfisziert. Dagegen sind Gebäck, Käse und Süßigkeiten (keine Schnapspralinen!) erlaubt.

Der eigene Wagen darf bis zu einem Jahr mitgebracht werden, es lohnt sich aber nur ab einer Aufenthaltsdauer von mindestens 2 Monaten. Bleibt man länger als 12 Monate, muß das Fahrzeug nach den amerikanischen Sicherheitsbestimmungen umgerüstet werden. Wenn man seinen Wagen nach einer Reise in den USA verkaufen möchte, heißt es ebenfalls umrüsten und zusätzlich noch Zoll bezahlen.

Bei speziellen Fragen zu den amerikanischen Zollbestimmungen setzt man sich am besten mit dem nächsten US-Konsulat in Verbindung.

Auskunft vor Ort

Erster Anlaufpunkt für Wegbeschreibungen, Fragen nach Bootsvermietern, Tennisplätzen oder besonderen Veranstaltungen ist das oft recht kundige Hotelpersonal. Für detaillierte Unterkunfts- und Restaurantverzeichnisse wendet man sich an das örtliche – meist gut ausgeschilderte – *Visitors Bureau* oder die *Chamber of Commerce*. Die hilfreichen Engel in diesen Büros können auch Unterkünfte vermitteln und Tips für Unternehmungen und Veranstaltungen geben (s. auch Tagesinformationen). Man muß dort nicht unbedingt hinfahren. In den staatlichen Parks erhält man bereits am Eingang eine kleine Broschüre mit Landkarte und kann sich dann im jeweiligen Visitor Center (nur bei größeren Parks) genauer über Führungen und Veranstaltungen informieren.

Autofahren

Als verkehrsgeschulter Europäer wird man in Florida leichtes Fahren haben: Die Amerikaner sind vergleichsweise immer noch rücksichtsvolle und gemächliche Fahrer. Was aber nicht heißen soll, daß die Trucks und Flitzer auf den Autobahnen nicht auch mal drängeln und dicht auffahren.

Landkarten erhält man an den Tankstellen oder in *drugstores*. Als Mitglied eines europäischen Autoclubs kann man sich von der amerikanischen Schwestervereinigung **AAA** mit Karten und »Tourbooks« versorgen lassen. Dort erhält man auch Auskunft über den Straßenzustand:

AAA East Florida
4770 Biscayne Blvd.
Miami
Tel. (305) 571-0360
Mo–Fr 8.30–17 Uhr geöffnet.

Einige Verkehrsregeln und Verhaltensweisen unterscheiden sich von denen Europas:

– Die **Höchstgeschwindigkeit** ist überall ausgeschildert; auf Interstates und Toll Highways (mautpflichtige Straßen) 65 oder 55 Meilen/h (105 bzw. 89 km/h), auf US- und State Highways 55 Meilen/h (89 km/h), in Ortschaften 25–30 Meilen/h (40–48 km/h).

– **Schulbusse** mit blinkender Warnanlage, die also Kinder ein- und aussteigen lassen, dürfen nicht passiert werden. Das gilt auch für Fahrzeuge aus der Gegenrichtung!

– **Rechtsabbiegen an roten Ampeln** ist erlaubt – aber erst nach vollständigem Halt und Vergewisserung, daß kein Fußgänger oder anderer Wagen behindert wird.

– Außerhalb von Ortschaften muß man zum Parken oder Anhalten mit dem Fahrzeug **vollständig von der Straße runter.**

– Fußgängern, besonders Kindern, sollte man immer Vorfahrt einräumen. Sobald man als Fußgänger auch nur einen Zeh auf die Straße setzt, halten die Amerikaner an – kein schlechtes Vorbild.

– Beim **Parken** ist unbedingt die Beschilderung zu beachten und – falls nötig – die Parkuhr zu füttern. Die Parkwächter finden Ihren falsch geparkten oder überfälligen Wagen mit unglaublicher Zielsicherheit und urplötzlich flattert ein Strafzettel an der Scheibe. Diesen sollte man dann doch besser bezahlen (in den kleinen Lebensmittelläden und auf der Post gibt es die dazu nötige *money order*, denn sonst kommt die Mahnung über die Autovermietfirma nach Europa.

– Parken Sie nicht an Bushaltestellen und vor Feuerhydranten! Die Abschleppwagen der Polizei sind schnell zur Stelle und ein paar Minuten Parken kann dann schnell an die $ 100 Dollar Strafe und Abschleppgebühren kosten.

Bei **Pannen** sollte man sich als Mietwagen- oder Mietcamperfahrer zunächst mit seiner **Vermietgesellschaft** in Verbindung setzen, um die weiteren Schritte abzusprechen. Notrufsäulen sind in den USA unbekannt; man hastet also zum nächsten Telefon und wendet sich bei Notfällen und Pannen an die örtliche Polizei oder – auf Autobahnen – an die Highway Patrol. Diese informiert dann Abschleppdienste, Notarzt usw. Auch der AAA unterhält einen eigenen Pannendienst, den man als Mitglied des ADAC, ÖAMTC und anderer Klubs beanspruchen kann.

Einkaufen

Picknickbedarf und andere Kleinigkeiten für die Rundfahrt sind ohne Probleme in den kleinen Supermärkten und den Läden der Campingplätze zu haben. Das gepflegte *shopping* in Boutiquen und Kaufhäusern findet in den großen, oft klimagekühlten Malls statt: im Bayside Marketplace in Miami oder im Bal Harbour Shopping Center zum Beispiel. Gefragte Souvenirs aus Florida sind besonders die lustig bedruckten T-Shirts und Badetücher, handgedrehte Zigarren (Tampa, Miami), Muscheln, Modeschmuck und verrückte Neuheiten (zu finden in kleinen Strandläden oder schicken Shopping Malls).

Feiertage/Feste

An den langen Feiertagswochenenden im Sommer sind Strände, Keys, die der Westküste vorgelagerten Inseln und natürlich auch die Parks bestens besucht und die Unterkünfte ausgebucht. Unangenehm dicht ist dann der Verkehr und dementsprechend hoch auch die Preise.

Vorplanung und frühe Reservierung von Hotels und sogar Campingplätzen sind an diesen Tagen unerläßlich. Als Trostpflaster gibt es dafür in vielen Strandzentren Freiluftkonzerte, Wettbewerbe, Paraden und andere Zuschaueraktivitäten.

Zu beachten ist, daß viele amerikanische Feiertage auf Montage fallen – also ein langes Wochenende bilden. Banken, öffentliche Gebäude und viele Museen sind an den Feiertagen geschlossen.

Offizielle Feiertage:

Neujahrstag (1. Januar)
Lee's Birthday (3. Montag im Januar)
Washington's Birthday (3. Montag im Februar)
Martin Luther King, Jr.'s Birthday(15. Januar)
Good Friday Karfreitag
Memorial Day (letzter Montag im Mai, Beginn der Hauptsaison in Zentral- und Nordflorida)
Jefferson Davis' Birthday (1. Montag im Juni)
Unabhängigkeitstag (4. Juli)
Labor Day (1. Montag im September)
Farmers' Day (2. Montag im Oktober)
Veterans Day (11. November)
Thanksgiving (4. Donnerstag im November)
Weihnachten (25. Dezember)

Richtig gefeiert wird von den staatlichen Festtagen eigentlich nur der 4. Juli – mit Picknick am Strand, Feuerwerk über dem Wasser, Parties und Paraden in jedem noch so kleinen Nest. An diesem Tag brodelt der enorme Patriotismus der Amerikaner über.

Die größeren Veranstaltungen in Florida sind in den jeweiligen Tagesinformationen dieses Buches angegeben. Nach kleineren Festen fragt man beim örtlichen Visitors Bureau. Das ganze Jahr über findet man Musikfeste, verrückte Bikini-Wettbewerbe, Sportturniere und natürlich Angelwettbewerbe. Zu den einzelnen Veranstaltungen gibt es meist ein Rahmenprogramm mit Bands und vielen Aktivitäten. Es lohnt sich durchaus, dafür auch einen kleinen Umweg in Kauf zu nehmen.

Kinder

Florida ermöglicht sehr kinderfreundliches Reisen. Kindermenüs, eigene Sitzkissen und Tische in den Restaurants, billige, wenn nicht gar kostenlose Unterbringung in Hotels und Motels zählen zur Selbstverständlichkeit. Viele der Attraktionen sind speziell für Kinder eingerichtet, wie z. B. die vielen Wasserparks und natürlich Disney World.

Besonders mit dem Camper macht den Kindern die Rundfahrt Spaß: Lagerfeuer, Angeln und Grillen oder auch kleine Wanderungen lassen Langeweile nicht aufkommen. Auch die Amerikaner reisen viel mit Kind, so daß Kontaktmöglichkeiten nicht ausbleiben: Kinder mit Kindern und Eltern mit Eltern. Wenn man mit Kind(ern) reist, empfiehlt es sich, die Tagesplanung etwas lockerer zu gestalten, mehr Zeit am Strand zu verbringen und einige Zusatztage einzuschieben. Vielleicht läßt man sogar die eine oder andere Sehenswürdigkeit weg, um sich mit anderem – und den Kindern – mehr beschäftigen zu können. Viele der Hotels vermitteln zuverlässige Babysitter oder haben sogar eigene Programme für Kinder.

Längenmaße:	1 inch (in.)	=	2,54 cm
	1 foot (ft.)	=	0,35 m
	1 yard (yd.)	=	0,9 m
	1 mile	=	1,6 km
Flächenmaße:	1 square foot	=	930 cm^2
	1 acre	=	0,4 Hektar (= 4047 m^2)
	1 square mile	=	259 Hektar (= 2,59 km^2)
Hohlmaße:	1 print	=	0,47 l
	1 quart	=	0,95 l
	1 gallon	=	3,79 l
Gewichte:	1 ounce (oz.)	=	28,35 g
	1 pound (lb.)	=	453,6 g
	1 ton	=	907 kg

Maße und Gewichte

Vor einigen Jahren war die Umstellung der USA auf das metrische System schon in Sicht, doch heute ist wieder alles beim alten: *inch* und *mile, gallon* und *pound.* So muß man sich wohl oder übel umstellen. Die nebenstehende kurze Anleitung soll dabei helfen.

Notfälle

Bei allen Notfällen kann man sich telefonisch an den Operator (»O«) wenden. Man nennt Namen, Adresse oder Standort und die Sachlage. Der Operator informiert dann Polizei, Rettungsdienst oder Feuerwehr. Bei Autopannen lohnt es, im Automobilklub zu sein: der amerikanische AAA hilft auch den Mitgliedern der europäischen Klubs (Mitgliedsausweis mitbringen). Im Everglades Nationalpark wird die Polizeigewalt von den Parkrangern ausgeübt, die auch für sämtliche Notfälle zuständig sind.

Temperaturen:

F°	104	100	90	86	80	70	68	50	40	32
C°	40	37,8	32,2	30	26,7	21,1	20	10	4,4	0

Bekleidungsmaße:

Kragen/Collars

Deutsch	35–36	37	38	39	40/41	42	43
Amerikanisch	14	14½	15	15½	16	16½	17

Strümpfe/Stockings

Deutsch	35	36	37	38	39	40	41
Amerikanisch	8	8½	9	9½	10	10½	11

Schuhe/Shoes

Deutsch	36	37	38	39	40	41	42	43	44	45	46	47
Amerikanisch	5	5¾	6½	7¼	8	8¾	9½	10¼	11	11¾	12½	13¼

Falls die Papiere (Reisepaß etc.) verlorengegangen sind, wendet man sich am besten an das zuständige Konsulat in Miami, das alle notwendigen Schritte veranlaßt:

Deutsches Generalkonsulat
(Außenstelle des Generalkonsulats Atlanta)
100 N. Biscayne Blvd.
Tel. (305) 358–0290/91

Österreichisches Honorarkonsulat
Suite 200, Republic Bldg.
1454 N.W. 17th Ave.
Tel. (305) 325–1561

In St. Petersburg:
Deutsches Honorarkonsulat
4400 Central Ave.
Tel. (813) 327–4444

Das nächste Konsulat der Schweiz:
Schweizer Generalkonsulat
1275 Peachtree St. N.E., Suite 425
Atlanta, GA 30309–3533
Tel. (404) 872–7874

Ist auch das **Geld** abhanden gekommen oder eine größere Ausgabe notwendig, für die man Geld aus Europa nachkommen lassen muß, so läßt man dies am besten durch **Western Union** telegrafisch überweisen. Der Betrag ist meist nach spätestens 48 Stunden im nächstgelegenen Western Union Büro abzuholen.

Post

Postämter gibt es in allen – sogar den winzigsten – Orten Floridas. Die Beförderung einer Postkarte in die Heimat dauert von Miami etwa 4–5 Tage, aus dem Hinterland etwas länger.

Man kann sich auch postlagernde Sendungen nachschicken lassen, die dann wie folgt adressiert werden müssen:

(Name)
c/o General Delivery
Main Post Office
Stadt, FL (Postleitzahl / *zip code*)
USA

Das Telefonsystem hat mit dem Postwesen in den USA nichts zu tun, daher findet man in den Postämtern auch keine Telefonzellen. Telegramme können bei der **Western Union Telegraph Company** aufgegeben werden (auch telefonisch).

Presse/Radio/TV

Neben der großen Tageszeitung *Miami Herald* gibt es noch zahlreiche weitere große Zeitungen in anderen Großstädten Floridas *(Orlando Sentinel, Tampa Tribune, St. Petersburg Times)* und mehr als 100 örtliche Wochenblätter. Erhältlich sind die Zeitungen in Automaten, Kiosken und Supermärkten. In den Wochenendausgaben der jeweiligen Zeitungen findet man eine Beilage mit sämtlichen Veranstaltungen. Auch die in den Hotels ausliegenden kleinen Werbehefte, z. B. *Key to Miami* oder *See Key West,* informieren über Konzerte, Restaurants und Theaterspielpläne. Internationale *news,* und gar noch über Deutschland, sind auch in den großen Zeitungen dünn gesät – nur die besonders kuriosen und ganz wichtigen Neuigkeiten dringen durch. Allerdings erhält man in manchen Hotels und Zeitschriftenläden auch deutsche Zeitungen und Zeitschriften.

Fernsehen kann man in Florida, was das Herz begehrt: auf 8 Kanälen (weitere über Kabel und Satellit) und 24 Stunden am Tag. Viele Hotels bieten auch Videofilme auf hauseigenen Kanälen an, die dann allerdings extra berechnet werden (ca. \$ 6 – \$ 8). Nur in ganz abgelegenen Landstädtchen und winzigen Motels wird es sogar im fernsehwütigen Amerika dürftig. Ein oder zwei Kanäle sind dort manchmal das höchste der Gefühle – es sei denn, das Motel ist an das Kabelnetz angeschlossen.

Dann locken HBO *(Home Box Office)* und andere Privatkanäle mit werbefreien Kinofilmen.

Im Radio ist immer was los. Meist sogar in Stereo, also auf FM (UKW), manche auch auf der Mittelwelle (AM). Zahllose Stationen berieseln tagein tagaus das Autoradio mit Musik, Nachrichten und interessanten (örtlichen) Neuigkeiten. Verblüffend ist in Florida die Vielzahl von Musikkanälen, die sich rein auf »Oldies« spezialisiert haben: Bigband Sound und Schlager der 50er und 60er Jahre beschwingen oft die Fahrt der *little old lady,* die mit gemächlichen 40 Meilen pro Stunde vor einem auf der Autobahn zockelt. Ethnische Töne im Radio hört man vielfach in Miami und Tampa, wo die Sender der Exilkubaner heiße Rhythmen verbreiten.

Restaurants/Verpflegung

Hamburgerlokale? Gibt es wie Sand am Meer. Pizzalokale? So viele, wie Muscheln auf Sanibel Island. Trotzdem, Florida hält eine überraschende Vielfalt kulinarischer Genüsse bereit. Die Restaurants und ethnischen Küchen sind so breitgefächert wie die Herkunftsorte der Urlauber, von denen sich viele in Florida niederließen.

Obst und Gemüse sind in diesem Sonnenstaat stets frisch und knackig, der frischgepreßte Orangensaft allerorten ein willkommener Vitaminstoß. Fisch und Schalentiere führen natürlich die Liste der Hauptgerichte an: delikater Hummer von den Keys, Shrimps und Austern aus Apalachicola und Fisch von allen Küsten. Die Fischlokale in den Hafenorten zeigen meist an einer Tafel, was heute frisch aus dem Wasser kam, den *catch of the day.* Das kann dann Pompano, Grouper, Mullet oder auch Dolphin sein. Steht Dolphin auf der Speisekarte, so ist damit übrigens ein schmackhafter Fisch gemeint und nicht der freundliche Flipper mit dem gleichlautenden Namen. Delphinfleisch würde man im tierliebenden Florida nie essen, ebensowenig wie die heute streng geschützten Meeresschildkröten. Neben Meerestieren findet man auch Steaks in allen Variationen auf der Speisekarte – oft sogar aus eigener Zucht in Zentral- und Nordflorida.

Besondere Spezialitäten der Keys sind *Conch,* ein etwas zähes Schalentier, und süßer *Key Lime Pie,* ein Obstkuchen mit puddingartiger Füllung aus Limonen. Wenn im April in Zentralflorida Erdbeerenernte ist, erfinden sämtliche Restaurants des Staates köstliche Erdbeernachspeisen. Nicht versäumen sollte man auch einen Gaumenabstecher in die ethnische Küche der Kubaner: typisch kubanische Sandwiches, schwarze Bohnen mit Reis oder die vorzüglichen gebratenen Bananen. Die Vorschläge in den Tagesinformationen dieses Buches sollen ihnen die Wahl der Leckerbissen entlang der Route erleichtern. (Zur Erläuterung manch seltsamer Begriffe im Speisesaal siehe S. 229).

Auf der Rundreise wird es sich vor allem an der Küste und in den anderen schönen Naturlandschaften anbieten, mittags in Gottes freier Natur am Strand zu picknicken. Das erspart zugleich Zeit und gelegentliche Reinfälle in *coffee shops* oder Imbißhütten, die manchmal nur Karges (und Ungesundes) auf den Plastiktisch bringen. Doch findet man besonders in den kleinen Hafenrestaurants an der Küste oft ausgezeichnete Salate und andere Kleinigkeiten zum Lunch. Kalte Getränke gibt es entlang der Strecke an Tankstellen und besonders in den kleinen Lebensmittelläden *(Kwik),* die oft eine Selbstbedienungstheke für eisgekühlte Getränke haben. Sehr erfrischend ist der überall erhältliche Eistee mit Zitrone.

Die Restaurants in den blauen Tagesinformationen dieses Buches sind nach folgenden Preiskategorien gestaffelt und bieten durchweg verläßliche, oft auch exzellente Küche:

\$ – bis \$ 10
\$\$ – \$ 10 – \$ 20
\$\$\$ – über \$ 20

Sport

Nur Skifahrer werden in Florida Schwierigkeiten haben, ihrem Sport zu frönen. Aber sie können aufs Wasser umsteigen zum Jetskiing oder Wasserskifahren. Mit mehr als 1500 km Sandstränden, zahllosen Seen und angenehmen Wassertemperaturen bietet der Staat ideale Bedingungen zum Schwimmen, Windsurfen, Segeln, Schnorcheln und Tauchen. In allen Ferienorten findet man Vermietstellen (*Surf Shop, Dive Shop* etc.), die meist auch Kurse für Anfänger und Fortgeschrittene veranstalten. Kurzfristige Anmeldung ist fast immer möglich.

Kanufahren (auch mehrtägige Kanucampingtouren) ist besonders in den Everglades und auf den Waldflüssen Nordfloridas beliebt. Sportangeln wird im ganzen Staat von Bewohnern und Besuchern mit großer Begeisterung ausgeübt, wie die vielen Angelturniere beweisen. Man kann einfach vom nächsten Pier oder vom Ufer aus seine Leine ins Meer werfen und versuchen, das Abendessen selbst zu fangen – eine Lizenz ist für Salzwasser nicht erforderlich. Aufregender und ergiebiger ist es aber, mit dem (Charter-)Boot hinauszufahren und auf die Jagd nach Segelfisch, Tarpon oder Marlin zu gehen.

Zu Land liegen Tennis und Golf auf den ersten Plätzen in der Gunst der Urlaubssportler. Alle größeren Hotels und Ferienanlagen haben eigene Tennisplätze und sind – außer auf den Keys – an einen Golfklub angeschlossen. In den vielen Naturparks gibt es Wanderwege, und an den Stränden spielen die jungen Floridianer mit Hingabe Volleyball oder Frisbee.

Wer es sportlich lieber beim Zusehen beläßt, wird ebenfalls ausgiebige Gelegenheiten finden. Professionelle Mannschaften von amerikanischem Football besitzen nur die Großstädte Miami und Tampa, aber man kann die besten US-Teams in den kleinen Stadien Floridas beim Frühjahrstraining erleben. In allen größeren Orten gibt es Arenen für Pferde- und Windhundrennen. Sehr beliebt ist das baskische Ballspiel Jai Alai, eine Zuschauersportart, bei der ausgiebig gewettet wird. Darüber hinaus richten viele Städte Bootsrennen, Segelregatten und Angelwettbewerbe aus, immer verbunden mit großen Parties und Siegesfeiern. Tennis-Fans können bei zahlreichen Schaukämpfen und Punkteturnieren mit weltbekannten Spielern zusehen, Daytona ist für seine Autorennen berühmt und in Zentralflorida werden das ganze Jahr über Rodeos veranstaltet. Detaillierte Informationen, welche Veranstaltungen in den nächsten Tagen geplant sind, erhält man vor Ort in den Tageszeitungen oder beim örtlichen Visitors Bureau (siehe auch Hinweise in den Tagesinformationen dieses Buches).

Telefonieren

Die silbrig und schwarz glänzenden Apparate sind in Florida allgegenwärtig: an den Tankstellen, in den Supermärkten und sogar in freier Wildbahn. Benutzen Sie sie! Besonders bei der Reservierung von Unterkünften, Ausflugstouren und Führungen lohnt es und erspart Enttäuschungen. Hilfreich ist zu allen Zeiten der *Operator* (»O«), meist eine freundliche Dame, die Rufnummern vermittelt, Vorwahlnummern *(area codes)* durchgibt und auch den Preis eines Gesprächs vorhersagen kann. Bei allen Problemen und auch Notfällen (für Polizei, Arzt oder Feuerwehr) kann man sich an die »0« wenden. Um eine Nummer herauszufinden, ruft man die *directory assistance.* Innerhalb des eigenen Vorwahlbezirks erreicht man sie über die Nummer 411, für andere Bezirke wählt man die jeweilige Vorwahl und dann die Nummer 555–1212. Auskünfte über die gebührenfreien 800-Telefonnummern gibt es unter 800-555-1212.

Die Vorwahlnummern in Florida:

904 Nordflorida und Panhandle (Panama City)
813 Golfküste und Westflorida (Ft. Myers und St. Petersburg)
407 Zentralflorida und zentrale Atlantikküste (Orlando, West Palm Beach)
305 Miami und Südflorida einschließlich der Keys

Reisedaten

Das Telefonieren aus der Telefonzelle, dem *payphone*, erfordert etwas Übung. Ortsgespräche, die *local calls*, sind noch einfach: man wirft 25 Cent ein und wählt die immer siebenstellige Nummer. Ferngespräche, *long distance calls*, werden in der Aufschrift am Telefon erläutert. Innerhalb des eigenen Vorwahlbezirks wählt man meist eine 1 und dann die siebenstellige Nummer. Außerhalb des Vorwahlbezirks wählt man die 1, die dreistellige Vorwahl und die Nummer. Danach meldet sich der Operator oder eine Computerstimme und verlangt die Gesprächsgebühr für die ersten 3 Minuten. Spricht man länger, kommt die Stimme wieder und möchte mehr Geld. Es empfiehlt sich also, 25-Cent-Stücke zu horten, um allzeit telefonbereit zu sein. Eine Möglichkeit, dem Quartersammeln zu entgehen, bietet die Telefonkreditkarte von **AT & T** kostenlos in Deutschland erhältlich für Karteninhaber von VISA und DINERS CLUB).

Für Übersee- und andere Ferngespräche aus der Telefonzelle oder vom Hotel bezahlt man grundsätzlich immer die volle Drei-Minuten-Gebühr, auch wenn man nur eine Minute spricht! Vorsicht: In manchen Hotels wird diese Grundgebühr auch verlangt, wenn sich der Angerufene nicht meldet, aber man das Telefon öfter als fünfmal klingeln läßt!

In den USA gibt es auch einige Gesprächsarten, die in Europa nicht üblich sind. Gespräche z. B., bei denen der Angerufene bezahlt. Man wählt dafür in der Reihenfolge 0-Vorwahl-Teilnehmernummer, und bittet dann den Operator um einen *collect call.* Eine weitere Möglichkeit ist der *person-to-person call,* bei dem man nur bezahlen muß, wenn sich der Angerufene selbst meldet oder geholt werden kann. Man wählt dafür ebenfalls 0-Vorwahl-Teilnehmernummer und teilt dem Operator seinen Wunsch mit.

Gespräche nach Europa kosten für 3 Minuten ca. $ 6 – $ 8: Man läßt sich vom Operator verbinden oder wählt 011, die Landesvorwahl, Stadtvorwahl (ohne die erste Null) und Nummer. Man kann sich auch in der Telefonzelle zurückrufen lassen.

Vom Hotel/Motel aus kann man entweder über den Hotel-Operator oder direkt innerhalb der USA und auch nach Europa telefonieren. Falls man über einen Code (meist 7 oder 8) eine Amtsleitung bekommt, wird die Zimmernummer zwecks Abrechnung erfragt.

Der zur Zeit neueste Telefonservice für Deutsche in den USA ist das seit Sommer 1988 eingerichtete **»Deutschland Direkt«.** Über die Nummer 1–800–292–0049 (für Österreich: 1–800–624–0043) kann man von jedem privaten oder öffentlichen Telefon in den USA gebührenfrei eine Handvermittlung in der Bundesrepublik anwählen, der man die gewünschte Nummer auf Deutsch mitteilt. Die Abrechnung erfolgt hinterher als R-Gespräch, für das der Angerufene zahlt.

Wichtige Rufnummern in Miami:

Visitors Bureau	539–3063
Notfälle (Polizei, Feuerwehr, Ambulanz)	911 oder 0
Wetterbericht	661–5065
Auskunft	411
Stadtbusinformation	638–6700
Flughafeninformation	876–7000
Lufthansa	536–8900

Trinkgeld

Man gibt, man gibt: bei den *bellboys*, den Kofferträgern, je nach Hotelklasse etwa 50 cents bis $ 1 pro großem Gepäckstück, Taxifahrern und Frisören etwa 15–20 % vom Rechnungsbetrag, in den Bars etwa 50 cents je Drink und dem Zimmermädchen bei mehrtägigem Aufenthalt $ 3–4.

Ein eigenes Kapitel sind die Restaurants. Hier läßt man rund 15 % des Rechnungsbetrages als *tip* auf dem Tisch liegen. Dies ist die einzige Bezahlung der Bedienung, da in den USA das Bedienungsgeld nicht im Essenspreis enthalten ist wie in Europa üblich. Allerdings sind seit neuestem einige der größeren Hotels und Restaurants in Miami, die viele europäische und südamerikanische Gäste haben, dazu übergegangen, das Trinkgeld gleich mit auf die Rechnung zu setzen. Dies ist dann auf der Speisekarte angegeben *(15 % service charge included).*

Reisedaten

Zeitzone

Der Hauptteil Floridas liegt in der Zeitzone *Eastern Standard Time* (MEZ −6 Std.). Nur der äußerste Nordwesten, das Gebiet des Panhandle westlich von Panama City, besitzt *Central Time* (MEZ −7 Std.). Zwischen Ende April und November wird in ganz Nordamerika die Uhr ähnlich wie in Europa um eine Stunde auf Sommerzeit (*daylight saving time*, DST) vorgestellt.

Sprachhilfen

Mit ihrem Schulenglisch im Gepäck werden Sie in Florida keine nennenswerten Verständigungsprobleme haben. Fühlen Sie sich also zu keiner Zeit unter Druck gesetzt, zumal die Amerikaner dazu neigen, schon von rudimentärem Englisch begeistert zu sein. Es schadet aber nicht, die eine oder andere Redensart zu kennen und vor allem zu wissen, in welcher Standardsituation man was wie sagt. Das bedeutet linguistisches Wechselgeld für den touristischen Alltag und erweitert den Aktionsradius erheblich.

Wer in Florida zum erstenmal US-Boden betritt, dem fallen sicher die vielen kleinen Floskeln und Füller auf, die man bei jeder Gelegenheit hört und auf die eine entsprechende Antwort erwartet wird. Ob man an einen Schalter geht, einen Aufzug betritt oder sich verabschiedet – physische Nähe bringt Amerikaner zum Reden: *hi, how are you, good morning, how do you do, hello, thank you, you're welcome* (bitte), *my pleasure* (bitte; gern geschehen), *bye, see you* (bis später), *excuse me, I'm sorry, have a nice day* (schönen Tag noch).

How would you like your eggs? **Im Labyrinth der Speisekarten**

Bevor es im Restaurant etwas zu essen gibt, muß der Gast erst mal eine kleine sprachliche Aufnahmeprüfung machen.

Meist steht am Eingang zum Speiseraum schon ein Schild: PLEASE WAIT TO BE SEATED. Das heißt, man sollte nicht einfach, wie in Europa, auf den nächsten leeren Tisch zustürzen, sondern auf die Empfangsdame warten, die dann einen Tisch zuweist. Das passiert sogar oft in simplen Coffee shops. Warten bereits andere Gäste, tritt noch ein typisch angelsächsisches Ritual in Kraft: das geduldige Anstehen, das *standing in line. You have to stand in line,* so wird jemand schon einmal höflich, aber bestimmt zurechtgewiesen, weil dem Armen wohl nicht aufgefallen war, daß es sich bei einer kleinen Ansammlung von Leuten bereits um eine *line* handelte. Also fragt man im Zweifelsfall lieber den Erstbesten: *Excuse me, is this a line?* Amerikaner lieben *lines,* deshalb schlängeln sie sich auch überall: nicht nur im Gasthaus, sondern bei der Post, vor den Bankschaltern, Verkaufstheken im Geschäft, Kinokassen, der Rezeption im Hotel. Nur kein Drängeln und keine Klumpenbildung, immer einer nach dem anderen. Uns wettkampferprobten Europäern (Briten ausgenommen) mag das umständlich erscheinen, aber es erspart viel Nervenkraft und unnötige Reibereien.

Two for breakfast? wird dann etwa am Eingang gefragt, wenn man zu zweit das Lokal betritt. Da kommt man noch mit einem schlichten *yes* über die Runden. Die Empfangsdame, so es sie gibt, geleitet Sie dann zum Tisch: *This way, please.* (In den meisten Coffee shops kann man auch an der Theke – *counter* – sitzen, da geht's schneller.)

Sobald man sitzt und die Karte *(menu)* studiert, wird meist schon Kaffee angeboten: *You care for some coffee? – Yes, please.* Dauert es, heißt es schon mal beruhigend: *I'll be with you in a minute.* Schließlich: *Have you decided?* Oder: *Can I take your orders, please?* Dann ist es soweit! Wie be-

Sprachhilfen

komme ich das Frühstück, das ich möchte? Leider reicht es ganz und gar nicht, zu sagen *I'd like the breakfast number 2* zum Beispiel. Denn an mindestens zwei entscheidenden Punkten wird nachgehakt: *How would you like your eggs?* und *What kind of bread?* Da hilft kein stummes Geradeausblicken oder Sichverstecken, als hätte man die Frage nicht verstanden. Da muß, auch wenn es noch früh am Morgen ist, linguistisch Farbe bekannt werden (siehe Kasten).

eggs
- *scrambled* (Rührei)
- *over easy* (gewendet in der Pfanne, von beiden Seiten gebraten)
- *poached* (pochiert)
- *sunny side up* (Spiegelei)
- *boiled* (gekocht)

bread
- *onion roll* (Zwiebelweckchen)
- *coffee cake* (festes Küchlein, etwas süß)
- *English muffin* (eigentlich nicht übersetzbar: ein flaches, meist halbiertes Brötchen)
- *biscuit* (zwieback- oder keksartiges Gebilde)
- *bagel* (festes Brötchen mit Loch in der Mitte)
- *danish* (Kleingebäck)
- *toast*
  - *wheat* (Weizen)
  - *rye* (Roggen)
  - *raisin* (Rosinenbrot)
  - *sourdough* (Sauerteigbrot)

Kaffee wird meist unaufgefordert nachgeschenkt: *Some more coffee?* Manchmal muß man die Bedienung dazu rufen (*Miss!* oder ein vernehmliches *Excuse me, please)* und danach: *Could we have some more coffee, please?* Sonntags, beim *brunch*, spätes Frühstück und frühes Mittagessen in einem, läuft alles gemächlicher.

Abends fragt man Sie am Eingang schon mal nach der Reservierung: *Did you make a reservation?* Wenn ja, nennt man seinen Namen und die Anzahl der Personen: also zum Beispiel Braun, *party of four.* Hat man nicht reserviert, kann man sich meist noch auf die Liste setzen lassen: *It'll be twenty minutes. You want me to put your name down?* wird gefragt. Wenn ja, bleibt Zeit für einen Drink an der Bar; dort wird man dann gerufen.

Erste Frage, wenn man am Tisch sitzt: *Would you care for anything from the bar?* Bei Wein unterscheidet man zumindest zwischen *dry* (oder *on the dry side)* und *sweet.* Hochprozentigere Drinks werden *with ice* oder *with no ice* serviert. Margaritas z. B. *on the rocks* (mit Eiswürfeln) oder *blended* (mit schaumig geschlagenem Eis). Man kann die Getränke sofort *(right away)* oder *with our meal* haben. Nachbestellungen sind *another drink* oder *another round.*

Man fragt Sie nach der Vorspeise: *Would you care for an appetizer?* Das Hauptgericht heißt *entrée.* Bei den Zubereitungsarten von Fisch und Fleisch sollte man die Unterschiede auch sprachlich kennen:

boiled (gekocht)
broiled (gebraten)
fried (fritiert, meist paniert)
sauteed (gedünstet)
grilled (gegrillt)
coated (im Schlafrock)

Bei Steakbestellungen müssen Sie mit der Frage rechnen: *How would you like your steak cooked – rare, medium rare, medium, well done?* Bei der Bestellung eines Hauptgerichts hat man sehr oft noch die Wahl zwischen *soup* (Nachfrage: *What is your soup today?)* und *salad,* bei den Beilagen zwischen *french fries* oder *baked potatoes* (mit *chives and sour cream* – Schnittlauch und Sauerrahm). Wer mit Soßen so seine Probleme hat, dem sei geraten, bei der Bestellung deutlich zu sagen, daß die *sauce* (etwa bei Shrimps) oder die Salatsoße *(dressing)* extra, also *on the side,* serviert werden soll.

Nach einer Weile erkundigt sich die Bedienung häufig noch einmal nach dem Stand der Dinge: *How are we all doing?* Antworten: *Fine, thank you.* Oder: *Could we have some more bread, please?* Steakfreunde werden gefragt: *How is your steak?*

Nun, es sollte *delicious, great, fabulous, excellent* sein. Und möglichst nicht nur *good,* denn das heißt soviel, als daß man's gerade noch essen kann.

Nächste Hürde: *Anything else you want tonight? What about one of our desserts? We got...* (und dann folgt das Sortiment vom Tage). Ist was Leckeres dabei: *Yes, I try... the chocolate cake.*

Wen es zur Toilette drängt, der muß vielleicht fragen: *Where are (is) the restrooms (ladies room), please?* Schließlich, wenn's ans Bezahlen geht: *Could we have the check, please?* Oder: *I'd like the check, please.* Sitzen mehrere Personen am Tisch, will die Bedienung meist wissen, ob alles zusammen oder auf getrennten Rechnungen erscheinen soll: *You want this on one check or on separate checks? Das Trinkgeld (tip,* ca. 15%) bleibt auf dem Tisch liegen, die Rechnung wird an der Kasse am Ausgang bezahlt, und man kann sich erkundigen: *Do you take credit cards (or traveler checks)?*

Wer im Restaurant nur etwas zu essen fürs Motel holen möchte, für den sind die FOOD TO GO-Schilder in den Fenstern interessant. Bei der Bestellung – auch bei einem Kaffee oder einem *soft drink* an der Verkaufstheke – sagt man: *One coffee to go, please.*

No U-Turn – **Autofahren**

Bei den Verleihfirmen übergibt man meist den im voraus bezahlten Gutschein (*voucher*), die *drivers licence* und die Kreditkarte, deren Nummer auf den Mietvertrag übertragen wird. – Einige Bestandteile des Autos:

engine – Motor
windshield – Windschutzscheibe
fender – Kotflügel
licence plate – Nummernschild
trunk – Kofferraum
wiper – Scheibenwischer
muffler – Auspuff
tire – Reifen

Tankstellen *(gas station)* haben oft zwei Zapfreihen, eine für *self serv* und eine (teurere) für *full serv,* wo das Öl (*to check the oil)* nachgesehen wird und die Fenster gesäubert werden. Hier lautet die Anweisung an den Tankwart normalerweise: *Fill it up, please.* Alle neueren Autos tanken bleifreies (*unleaded)* Benzin, nur ältere tanken noch *leaded.*

Unterwegs geben die Texte auf den Verkehrsschildern im allgemeinen wenig Rätsel auf:

DEAD END oder NO THROUGH STREET – Sackgasse
YIELD- Vorfahrt beachten
RIGHT OF WAY – Vorfahrt
WATCH FOR PEDESTRIANS – auf Fußgänger achten
SLIPPERY WHEN WET – Rutschgefahr bei Regen
DIP – Bodensenke
MPH – miles per hour
SPEED LIMIT – Geschwindigkeitsgrenze
MAXIMUM SPEED – Höchstgeschwindigkeit
MERGE – einfädeln
U–TURN – wenden
NO PASSING – nicht überholen
ROAD CONSTRUCTION AHEAD – Straßenarbeiten
FLAGMAN AHEAD – Straßenarbeiten
MEN WORKING – Straßenarbeiten
DETOUR – Umleitung
RV – Recreation vehicle (z. B. Wohnwagen)
TOLL ROAD – gebührenpflichtige Straße
TOLL BOOTH oder TOLL PLAZA – Mautstelle
EXACT CHANGE LANE – Fahrbahn nur für Autofahrer, die die Mautgebühr abgezählt bereithalten
INTERCHANGE – Autobahnanschlußstelle
JUNCTION – Kreuzung (Abkürzung Jct.)
TURNPIKE, EXPRESSWAY, PARKWAY – autobahnähnliche Schnellstraßen (oft mautpflichtig)
CAUSEWAY – über Wasser verlaufende Straße

Geparkt wird meist am Straßenrand *(curb).* Die Schilder dort besagen:
LOADING ZONE – Ladezone
PASSENGER LOADING ZONE – nur Ein- und Aussteigen

HANDICAPPED PARKING – nur für Behinderte
RESTRICTED PARKING ZONE – zeitlich begrenztes Parken

Hydranten bedeuten ein ebenso absolutes Parktabu wie sogenannte *tow away zones,* wo man nicht nur ein Protokoll *(ticket)* bekommt, sondern abgeschleppt wird. *Tickets* sind auch fällig, wenn die Parkuhr *(parking meter)* abgelaufen ist *(expired)* und bei zu schnellem Fahren *(speeding).*

In den Städten findet man häufig den Hinweis auf *public parking,* öffentliche Parkplätze, oder auf gebührenpflichtige *parking lots* (Parkplätze); PARK IN REAR heißt, man kann hinter dem entsprechenden Geschäft oder Restaurant parken, während man einkauft oder ißt. Wo dies etwas kostet, nehmen die Geschäfte oft die Gebühr in Zahlung (*they validate parking).* In besseren Hotels und Restaurants wird der Wagen auch vom Personal geparkt (dann steht am Eingang: VALET PARKING).

May I help you? – Einkaufen

Gefragt wird etwa: *Hi, can I help you?* – Antworten: *No, thank you, I'm just looking.* Oder: *Yes, please, I'm looking for/I would need...* Geläufige Fragen lauten: *How much is.../Is this my size? May I try it on?* An der Kasse lautet die Frage: *Will it be cash or credit card?* – ON SALE heißt, hier geht es um Sonderangebote, was in den USA eigentlich ständig der Fall ist.

Checking in? Hotels/Motels/Campgrounds

Zwischen Juni und September sollte man Zimmer und Campingplätze, so oft es geht, vorher reservieren. Am Telefon geht das leicht, zum Beispiel: *I'd like to reserve a room* (bei Campgrounds: *space) for next Tuesday, Juli 15. Two people, two beds, if possible. We'll be arriving...*

Ist man an einem Reisetag spät dran und muß befürchten, daß man später als 18 Uhr beim Hotel eintrifft, sollte man die Reservierung sicherheitshalber bestätigen: *I'd like to confirm my reservation for tonight. My name is... We are running late and will be there around 8 p.m.* Muß man, aus welchen Gründen auch immer, absagen: *I'm sorry, I have to cancel my reservation for tonight.*

Im Motel/Hotel geht man durch die *lobby* zur *reception (front desk): I've got a reservation for tonight. My name is... I'd like to check in now.* Kommt man ohne Reservierung an, muß man sehen, was frei ist und was das kostet. Zum Beispiel: *I'm looking for a room for tonight/for two nights. What are your rates?*

Wer länger bleiben möchte, fragt nach der Wochenrate: *Do you have a weekly rate?*

Die Rückfragen beziehen sich dann meist auf die Bettform und die Anzahl der Gäste:

twin – zwei getrennte Betten
double – Doppelbett
Queen – überdurchschnittlich großes Doppelbett
King – überhaupt das Größte, was es gibt

Entscheiden Sie sich! *Well, I'll take...* – Bezahlt wird meist im voraus (*to pay in advance; now)* oder man hinterläßt zumindest die Spuren seiner Kreditwürdigkeit durch den Abdruck seiner *credit card* auf der offenen Rechnung, in die dann gegebenenfalls Nebenkosten (*incidentals)* wie Frühstück, Bedienung auf dem Zimmer (*room service),* Telefon etc. eingetragen werden. Abreise und Schlüsselrückgabe bedeuten: *I'm checking out.*

Wer, wie auf dieser Reise, fast jede Nacht in einem anderen Motel/Hotel/Campingplatz zubringt, verwechselt bald links und rechts, die Zimmernummern oder wo die Eismaschine steht. Sprachlich verwirren die diversen Unterkünfte allerdings kaum – solange man weiß, daß der Aufzug nicht *lift,* sondern *elevator* heißt und daß der *second floor* die erste Etage meint. Room No. 4711 liegt also im dritten Stock.

Hold on! – Telefonieren

Anders als bei uns meldet man sich in den USA im Privatbereich nicht mit seinem Namen, sondern mit einem *hello.* Der Anrufer hat sich zuerst zu identifizieren. Bei Hotels und Restaurants allerdings hört man selbstverständlich zuerst den Namen des Etablissements. Dann aber sind Sie am Zuge: *Hello, this is Franz Müller speaking...*

Für Ferngespräche nach Europa bedarf es oft noch des Operators. Werden Sie aus den Beschriftungen auf dem Telefonapparat im Hotelzimmer nicht klug und auch nicht aus dem *telephone directory,* das meist daneben liegt, rufen Sie ruhig die Rezeption an. Die meldet sich:

Hello, front desk.
Yes, how would I get the overseas operator, please?
Dial 800.
Thank you.
You're welcome.

Dann wählen Sie diese Nummer – es können auch andere sein, je nachdem –, und die Vermittlung meldet sich:

Overseas operator, may I help you?
Yes, I'd like to place a long-distance call to West Germany, please.
Which area code and number?
Well, the country code is 49, the area code is ... and the number is ...
Thank you, and how do you want it billed?
To my room. The number is ...
Thank you. Hold on.

Kommt keine Verbindung zustande, meldet sich die Stimme bald wieder:

Sorry, there is no answer.
Well, I'll try again later.

Schließlich noch ein paar nützliche Ausdrücke:

Can I leave a message? – Kann ich eine Nachricht hinterlassen?
dial – wählen
hold on – bitte warten/bleiben Sie dran
to answer the phone – ans Telefon gehen
to pick up the phone – zum Hörer greifen
area code – Orts-(Gebiets-)Vorwahl
I can't hear you – Ich kann Sie nicht verstehen.
Could you speak up a little, please? – Könnten Sie etwas lauter sprechen?
local call – Ortsgespräch
collect call, to call collect – R-Gespräch, Gebühr bezahlt Empfänger

Spezielle Sprachgebräuche in Florida

Manche Worte und Ausdrücke wird man in Florida (besonders in Restaurants) häufig hören, so daß es hilfreich ist, wenigstens ein paar davon zu kennen.

continental breakfast – karge Kost am Morgen, Toast und Marmelade, ein (wäßriger) Kaffee
American oder *full breakfast* – genau das Gegenteil: mit Eiern, Schinken, Speck oder Würstchen, Toast, Kaffee, manchmal Obst
veal – Kalb
lamb – Lamm
pork – Schweinefleisch
beef – Rindfleisch
ham – gekochter Schinken
bacon – roher Schinken oder Speck
chicken – Hühnchen
turkey – Truthahn
duck – Ente
prime rib – gedünstete Hochrippe
seafood – Meeresfrüchte
shellfisch – Muscheln und andere Schalentiere
clams – Muscheln
scallops – Kammuscheln oder Jakobsmuscheln
chowder – Muschel- oder Fischsuppe
lobster – Hummer
oyster – Austern
stone crabs – in Südflorida beheimatete Krebsart mit vorzüglich schmeckenden Scheren
dolphin – zwei Bedeutungen: 1. Delphin, 2. (auf Speisekarten) Bezeichnung für die Goldmakrele,

einen wohlschmeckenden Meeresfisch
amberjack – Amberfisch
bass – Barsch (versch. Arten)
swordfish – Schwertfisch
shrimps – Krabben
tuna – Thunfisch
trout – Forelle
lox – geräucherter Lachs
Deli – Abkürzung für *Delicatessen Restaurant,* eine Art Coffee shop (in Miami Beach Treffpunkt vorwiegend jüdischer Senioren)

Key – Insel (aus span. cayo)
key lime pie – Limonenkuchen (Spezialität der Keys)
bollos – Gemüsebeilage aus zerstampften, frittierten Erbsen (nur auf den Keys)
conch – riesige Schneckenmuschel Südfloridas, die geschnetzelt in Suppen *(conch chowder)* oder frittiert auf den Tisch kommt; aber auch der Spitzname der menschlichen Bewohner der Keys

Südstaatenküche:
hush puppies – die Pommes frites des Südens: frittierte Kugeln aus Maismehl
grits – Frühstücksbrei aus Maismehl
cheese grits – mit Käse, Beilage zu Hauptgerichten
black beans with rice and onions – schwarze Bohnen mit Reis und Zwiebeln (Beilage)
Cajun cuisine – scharfgewürzte Küche aus Louisiana
blackened – scharf angebratene, fast angekohlte Fleisch- oder Fischgerichte

kubanische Begriffe:
cafe cubano – starker, gesüßter Kaffee, serviert in winzigen Tassen
cortadito – cafe cubano mit Milch
batido – Milchshake mit frischem Obst
coco frio – frische Kokosmilch aus der Schale
guarapo – frisch gepreßter Zuckerrohrsaft
cuba libre – Mixgetränk aus Rum, Limonensaft und Cola
mojito – Mixgetränk aus Rum, Zitronensaft und Angostura mit frischem Pfefferminzblatt
cuban sandwich – großes, dickbelegtes und sehr würziges Sandwich auf gutem Stangen-Weißbrot
sandwich de pan con bistek – Sandwich mit kleinem Steak
frita cubana – pikant gewürzter Hamburger mit Pommes-Einlage
lechon asado – mariniertes und gegrilltes Spanferkel
arroz con pollo – Hühnchen mit gelbem Reis
boliche – Rinderrostbraten mit Paprikagemüse
tasajo – Eintopf aus geschmortem Dörrfleisch
picadillo – Eintopf aus Hackfleisch, Oliven, Tomaten, Rosinen und Paprika
platanos (engl. plantains) – gebratene Gemüsebananen (Beilage)
yuga – Wurzelgemüse mit Knoblauch (Beilage)
frijoles – schwarze Bohnen
morros y christianos – »Mohren und Christen«, Reis mit schwarzen Bohnen
Spanish oder *Latin Americans* – kubanische Einwanderer, auch Sammelbegriff für Einwanderer aus Mittel- und Südamerika

rental – Vermietung
sailboard – Windsurfbrett
surfboard – Wellensurfbrett
jetski – »Wassermotorrad«
parasailing – Fallschirmgleiten im Schlepptau eines Motorbootes
snorkeling – Schnorcheln
diving oder *scuba diving* – Tauchen
real estate agent – für den, der bleiben möchte: Immobilienmakler

Register

Alligatoren 91, 160f.
Anastasia Island 158ff., 169
– Alligator Farm 160f.
Apalachicola 198f.
– John Gorrie Museum 198

Bahia Honda Key 83
– Bahia Honda State Recreation Area 70, 83
Bartow 137
Big Pine Key 81
– Key Deer Refuge 81f.
– Jack Watson Wildlife Trail 82

Cape Canaveral 176ff.
Capone, Alphonse 54
Captiva Island 98ff.
Carrabelle 198
Charlotte Harbor 110
Clearwater Beach 124
Crystal River 128, 130
Cypress Gardens 134, 138f.

Daytona Beach 164, 169ff.
– Ponce Inlet 172
– Lighthouse Point Park 172
De Funiak Springs 200
Disney World 140ff.
– Epcot Center 150ff.
– Magic Kingdom 146ff.
Dolphin Research Center 70, 83

Eden State Garden 200
Everglades National Park 71, 86, 88ff.
– Anhinga Trail 90
– Hammocks 91
– Kirby Storter Park 93
– Tamiami Trail 92

Flagler, Henry M. 16, 38, 59f., 166, 180
Florida Barge Canal 130
Fort Myers 96f., 104ff.
– Edison Winter Home 105, 108ff.
– Fort Myers Beach 97
Fort Walton Beach 200
– Temple Mound Museum 200

Halifax River 172
Hemingway, Ernest 18f., 69, 76f., 208ff.
Homosassa Springs 127
Hurrikane 60, 168f.

Indian Key 83

John's Pass Village 125

Key Largo 52, 55, 83
– John Pennekamp Coral Reef State Park 52, 55 ff.
Key West 52f., 58ff., 72ff., 208ff.
– Audubon House & Gardens 69, 78
– Cemetery 80f.
– Hemingway House 76
– Mallory Square 62f., 80
– Mel Fisher's Treasure Exhibit 69, 78
– Wrecker's Museum 69, 78

León, Ponce de 10f., 55, 158f.

Manatee River 112
Merritt Island
– Wildlife Refuge 176
Miami 35, 182ff., 212
– Bayside Marketplace 42f.
– Coconut Grove 46
– Coral Gables 46, 188
– Little Havana 44, 185ff.
– Metro-Dade Cultural Center 41f.
– Miami Seaquarium 30, 35f.
– Vizcaya Museum and Garden 44f.
Marianna 201
– Florida Caverns 201
Miami Beach 32ff., 46ff.
– Art Deco District 33ff., 48
– Holocaust Memorial 29f.

Naples 87, 93
Narvaéz, Pánfilo de 12

Ocala 131ff.
– Juniper Springs 154
– Ocala National Forest 154
Orlando 126f., 142f.
– Disney World 140ff.
– Sea World 142
– Wet'n Wild 143
Osceola 14, 24

Palm Beach 180f.
Panama City Beach 199ff.
Panhandle 190ff.
Pensacola 191
Plant, Henry B. 16

St. Augustine 12, 155f., 160ff.
– Castillo de San Marcos 158
– Flagler College 158
– Oldest Store Museum 163, 168
– Spanish Quarter 167
St. Petersburg 133ff.
– Pass-A-Grille 136
– Salvadore Dali Museum 115, 118
– Sushine Skyway Bridge 113
Sanibel Island 98ff.

– »Ding« Darling National Wildlife Refuge 85, 103
Sarasota 110
– Ringling Museum of Art 105, 111 f.
Schildkröten (Loggerheads) 101
Shell Island 200
Seekühe (Manatees) 130
Silver Springs 128, 133
Soto, Hernando de 12, 112, 196
Suncoast Seabird Sanctuary 124 f.

Tallahassee 196
– Florida State Archives 196
– Pebble Hill Plantation 196 f.
Tampa 118 ff.
– Ybor City 119 f.
Tampa Bay 117 f.
Tarpon Springs 120
– Spongerama Museum 121

Venice 110

Wakulla Springs 197
Weeki Wachee Springs 128 f.
Withlacoochee River 130 f.

Yankeetown 131

Fotonachweis

St. Augustine Historical Society: S. 11, 17 o., 170 u.
Siegfried Birle, München: S. 24
Walt Disney Productions: S. 145, 148 o., 149
Walt Disney Company: S. 146
The Edison Winter Home, Fort Myers: S. 109
Florida Department of Commerce, Division of Tourism, Talahassee: S. 33, 36 o.r., 71 o., 87, 92, 98 o., 106, 113, 120, 122, 164, 171 o., 173, 177, 189 o., 205
Florida State Archives: S. 12, 13, 20, 23 r.u.m.l., 25, 27, 36 o.l., 60
Peter Ginter, Köln: S. 2, 8, 9, 31, 32, 34 u., 35, 36 u., 37 u., 40, 42, 44, 49 o., 63, 64, 103, 158, 185, 186, 188, 189 u., 204
Halifax Historical Society: S. 23 r.o., 170 o., 170 m.
Hemingway House, Key West: S. 209
Key West Public Library: S. 18, 19, 26, 58, 75 o., 80
Lee County Tourist Department, Ft. Myers: S. 99, 100
Stuart Newman Association, Miami: S. 51, 57, 61
Horst Schmidt-Brümmer, Köln: S. 85, 197 u.
Andreas Schulz, Köln: S. 7, 21, 59, 71 u., 73, 81, 82, 89, 90 o., 93, 96, 102, 112 o., 128, 131, 137, 146, 161, 167, 179, 195, 197 o., 198, 200
Karl Teuschl, München: Vordere Klappe, S. 22, 37 o., 43, 45, 49 u., 55, 62, 66, 74, 75 u., 76–79, 98 u., 101, 107, 108, 115, 119, 121, 124, 132, 133, 138–142, 147, 148 u., 150–155, 159, 160, 178, 180 u., 181, 184, 196, 199, 201 u., 202, 207, 213
Wolfgang Volz, Düsseldorf: S. 39
Warner Bros. Pictures, Inc.: S. 83

Textnachweis

Die Originalbeiträge von Jürgen Koar und Burghard Riedel sind als solche namentlich gekennzeichnet; das Kapitel »Sprachhilfen« ist eine modifizierte Fassung eines Textes von Horst Schmidt-Brümmer.

VISTA POINT REISE FLORIDA

Der Vista Point Verlag bietet in Zusammenarbeit mit einem namhaften Reiseveranstalter die im vorliegenden Buch beschriebene Rundreise an.
Das folgende Angebot können Sie mit ausführlichen Informationen und Hotelangaben kostenlos und unverbindlich beim Verlag anfordern.

Leistungen: Mietwagenrundreise

- 13 Übernachtungen in Standardhotels in Zimmern mit Klimaanlage, Fernseher und Bad oder Dusche/WC (Steuern vor Ort zahlbar)
- Mietwagen inkl. unbegrenzter Freikilometer der Preisgruppe Economy (Kat. A.; Steuern sind vor Ort zu bezahlen)
- Vollkasko-, Haftpflicht- und Reiserücktrittskostenversicherung
- Reiseplan und Straßenkarten

Reisepreise für Standardhotels (gültig bis 31. 12. 92)

Pro Person im Doppelzimmer bei 4 Pers.:	**DM 584,–**
Pro Person im Doppelzimmer bei 3 Pers.:	**DM 745,–**
Pro Person im Doppelzimmer bei 2 Pers.:	**DM 998,–**
Pro Person im Doppelzimmer bei 4 Pers.:	**DM 1 898,–**

Reisepreise mit Unterkunft in Firstclass-Hotels sowie einem Mietwagen der Luxusklasse (Kat. H)	**10. 5. – 20. 12. 92**	**1. 12. 91 – 9. 5. 92**
Pro Person im Doppelzimmer bei 4 Pers.:	**DM 1 080,–**	**DM 1 240,–**
Pro Person im Doppelzimmer bei 3 Pers.:	**DM 1 386,–**	**DM 1 722,–**
Pro Person im Doppelzimmer bei 2 Pers.:	**DM 1 982,–**	**DM 2 445,–**
Pro Person im Doppelzimmer bei 1 Pers.:	**DM 3 861,–**	**DM 4 789,–**

Leistungen: Wohnmobilrundreise

- 1 Hotelübernachtung am Anfang und Ende in Miami
- 11 Tage Wohnmobilmiete Typ 21/23 ft. inkl. unbegrenzter Freikilometer
- Wohnmobilerstausstattung mit Gas und Toilettenchemikalien
- Wohnmobilausstattung mit Koch-, Eßgeschirr und Bettwäsche
- Vollkasko- und Haftpflichtversicherung mit $ 200,– Selbstbeteiligung, Reiserücktrittskostenversicherung
- Transfer Flughafen/Hotel – Vermietstation und zurück
- Alle Staats- und Provinzsteuern
- Reiseplan und Straßenkarten

Reisepreise	**1. 12. 91 – 15. 6. 92/ 1. 9. – 31. 12. 92**	**16. 6. – 31. 8. 92**
Bei Belegung mit 4 Pers.	**DM 1 129,–**	**DM 1 469,–**
Bei Belegung mit 3 Pers.	**DM 1 495,–**	**DM 1 955,–**
Bei Belegung mit 2 Pers.	**DM 2 255,–**	**DM 2 935,–**

Bei Bedarf wird auch ein günstiges Angebot für den Flug unterbreitet. Je nach Abflugort kann die Reise täglich beginnen.

VISTA POINT VERLAG – Engelbertstr. 38 A – Postfach 27 05 72 – 5000 Köln 1 – Tel. 0221/21 05 87

VISTA POINT REISEN

Horst Schmidt-Brümmer

Kalifornien

344 Seiten mit 278 farb. und 8 SW-Abb., 27 Karten. Format: 21 x 15 cm, kart., ISBN 3-88973-087-6

Eine dreiwöchige Rundreise bringt die Highlights des »Goldenen Staates« in abwechslungsreichen Tagesprogrammen auf die Reihe: die nördliche Pazifikküste, die Wälder und Bergseen Nordkaliforniens, das legendäre Gold Country, die landschaftlich überwältigenden Nationalparks der Sierras, die geheimnisvollen Wüsten und Amerikas Traumstraße Nr. 1, den Highway One.

Horst Schmidt-Brümmer

Südstaaten USA

Etwa 272 Seiten mit ca. 130 farb. und 10 SW-Abb., 20 Karten. Format: 21 x 15 cm, kart., ISBN 3-88973-116-3

Zweiwöchige Rundreise durch den Süden – zwischen Atlantikküste und Mississippi: Atlanta – Great Smoky Mountains – Myrtle Beach – Charleston – Savannah – Okefenokee-Sümpfe – New Orleans – Natchez – Vicksburg – Atlanta. Mit Alternativroute nach Memphis und Nashville.

Karl Teuschl/Wolfgang Weber

West-Kanada

280 Seiten mit 144 farb. und 8 SW-Abb., 28 Karten. Format: 21 x 15 cm, kart., ISBN 3-88973-110-4

Traumland Kanada, zweitgrößtes Land der Erde: In 22 Tagesetappen begleitet das Buch den Reisenden durch die schönsten Regionen von British Columbia und Alberta – von der grandios gelegenen Metropole Vancouver in das sonnige Okanagan-Tal, zu verlassenen Goldgräberorten und in das Ranchland am Rand der großen Prärien. Die berühmten Panoramastraßen der Rocky Mountains um Banff und Jasper gehören ebenso zum Programm wie die Rodeostadt Calgary und das einsame Hinterland im Norden der Provinzen. Dazu kommen Vorschläge für Erholungstage zum Wandern in den Nationalparks und zum Faulenzen an idyllischen Seen – oder zum Aktivurlaub per Pferd, Kanu und Schlauchboot.

VISTA POINT REISEN USA

Karl Teuschl
Florida
240 Seiten mit 130 farb. und 31 SW-Abb., 20 Karten.
Format: 21 x 15 cm, kart., ISBN 3-88973-071-X

Horst Schmidt-Brümmer
San Francisco
176 Seiten mit 126 farb. und 20 SW-Abb., 7 Karten. Format: 21 x 15 cm, kart., ISBN 3-88973-118-X

Horst Schmidt-Brümmer/Karl Teuschl
Südwesten – USA
268 Seiten mit 156 farb. und 46 SW-Abb., 27 Karten. Format: 21 x 15 cm, kart., ISBN 3-88973-067-1

Horst Schmidt-Brümmer
3 x Los Angeles – Stadtführer
136 Seiten mit 85 farb. und 12 SW-Abb., 2 Karten.
Format: 21 x 10,5 cm, kart., ISBN 3-88973-103-1

Christine Metzger
New York – Connecticut – Rhode Island – Massachusetts
252 Seiten mit 140 farb. und 10 SW-Abb., 15 Karten. Format: 21 x 15 cm, kart., ISBN 3-889-73-075-2

Danksagung

An erster Stelle möchte der Autor Jürgen Koar, Washington, und Burkhard Riedel, München, danken, die dieses Buch mit eigenen Textbeiträgen bereichert haben. Sachkundige Informationen zum Thema der Santeria-Religion in Miami gab mir Stefan Palmié, München.

Für engagierte Mithilfe und nützliche Tips danke ich Barbara Wimmer, München, und Hans Kaßeckert, Bayerische Staatsbibliothek München.

Herzlicher Dank gilt auch all jenen Floridianern, die dieses Buch tatkräftig unterstützt und viele wertvolle Ratschläge vor Ort gegeben haben: Rosetta Land, Gloria Gonzales-Micklin, Nancy Evans und Dixie Lee Nims von der Florida Division of Tourism, Tallahassee; Joan Morris und Jody Norman, Florida State Archives; Sarah Robinson, Tallahassee; Mary Louise English, Miami Visitors Bureau; Andy Newman, Miami; Richard Hoberman, Miami Design Preservation League; Ellen Kennedy, Lee County Tourist Development Council; Fred Corrigan, Orlando Visitors Bureau; Coralee Pomar, St. Augustine Chamber of Commerce; Gregory Lepera, Alligatorzüchter aus St. Austine; Sonya Snyder, Daytona Beach; Liz Clark, Ft. Lauderdale und Patricia Potter, Santa Rosa Beach.

Die Deutsche Bibliothek – CIP-Einheitsaufnahme

Florida/Karl Teuschl.– 4. Aufl.– Köln : Vista-Point-Verl.,
1991
(Vista-Point-Reisen)
ISBN 3-88973-071-X
NE: Teuschl, Karl

Umschlagvorderseite: Taucherin mit Leckerbissen. Foto: Robert Overton, Florida Department of Commerce, Division of Tourism
Umschlagklappe (innen): Übersichtskarte von Florida und Miami

4., überarbeitete Auflage 1991

Reproduktion: Farbkreis/Repro, Bochum
Karten: Kartographie Huber, München
Satz und Druck: Rasch, Bramsche
Buchbinderische Verarbeitung: Bramscher Buchbinder Betriebe

ISBN 3-88973-071-X